Institut für ausländisches und internationales Privatrecht

Beiträge
zum
ausländischen und internationalen Privatrecht

Herausgegeben in Gemeinschaft mit

E. Heymann, M. Pagenstecher, F. Schlegelberger, H. Titze, M. Wolff

von

E. Rabel
Direktor des Instituts für ausländisches und internationales Privatrecht

Heft 5

Berlin und Leipzig 1932

Walter de Gruyter & Co.

vormals G. J. Göschen'sche Verlagshandlung — J. Guttentag, Verlagsbuchhandlung
Georg Reimer — Karl J. Trübner — Veit & Comp.

Die Struktur des vertraglichen Schuldverhältnisses im anglo-amerikanischen Recht

Von

Dr. Max Rheinstein
Privatdozent an der Universität Berlin,
Referent am Institut für ausländisches
und internationales Privatrecht

Berlin und Leipzig 1932

Walter de Gruyter & Co.

vormals G. J. Göschen'sche Verlagshandlung — J. Guttentag, Verlagsbuchhandlung
Georg Reimer — Karl J. Trübner — Veit & Comp.

Archiv-Nr. 24 03 32.

Druck von Walter de Gruyter & Co., Berlin W 10

Inhaltsverzeichnis.

Eingehende Inhaltsübersichten finden sich an der Spitze jedes Kapitels.

Ich habe mich bemüht, in diesem Buch nicht nur den Buchstaben des Common Law wiederzugeben, sondern seinen Geist und seine Methoden lebendig werden zu lassen. Sollte mir das, wie ich hoffe, in einigem Maße gelungen sein, so habe ich dafür dem Reichsjustizministerium zu danken, das mir einen mehrmonatigen Aufenthalt in England ermöglicht hat. Die Honourable Society of the Middle Temple und die Law Society in London haben mir die reichen Schätze ihrer Büchereien zugänglich gemacht. Herr Professor H. C. Gutteridge, Cambridge, hat die Arbeit durch vielfältigen Rat gefördert. Wertvolle Anregungen verdanke ich Unterhaltungen mit Herrn Professor James B. Thayer von der Harvard University. Den größten Dank aber schulde ich dem Herausgeber dieser Sammlung, in dessen Institut für ausländisches und internationales Privatrecht die Arbeit entstanden ist; dies auch an dieser Stelle auszusprechen, ist mir ein tiefes Bedürfnis.

Berlin, Herbst 1931.

Max Rheinstein.

Einleitung.

Der Gegenstand dieses Buches ist eine Untersuchung über die innere Struktur der Vertragsobligation im anglo-amerikanischen Recht. Vorausgeschickt ist eine Darstellung des wichtigen Begriffs der Consideration, dessen praktische Tragweite in einer eingehenden Vergleichung mit dem deutschen Recht erfaßt werden soll. Da das Buch für deutsche Leser bestimmt ist, mußten einführend die historischen Wurzeln des englischen Vertragsrechts aufgezeigt werden, wie sie sich nach den Ergebnissen der anglo-amerikanischen rechtsgeschichtlichen Forschung heute darstellen. Die Grundbegriffe eines so wenig logisch und so eminent historisch organisierten Rechts wie des anglo-amerikanischen können rein dogmatisch nicht erfaßt werden. Dem hatte sich die Darstellung anzupassen, die daher bei den einzelnen Lehren historisch vorgehen mußte.

Die englische und die amerikanische Rechtswissenschaft haben sich mit der hier gestellten Frage nach der Struktur des Schuldverhältnisses nur wenig beschäftigt. Auch heute knüpfen die historischen Betrachtungen des Vertragsrechts meist noch an die von Langdell[1]) begonnene Auseinandersetzung über das

[1]) Christopher Columbus Langdell, A Selection of Cases on the Law of Contracts. Boston 1871, 2. Aufl. 1879. Langdell (1826 bis 1906; vgl. Lewis, Great American Lawyers (1909) VIII 465; E. Wambaugh und andere, 20 Harv. L. Rev. (1907) 1 ff.), Professor an der Harvard Universität, Cambridge, Mass., ist der Begründer der in den Vereinigten Staaten heute allgemein herrschenden sog. Case-Method, der Methode des Rechtsunterrichts, die statt einer systematischen Darstellung die Rechtsregeln analytisch aus einzelnen Präjudizien abzuleiten versucht (vgl. D. Schindler, Die Methode des Rechtsunterrichts in den Vereinigten Staaten von Amerika. Zürich 1924. Hier ausführliche Literaturangaben). In der Vorrede zur 1. Auflage seines ersten Casebook spricht L. die Überzeugung aus, daß diese Methode am besten die Kenntnis des Rechts entwickle und zwar komme es darauf an, dem Schüler die leitenden Grundsätze aufzudecken, die nicht so zahlreich seien, wie man allgemein annehme. Diese Grundsätze aufzuzeigen, genüge eine verhältnismäßig geringe Zahl von Entscheidungen. »Jede dieser Lehren hat ihren derzeitigen

Wesen der Consideration an. Ames'[2]) tiefschürfende und grundlegende Forschungen befassen sich mit diesem Problemkreis und die späteren Historiker folgen ihm darin[3]).

Stand in einer langsamen Stufenfolge erreicht; mit anderen Worten, es handelt sich um ein Wachsen, das sich in manchen Fällen durch Jahrhunderte zieht. Dieses Wachsen ist im wesentlichen einer Serie von Fällen zu entnehmen und der kürzeste und beste, wenn nicht der einzige Weg, die Lehren zu meistern, ist ihr Studium aus den Fällen, in denen sie enthalten sind.« (1. Aufl. S. VIII.) Der zweiten Auflage ist ein Summary neu hinzugefügt. »Es soll die in den Fällen enthaltenen wichtigen Rechtssätze voll entwickeln. Zu diesem Zweck wurde es in engen Grenzen gehalten. Des Verfassers Absicht war aber nicht, alle Präjudizien über die erörterten Gegenstände zusammenzustellen.« (2. Aufl. S. V.) Langdell beschränkt sich nicht auf moderne Fälle und in seinem Summarium zieht er in knappster Form die Schlußfolgerungen, die er aus der Zeitfolge der Entscheidungen über den historischen Verlauf entnimmt. So wird sein Buch nicht nur zum Ausgangspunkt einer neuen Methode des Rechtsunterrichts, sondern auch der modernen anglo-amerikanischen historischen Forschung.

[2]) James Barr Ames (1846—1910; vgl. die Vorrede des Herausgeber zu Ames' Lectures u. Ch. W. Eliot u. andere in 23 Harv. L. Rev. (1910) 321 ff.), Schüler Langdell's, Professor der Harvard Universität. Seine grundlegenden Vorlesungen über die Consideration-Lehre sind zunächst veröffentlicht in der Harv. Law Rev. Bd. 2 (1889) S. 1—19, 53—69, 377—380; Bd. 8 (1895) S. 252—264. In etwas erweiterter Form sind sie abgedruckt in den Select Essays in Anglo-American Legal History, Boston 1909, III 259 ff. Der gesamte Kurs seiner rechtsgeschichtlichen Vorlesungen wurde, zusammen mit anderen Arbeiten, nach seinem Tode herausgegeben: Lectures on Legal History, Cambridge (1913). Die Kapitel über die Vertragslehre sind enthalten auf S. 88 ff., insbesondere S. 122 bis 166, 248—250, 323—353.

Pollock und Maitland, deren Werk, The History of English Law before the Time of Edward I. (1. Aufl. 1895, 2. Aufl. 1923) nur die Entwicklung bis 1200 enthaltend, die erst später einsetzende Geschichte der Consideration nicht behandelt, sagen in einer Fußnote (2. Aufl. II. 214), Ames habe den Gegenstand vom 15. Jh. ab auf eine neue Grundlage gestellt.

[3]) So insbesondere Maitland in seinen posthum herausgegebenen Vorlesungen (Equity, also the Forms of Actions at Common Law, Cambridge 1920). Das monumentale Werk von Holdsworth, A History of English Law, bisher 9 Bände, 3. Aufl. London 1922 ff. stellt die Consideration-Lehre in den Gesamtzusammenhang der englischen Rechtsgeschichte und verfolgt sie bis ins 19. Jh. Die Lehre vom Inhalt der vertraglichen Verpflichtung stellt auch er ebensowenig dar wie Street's Fortführung der Ames'schen Arbeiten (The Foundations of Legal Liability, Northport, Long Island, N. Y. 3 Bde. 1906 ff.).

Von Einzeldarstellungen zur Geschichte des Vertragsrechts seien hier erwähnt: W. T. Barbour, The History of Contract in Early English Equity. Oxford Studies in Social and Legal History. Vol. IV 1914, J. W.

Zur Terminologie sei bemerkt, daß unter Common Law das den Rechtsordnungen der verschiedenen einzelnen Gebiete der Britischen Staatengemeinschaft (Commonwealth of British Nations) und der Gliedstaaten der Vereinigten Staaten von Amerika zugrunde liegende, in England entstandene Gewohnheitsrecht verstanden wird. Dieses Recht ist Gegenstand der Darstellung vornehmlich in der Ausgestaltung, die es in England selbst gefunden hat. Die amerikanischen Verhältnisse sind aber durchweg berücksichtigt[4]). Wo das Wort Common Law in einem anderen, den Gegensatz zum Rechtssystem der Equity bezeichnenden Sinne gebraucht wird, ergibt sich das aus dem Zusammenhang[5]). Im englischen und amerikanischen Sprachgebrauch werden dem Common Law die in Grundlage und System vom römischen Recht beeinflußten Rechte des europäischen Kontinents, Latein-Amerikas und auch einzelner Gebiete der Britischen Staatengemeinschaft (Süd-Afrika, Quebec, Ceylon, Mauritius) zusammenfassend als Civil Law gegenübergestellt. Diese kurze, bequeme Bezeichnung soll auch im folgenden verwendet werden.

Salmond, The History of Contract, 3 L. Q. R. 166—179, Ralph Sutton, Personal Actions at Common Law, London 1929.

[4]) Dabei wurde vor allem auf das Restatement of the Law of Contracts des American Law Institute Bezug genommen, von dem leider im endgültigen Text bisher nur die ersten 177 Sections vorliegen. Über diesen bedeutsamen Versuch einer privaten Kodifikation des amerikanischen Common Law von autoritativer Seite vgl. Neuner, Rabels Z. 5, 32.

[5]) Im anglo-amerikanischen Sprachgebrauch kommt Common Law auch noch in einer dritten Bedeutung vor, als das durch die richterliche Praxis entwickelte Recht (Case Law) im Gegensatz zum Gesetzesrecht, dem Statute Law. In dieser Bedeutung wird das Wort im folgenden keine Rolle spielen.

Einführung.

Das Aktionensystem. Die Grundformen der obligatorischen Klagen.

1. Kapitel.

Die Personal Actions des mittelalterlichen Rechts.[6])

A. Das Common Law des Mittelalters. Allgemeine Grundlagen.
- I. Das Common Law als das von den königlichen Gerichten in Westminster gehandhabte Recht.
- II. Das Common Law als Aktionenrecht.
  1. Der Writ.
  2. Die Fortbildung des Rechts durch Erfindung neuer Writs.
  3. Die Festigung des Systems. Das Register Brevium.
  4. Die Rechtsbücher: Glanvil und Bracton.
  5. Die Year Books.

B. Die alten Personal Actions.
- I. Detinue.
- II. Debt.
- III. Der Kauf.
- IV. Der Realkontrakt. Quid pro Quo.
- V. Covenant. Die Deed.
- VI. Die Mängel der Action of Debt.

A. Bei Betrachtung der Entwicklung des englischen Common Law müssen zwei charakteristische Merkmale von Anfang an im Auge behalten werden:

1. Comon Law ist das von den drei königlichen Gerichten in Westminster — Court of King's Bench, Court of Common Pleas, und Court of Exchequer — gehandhabte Recht.

2. Das Common Law ist, ähnlich dem klassischen römischen Recht, ein Aktionenrecht.

I. Common Law im engsten, ursprünglichen Sinne ist das Recht der königlichen Gerichte in Westminster. Die Eigen-

[6]) Literatur: Pollock u. Maitl. II 184—239; Holdsw. II, 82—87; III, 412—428; Street. II, 1—20; III, 1—95, 99—158; Ames, Lect. 71ff.; Maitland 295—306, 355—358.

art der verfassungsrechtlichen Entwicklung Englands führt dazu, daß diese Gerichte all die anderen zahlreichen lokalen und sonstigen Gerichte (Hundertschafts- und Grafschaftsgerichte, Hofgerichte, grundherrliche Gerichte, Stadtgerichte, Kaufmannsgerichte, Meß- und Marktgerichte, kirchliche Gerichte) entweder ganz verdrängen oder zu bedeutungslosen Bagatellgerichten herabdrücken. So verdrängt das Recht der königlichen Gerichte die von all diesen anderen Gerichten gehandhabten Rechte[7]). Das Recht der königlichen Gerichte wird zum Common Law of England. Das Königsgericht ist seinem Ursprunge nach das Gericht der Großen des Reiches, mit Bagatellsachen kleiner Leute gibt es sich nur wenig ab. So nimmt das von diesem Gericht entwickelte Recht einen gewissen aristokratischen Zug an, der noch im heute geltenden Recht empfunden werden kann und der viele merkwürdige Einzelheiten der englischen Rechtsentwicklung erklärt, ganz besonders im Law of Contract, das in seinen Anfängen auf die Rechtsgeschäfte mächtiger weltlicher und geistlicher Magnaten zugeschnitten ist.

Die Geschäfte der Kaufleute sind besonderen ständischen Gerichten, die kleinen Geschäfte des Alltagslebens des Volkes den lokalen Gerichten überlassen. Diese Gerichte bilden in ihrer nahen Berührung mit dem Leben Rechtssätze aus, die heute oft moderner anmuten als das Recht der königlichen Gerichte. So finden sich vor den Stadtgerichten von London, Bristol und anderen Hafenplätzen Konsensualverträge schon viel früher als vor den Common Law Gerichten (etwa um 1300)[8]). Aber mit der Herabdrückung dieser Gerichte wird das von ihnen entwickelte Recht bedeutungslos oder doch stark in den Hintergrund gedrängt. Das Recht der königlichen Gerichte tritt an seine Stelle[9]).

---

[7]) Vgl. unten S. 38.

[8]) Vgl. Y. B. 14 Hen. IV. Hil pl. 33 (1413) »Ils sont divers actions que home puit aver deins la citee de Loundres que home n'avera my a la common ley, come action de Covenant sans especialty«. (Zit. bei Holdsw. III 424, Note 2).

[9]) Aus dieser besonderen historischen Situation erklären sich Besonderheiten in der Entwicklung des englischen Vertragsrechts; verallgemeinernde Beobachtungen der vergleichenden Rechtsgeschichte gelten für sie nicht ohne weiteres. Die anderwärts vielfach beobachtete Entwicklung der vertraglichen Bindung aus einer Selbstverbürgung des Schuldners trifft für die Entwicklung des modernen Vertragsrechts des Common Law nicht zu. Diese Erscheinung mag am Anfang der Entwicklung des Vertragsrechts der lokalen Gerichte gestanden haben. Aber durch deren Beseitigung wird diese Entwicklung unterbrochen und im Königsgericht, das für das

II. Dieses Recht ist ein Aktionenrecht[10]). Die königlichen Gerichte in Westminster sind entstanden aus der Curia Regis der normannischen Könige. Wie wohl in germanischen Rechten allgemein, kann sie anfänglich nur angegangen werden mit besonderer königlicher Genehmigung, deren Gewährung oder Versagung ein Akt der freien königlichen Gnade ist. Wird diese Gnade dem Kläger gewährt, so läßt der König durch einen seiner Beamten den Beklagten vor sein Gericht zitieren. Diese Form bleibt in England bestehen, auch wenn das Königsgericht schon längst zum ordentlichen Gericht des Landes geworden ist.

1. Der Prozeß beginnt mit dem Antrag des Klägers bei der königlichen Kanzlei auf Gewährung eines Writ, d. h. eines Befehls des Königs an den Sheriff der Grafschaft des Beklagten, den Beklagten zum Erscheinen vor dem Königsgericht aufzufordern. Diesem Befehl zum Erscheinen geht eine Aufforderung zur Vornahme der vom Kläger verlangten Leistung voraus, derart, daß der Befehl zum Erscheinen vor Gericht nur für den Fall ergeht, daß der Beklagte dieser Aufforderung nicht nachkommt. Der Writ hat also folgende Grundform:

»Rex vice-comiti .... salutem. Praecipe A quod juste et sine dilatione reddat B centum solidos, quos ei debet et injuste detinet ut dicit. Et nisi fecerit .... summone per bonos summonitores praedictum A quod sit coram justitiariis nostris apud Westmonasterium a die Paschae in 15 dies estensurus qua re non fecerit. Et habeas ibi summonitores et hoc breve[11])«.

Für die Writs bestehen etwa seit dem zwölften Jahrhundert in der königlichen Kanzlei, der Chancery, typische Formulare, die auf bestimmte typische Tatbestände abgestellt sind. Jedem Tatbestand entspricht eine besondere Form des Prozesses, jedem Writ eine Action.

2. Die Fortbildung des Rechts geschieht entweder in der Weise, daß die Tatbestände der alten writs ausdehnend ausgelegt oder daß für neu auftretende Tatbestände neue writs, sog. writs

---

spätere Common Law allein ausschlaggebend wurde, hat das Vertragsrecht andere Wurzeln, die hier aufzuzeigen sein werden.

Das hindert natürlich nicht, daß sich in Einzelheiten manche oft überraschend weitgehende Parallelen zu Entwicklungen in anderen Rechten bieten.

[10]) Pollock u. Maitland II. 558 ff.; Heymann 300.

[11]) Holdsw. III. 662.

upon the case (vgl. die römischen actiones utiles!) erlassen werden, die natürlich die Tendenz haben, bei wiederholtem Auftreten des gleichen Tatbestands sich zu typisieren[12]). Im 13. Jahrh. ist das Common Law ein ausgeprägtes Aktionenrecht, jede Darstellung muß notwendigerweise an die Aktionen anknüpfen. Das Register Brevium wird zum Mittelpunkt rechtswissenschaftlicher Beschäftigung und Darstellung.

Die Hemmung der freien Fortbildung des Rechts mußte naturgemäß zu einer gewissen Erstarrung der Rechtsbildung führen, die durch den allmählich zum Durchbruch gelangenden Grundsatz des Stare Decisis[13]) noch verstärkt wird. Das hat

[12]) Diese letztere Form der Rechtsbildung hat man mit einem Gesetz Eduards I., dem Statute of Westminster II. von 1285 (13 Edw. 1 c. 24), in Verbindung gebracht. Das Gesetz zählt verschiedene Fälle auf, in denen bestimmte writs, die bisher verweigert wurden, von nun an gewährt werden sollen. Es fährt dann fort: »Et quotienscunque de cetero evenerit in cancellaria quot in uno casu reperitur breve et in consimili casu cadente sub eodem iure et simili indigente remedio, concordent clerici de cancellaria in brevi faciendo, vel atterminent querentes in proximo parleamento et scribant casus in quibus concordare non possunt et referiant eos at proximum parleamentum et de consensu iurisperitorum fiat breve, ne contingat de cetero quod curia his deficiat querentibus in iusticia perquirenda«. Eine ältere, insbesondere von Blackstone (Commentaries (9. Aufl.) 3, 50) vertretene Meinung sieht in dieser Stelle die Begründung der Befugnis der Chancery in consimili casu einen neuen writ zu gewähren. (So Jenks, Short History of English Law (4. Aufl. 1928), 78.) Eine neuere Ansicht nimmt gerade das Gegenteil an: Das Gesetz habe die Bildung neuer writs grundsätzlich dem auf Grundlage der Magna Carta zu maßgebendem Einfluß gelangten Parlament vorbehalten und daher die bisher vom Kanzler allgemein ausgeübte Befugnis auf Ausnahmefälle beschränken wollen (Baldwin, King's Council (1913) 238). Neuestens vertritt Plucknett (31 Columbia Law Review (1931) 778ff.) eine völlig abweichende Meinung: Das Gesetz habe an der bereits bestehenden Befugnis der Chancery zum Erlaß neuer writs nichts geändert. Die Chancery sei aber gegen Ende des 13. Jahrh. eine schwerfällige bürokratische Behörde geworden, deren konservativ eingestellte Beamte sich vielfach zum Erlaß neuer writs nicht hätten entschließen können. In solchen Fällen sollten sie verpflichtet werden, die Frage schriftlich formuliert den rechtskundigen Parlamentsmitgliedern vorzulegen; es handle sich um eine der vielen verfahrenstechnischen Reformen des großen Kanzlers Burnell. Diesen Ausführungen gegenüber betont Holdsworth (47 L. Q. R. (1931) 334) eine Reihe von Gründen, die für die traditionelle Ansicht sprechen, die in dem Gesetz die Quelle der action on the case erblickt.

[13]) Darüber T. E. Lewis, The History of Judicial Precedent. 46 L. Q. R. 207. C. K. Allen. Law in the Making. (2. Aufl. 1930); J. C. Gray, The Nature and Sources of the Law. New York 1924, Holdsw. II, 541; E. Jenks, The Book of English Law. (1928) 32ff. Über den heutigen Stand der Lehre, insbes. nach amerikanischer Auffassung vgl. H. C. Black, Handb. on the Law of Judicial Precedents or the Science of Case Law. St Paul, Minn. 1912.

naturgemäß zur Folge, daß sich Härten und Unbilligkeiten ergeben, daß das Recht mit der sozialen, politischen und wirtschaftlichen Entwicklung nicht mehr Schritt hält; so wird eine Korrektur von anderer Seite erforderlich, die zuerst von Fall zu Fall, dann, etwa seit Mitte des vierzehnten Jahrhunderts, nach bestimmten Regeln durch die Billigkeitsrechtsprechung des Kanzlers erfolgt, was schließlich dazu führt, daß neben das Common Law ändernd, mildernd und fortbildend das selbständige System der Equity tritt.

Mit der Festigung des Register Brevium ist das Common Law als System entstanden. Seine Grundlage sind die alten angelsächsischen Volksrechte, modifiziert durch das mit der Eroberung eingeführte normannische Lehens- und Verfassungsrecht. Daß aus den einzelnen, ganz unsystematischen Sätzen der alten Volksrechte ein geschlossenes, logisch aufgebautes Rechtssystem mit technisch durchdachten Begriffen wird, ist das Werk der römisch-rechtlich geschulten Juristen des elften und zwölften Jahrhunderts. Führende Staatsmänner, Richter und Beamte des normannischen Staates wie Lanfranc, der Kanzler Wilhelm des Eroberers, erhalten in Pavia und Bologna, den Mittelpunkten der Rechtsstudien des Abendlandes, ihre Schulung. Der Italiener Vacarius lehrt römisches Recht in England[14]). Sein Schüler Glanvil und dessen Neffe Hubert Walter, beide Gelehrte im italienisch-römischen Recht der Zeit, sind die Kanzler der späteren normannischen Könige. Diese Männer betrachten und bearbeiten die alten Volksrechte mit römisch-rechtlicher Schulung, die sie in den Stand setzt, aus dem Konglomerat unzusammenhängender Sätze ein systematisches Gebäude zu errichten. Dabei bleibt der Inhalt im wesentlichen auf die alten Volksrechte gegründet. Das Ergebnis dieser ersten Rezeption ist keine inhaltliche Veränderung der einheimischen Rechte, sondern eine neue Methode ihrer Behandlung uund Bearbeitung und dieser Methode ist zu danken, daß sie fähig wurden den neuen Bedürfnissen des komplizierten mittelalterlichen Staates und seiner vielfältig verschlungenen Gesellschafts- und Wirtschaftsordnung zu dienen. Diese erste Rezeption hat das englische Recht in Stand gesetzt für alle Zeiten seine einheimische Grundlage zu behalten und es im fünfzehnten und sechzehnten Jahrhundert bereits so gefestigt dastehen zu lassen, daß der neue Ansturm des römischen Rechts es nicht mehr erschüttern konnte[15]).

---

[14]) Holdsw. II, 148; Vinogradoff, Roman Law in Medieval Europe. (2. Aufl. 1924) 62. Pollock u. Maitland I, 118.

[15]) Vgl. E. Heymann, 289f.

4. Von den in der Schule der Glossatoren ausgebildeten Juristen des zwölften und dreizehnten Jahrhunderts stammen die frühesten Darstellungen des Common Law: Glanvil (um 1180—1200)[16]) und Bracton (um 1250)[17]).

Beide Werke geben für das Gebiet des späteren Obligationenrechts nur spärliche Ausbeute. Bei Glanvil finden sich nur wenige Hinweise; am wesentlichsten ist der Satz, daß sich das Königsrecht mit privatis conventionibus nicht oder doch nur ganz ausnahmsweise beschäftige. Bracton gibt eine ausführlichere Darstellung, die aber deutlich zeigt, daß sie nicht der Praxis der königlichen Gerichte entnommen sein kann. Das Common Law hat für dieses Gebiet noch kein System entwickelt. So füllt Bracton die Lücke, dem Geiste seiner Zeit folgend, mit römischrechtlichen Ausführungen, die über den Zustand des Obligationenrechts nur wenige, indirekte Schlüsse zulassen[18]).

Auch die beiden Rechtsbücher aus der Zeit der Wende des dreizehnten zum vierzehnten Jahrhundert, Britton und Fleta, geben nur ein spärliches Bild[19]).

5. Der wirkliche Gang der Entwicklung muß der Rechtsprechung der Common Law-Gerichte entnommen werden, die aus den seit 1307 in bis ca. 1500 beinahe ununterbrochener Reihe erscheinenden Yearbooks[20]) ersichtlich ist.

B. Aus den Yearbooks und dem Register Brevium ergibt sich für das 13. Jahrh. folgendes Bild: ein Vertragsrecht im eigentlichen Sinne besteht noch nicht. Die Ansätze gruppieren sich um eine Reihe von Aktionen, die, wie das gesamte Recht dieser Zeit, auf bestimmte typische Tatbestände abgestellt sind. Für das Gebiet des späteren Law of Contract sind dies die Actions of Debt und Detinue und die Action of Covenant.

---

[16]) Holdsw. II, 188ff.

[17]) De legibus et consuetudinibus Angliae, Beste Ausg. von G. E. Woodbine, New Haven, 1915/1922; vgl. Holdsw. II, 232ff.

[18]) Güterbock's Untersuchungen über die romanistischen Bestandteile von Bracton's Werk (Henricus de Bracton und sein Verhältnis zum römischen Recht, Berlin 1862) wurden weitergeführt und grundlegend ausgebaut in Maitland's großem Werke, Select Passages from Bracton and Azo. Selden Society 8 (1894). Eine ausführliche Würdigung von Bracton's Stellung in der Geschichte des Common Law bei Holdsw. II, 231ff. Vgl. auch Vinogradoff, Roman Elements in Bracton's Treatise, 32 (1923) Yale L. J. 751. Zur Textgeschichte und Textkritik s. den 1. Band der erwähnten Ausgabe von Woodbine.

[19]) Holdsw. II, 319ff.

[20]) Holdsw. II, 525. Bolland, Manual of Year Book Studies, Cambridge 1925.

I. Debt ist die Klage auf Zahlung einer ziffernmäßig fest bestimmten Geldsumme, die sich zunächst auf bestimmte typische Fälle zu beschränken scheint: Darlehen, Kauf, Pacht, Bürgschaft, gesiegelte Urkunde[21]). Die Fassung des Writ läßt erkennen, daß die obligatorische Natur des Anspruchs noch nicht klar herausgearbeitet ist. Das Geld soll dem Schuldner bezahlt werden, von Rechts wegen gehört es ihm. So verlangt es der Gläubiger als »sein Geld«[22]). Der Writ ist vom gleichen Typ wie der Writ of Right, in dem ein entwehrter Landbesitzer die Herausgabe seines Grundstücks verlangt. Der Sheriff hat den Beklagten aufzufordern, dem Kläger das Geld herauszugeben, das er ihm schuldet und das er ihm rechtswidrig »vorenthält« (deforciat)[23]). Gegen Ende des 13. Jahrhunderts wird, wohl infolge der beginnenden Differenzierung der Rechtsgebiete und des damit aufkommenden Gefühls für den Unterschied von der dinglichen Klage, das Wort deforciat durch das schwächere »detinet« ersetzt, so daß nunmehr im Register Brevium der Writ in folgender Form erscheint[24]).

»Rex vicecomiti salutem: Praecipe A quod iuste et sine delatione reddat B centum solidos, quos ei debet et iniuste detinet ut dicit. Et nisi fecerit...: tunc summone per bonos summonitores praedictum A quod sit coram iustitiariis nostris apud Westmonasterium a die Paschae in 15 dies, ostensurus quare non fecerit.«

In dem Wort debet liegt bereits die Andeutung eines obligationenrechtlichen Einschlags. Das erhellt daraus, daß dieses Wort wegfällt, wenn die Klage nicht vom ursprünglichen Gläubiger erhoben wird. Die Klage des Executor oder Administrator des Gläubigers lautet nicht »in the debet et detinet« sondern »in the detinet only«[25]).

---

21) Pollock u. Maitland II, 210.

22) Vgl. Ames 88: »As in the case of real actions, the defendant was conceived of as having in his possession something which he might not rightfully keep, but ought to surrender.«

23) Die Vermutung, daß auch die römische Klage auf certa pecunia »irgendwie auf der Idee des Delikts des zu Unrecht Behaltenden beruhen müsse«, spricht Rabel aus (Grundzüge des römischen Vertragsrechts in Holtzendorff-Kohler's Enzyklopädie der Rechtswissenschaft, 7. Aufl. I, 459). Vgl. auch Max Weber, Wirtschaft und Gesellschaft, S. 389ff. der den Ursprung aller Eigentums- und Forderungsklagen universell in dem Delikt des zu Unrecht Behaltens erblickt.

24) Holdsw. III, 662.

25) Pollock u. Maitland II, 207. Holdsw. II, 368. Sutton 16.

II. In dieser Form erscheint der Writ auch in der Abspaltung, mit der die Klage nicht auf die Herausgabe einer Geldsumme gerichtet wird, sondern auf die Herausgabe einer individuell bestimmten Sache, der Action of Detinue. Ähnlich wie die Action of Debt erscheint auch sie anfänglich nur bei einem typischen Tatbestand, beim bailment, d. h. der zeitweiligen Überlassung des Besitzes einer beweglichen Sache. Es ist die Rückforderungsklage desjenigen, der freiwillig den Besitz an seiner Sache einem andern anvertraut hat. Beim unfreiwilligen Besitzverlust sind andere Rechtsbehelfe gegeben. Diese Einschränkung fällt[26]) im 15. Jahrh. oder, wie Holdsworth[27]) mit guten Gründen annimmt, schon im 14. Jahrh., fort und die Anwendung der Action of Detinue wird nach zwei Richtungen erweitert. War sie bisher nur möglich gegen denjenigen, dem die Sache freiwillig anvertraut worden war, gegen den bailee, so kann sie nunmehr auch bei unfreiwilligem Besitzverlust erhoben werden. Diese neue Action of Detinue sur trover kann gegen jeden Besitzer der Sache angestrengt werden, und zwar gleichgültig, ob der Kläger den Besitz freiwillig oder unfreiwillig verloren hatte. Im Fall des bailment kann sich nunmehr also der bailor sowohl an seinen bailee wie an den dritten Besitzer halten[28]). Während in der Action of Debt vertrags- und sachenrechtliche Elemente noch ungeschieden nebeneinander enthalten sind, nimmt Detinue allmählich einen deutlicher sachenrechtlichen Charakter an[29]) und wird gewissermaßen zur Fahrnisvindikation des englischen Rechts. Darüber darf auch der Umstand nicht hinwegtäuschen, daß prozessual die Herausgabe der Sache selbst nicht erzwungen werden kann. Das hängt mit Mängeln des Prozeßverfahrens zusammen, das keine Möglichkeit kennt, die Herausgabe der Sache in Natur zu erzwingen. Das Urteil ergeht daher immer derart, daß der Beklagte zur Herausgabe verurteilt wird, aber mit einer facultas alternativa auf Zahlung des im Urteil bestimmten Wertes der Sache. Vollstreckbar ist nur dieser Geldanspruch.

III. Für die spätere Entwicklung ist von besonderer Bedeutung die Anwendung, die die beiden Actions of Debt und Detinue beim Kauf finden.

[26]) Nach Ames 78.

[27]) III, 324.

[28]) Über diese Entwicklung im einzelnen vgl. Pollock u. Maitland II, 169ff.; Holdsw. III, 324, 348.

[29]) Über die Bedeutung dieser Entwicklung für die Ausbildung des Eigentumsbegriffs vgl. Ames 75; Holdsw. III, 318ff.

Der Kauf ist gemein-germanisch ursprünglich Realkontrakt. Jeder Teil kann einen Anspruch erst dann geltend machen, wenn er selbst etwas geleistet hat. Die Verpflichtung zur Zahlung des Kaufpreises entsteht mit der Übergabe der Ware und die Verpflichtung zur Lieferung der Ware mit der Zahlung des Preises[30]). Mit der Übergabe der Ware erhält der Verkäufer eine Action of Debt. Umgekehrt aber erhält der Käufer mit Zahlung des Kaufpreises anfänglich noch nicht eine Action of Detinue, sondern eine Action of Debt in the Detinet only, also einen Anspruch auf Kaufpreisrückzahlung. Dies wohl wegen des dinglichen Charakters der Action of Detinue. Zum Eigentumsübergang ist die aktuelle Besitzübertragung Voraussetzuung. Dies ändert sich nach 1400. Detinue ist die Klage desjenigen, der zum Besitz einer Sache berechtigt ist. So wird dem Käufer nunmehr diese Klage sofort mit Abschluß des Vertrages gegeben, und zwar gleichgültig, ob er den Kaufpreis schon bezahlt hat oder nicht. Da Detinue als Klage aus Eigentum erscheint, entwickelt sich die Auffassung, daß beim Kauf das Eigentum unmittelbar mit Abschluß des obligatorischen Vertrags übergehe. Notwendige Folge ist, daß gleichzeitig auch für den Verkäufer die Action of Debt entstehen muß. Die Gabe bewirkt den Anspruch auf die Gegengabe. Der Kaufvertrag wirkt als wechselseitiger Grant, der dem Käufer das Eigentum an der Ware, dem Verkäufer das »Eigentum« am Preis überträgt[31]). »Dies ist eine klare Abweichung vom alten Recht und eine Erweiterung der Actions of Debt und Detinue[32]).«

Damit ist aber der Kauf noch nicht, wie Street meint[33]), zum Konsensualkontrakt geworden. Er bleibt nach wie vor Realkontrakt, nur mit der Abweichung, daß die res nicht mehr in der körperlichen Tradition der Ware liegt, sondern bereits in dem früher erfolgten Eigentumsübergang. Diese Auffassung gilt grundsätzlich heute noch. Auch nach heutigem Recht kann, von Ausnahmen abgesehen, ein Anspruch auf Zahlung des Kaufpreises erst mit Übergang des Eigentums an der Kaufsache entstehen.

---

[30]) Street II, 26.

[31]) Y. B. 20, Hen. VI (1441), Trin. pl. 4. Fortescue (arguendo) »Sir, jeo veux prouver que si jeo achete un cheval de vous, maintenant la propertie del cheval est a moy, et pur ceo vous aurez breve de Debte pour les deniers, et j'aurai Detinue pour le cheval sur cest bargain«. Zitiert bei Holdsw. III, 355, Note 5.

[32]) Holdsw. III, 355.

[33]) II, 26—27.

Bis zu diesem Zeitpunkt bestehen nur Ansprüche auf Schadenersatz wegen Nichtabnahme oder Nichterfüllung, Ansprüche, die ihren historischen Grund nicht in der Action of Debt haben, sondern in der jüngeren Action of Assumpsit[34]).

IV. Diese Wandlung im Recht des Kaufvertrages (Sale), bedeutet eine wesentliche Erweiterung der Action of Debt. Etwa zur gleichen Zeit findet noch eine andere Ausweitung statt. Von den besonders gelagerten Fällen der Schuldbegründung durch Bürgschaft, Urteil, Gesetz und gesiegelte Urkunde abgesehen, haben die typischen Fälle der Action of Debt ihren Grund in einer Leistung, die eine Gegenleistung verlangt. Über die drei älteren Fälle des Darlehens, des Kaufes und der Pacht wird dies auf Leistungen anderer Art erweitert, für die eine Gegenleistung in Geld erwartet wird[35]). Die frühesten Fälle betreffen wohl Ansprüche aus Dienstleistungen. Da es sich hier im allgemeinen nicht um hohe Beträge handelt, erscheinen solche Fälle vor den königlichen Gerichten erst Anfang des 14. Jahrh.[36]). Die Generalisierung zum allgemeinen Innominat-Realkontrakt erscheint noch vor 1350 erreicht[37]). Street meint, die Verallgemeinerung sei erst im 15. Jahrh. eingetreten. Die von ihm besprochenen Fälle behandeln aber die Frage, ob eine Heirat als Leistung betrachtet werden könne, die den Anspruch auf die versprochene Mitgift als Gegenleistung begründe. 1248[38]) lehnt Richter Paston diese Anschauung noch ab, 1459[39]) halten zwar zwei Richter noch an ihr fest, zwei andere dagegen erachten den Anspruch als begründet. Sie wollen ihn genau so behandeln wie die Ansprüche eines Frachtführers, der einen Transport ausgeführt, oder eines Arztes, der einen Kranken geheilt hat. Diese Beispiele zeigen, daß der Innominatkontrakt schon vorher anerkannt gewesen sein muß.

Das hat zwei Folgen. Die Generalisierung der Gegenleistung führt zur Aufstellung eines neuen Terminus technicus: Quid pro Quo[40]).

---

[34]) Vgl. unten S. 222 ff.

[35]) Holdsw. III, 421.

[36] Vgl. die Fälle bei Pollock u. Maitland II, 211; Street II, 23; Holdsw. III, 421.

[37]) Vgl. die von Holdsw. a. a. O. zitierten Fälle, insbesondere den Fall von 1339 Y. B. 11, 12 Ed. III (R. S.), 586.

[38]) Y. B. 7 Hen. VI, Mich. pl. 3.

[39]) Y. B. 37 Hen. VI, Mich. pl. 18.

[40]) Holdsw. III, 421; Pollock u. Maitland II, 212.

Die zweite Folge: das sachenrechtliche Moment tritt in den Hintergrund. Als schuldbegründend wird nicht mehr so sehr der Grant betrachtet, als vielmehr die Vereinbarung, das Agreement, das durch den Hinzutritt des Quid pro Quo bindende Kraft erhält und so als Realkontrakt erscheint.

Damit nähert sich das Common Law der gleichzeitigen Entwicklung des kanonischen Rechts, das, unter Fortbildung des römischen Rechts, die Klagbarkeit bloßer Vereinbarungen, Pacta, anerkennt, sofern gewisse weitere Momente hinzutreten, die aus dem Pactum nudum ein Pactum vestitum, einen Contractus, werden lassen.

Der Weg scheint geebnet auf dem aus der Action of Debt eine allgemeine Vertragsklage werden könnte.

V. Auf diesen Weg scheint auch eine andere Actio des Systems des Common Law einzumünden, die Action of Covenant. Diese Klage hat ihre Grundlage in der alten Schuldbegründung durch Urkunde. Anfänglich wohl nur mit Beweiswirkung ausgestattet, nimmt die Urkunde allmählich dispositive Wirkungen an. Nach längerer Ungewißheit steht etwa um 1300 fest, daß die Urkunde des Siegels des Ausstellers bedarf, daß die Siegelung das wesentliche Formmoment bildet[41]).

Die gesiegelte Urkunde, die Deed, hat zweierlei Wirkungen, die ihr bis zum heutigen Tage anhaften, eine dingliche und eine obligatorische. Anfänglich unwiderlegliches Beweismittel für ein Verfügungsgeschäft, einen Grant des Ausstellers, wird sie zum Dispositivmittel für den Grant selbst und wie sie das Eigentum an einer Sache übertragen kann, so überträgt sie auch das »Eigentum« an einer Geldforderung. Das Versprechen einer ziffernmäßig bestimmten Geldsumme in einer Deed begründet unmittelbar, also ohne das weitere Erfordernis eines Quid pro Quo, eine Action of Debt[42]). So wird die Deed zum Mittel der Begründung obligatorischer Verpflichtungen überhaupt und etwa um 1300 können durch eine Deed auch obligatorische Ansprüche anderer Art als auf ziffernmäßig festbestimmte Geldsummen begründet werden. Daß eine Gegenleistung erbracht sei, ist nicht

---

[41]) Zur Geschichte der Deed und der Action of Covenant vgl. Pollock u. Maitland II, 216ff.; Ames 97ff.; Street II, 7; Holdsw. III, 417—420; Holmes, 272; H. D. Hazeltine, Die Geschichte des englischen Pfandrechts, 1907, S. 162—164. Vgl. auch G. Hartmann, Arch. für ziv. Pr. 77, 184ff.

[42]) Holdsw. III, 358.

erforderlich. Die Deed wird zum Mittel der Begründung einer Verpflichtung aus Executory Contract. Geht diese Verpflichtung auf Zahlung einer bestimmten Geldsumme, so bleibt nach wie vor Debt die gegebene Actio, geht sie auf Leistung anderer Art, so erfolgt die Durchführung in einer neuen Aktionsart, der Action of Covenant.

Dieser Actio liegt klar der Begriff eines Vertrages, dessen Erfüllung verlangt wird, zugrunde. Sicherlich spielen hier römisch-rechtliche Momente herein. Der Vertragscharakter ergibt sich unzweideutig aus dem Wortlaut des Writ[43]).

> »Praecipe N quod juste et sine delatione teneat W conventionem inter eos factam de viginti agris terrae suae in K... frumento et alio blado competenti seminandis, et de bladis in terris praedictis cresentibus metendis, et ad domum ipsius W sumptibus eiusdem, in eadem villa cariandis et nisi fecerit...«

Der Schuldner wird also aufgefordert, den mit dem Kläger abgeschlossenen Vertrag zu halten, und so ist auch hier der Weg zur Ausbildung des Vertragsbegriffes vorbereitet. Es bedürfte nichts weiteres als des Wegfalls des besonderen Formerfordernisses und der Schritt zur allgemeinen Klagbarkeit privater Vereinbarungen wäre getan gewesen. Allein zu diesem Schritt kann sich das fünfzehnte Jahrhundert nicht entschließen. Die Auffassung, daß jede Privatvereinbarung, jedes Pactum, ohne Hinzutritt irgendwelcher weiterer Erfordernisse klagbar sein solle, liegt noch zu fern. So wenig das kanonische Recht ein Pactum ohne Causa als Contractus auffaßt, ist dem Common-Law-Juristen möglich ein Pactum ohne gesiegelte Urkunde als bindend anzuerkennen. So war die Entwicklung auf diesem Wege verbaut.

VI. Verbaut war aber auch eine Weiterentwicklung der Action of Debt, denn diese in sehr alten Zeiten entstandene Klageform hatte ihr altertümliches Verfahren behalten, ein Verfahren, das an fühlbaren Mängeln litt, und dem Kläger die Verfolgung seiner Ansprüche außerordentlich erschwerte. Diese Mängel lagen insbesondere in folgendem[44]):

1. Der Beklagte konnte in zahlreichen Fällen die Klage mit einem Wager of Law beantworten, d. h. er konnte sich darauf beschränken unter Mitwirkung von Eideshelfern zu schwören,

---

[43]) Holdsw. III, 663.
[44]) Holdsw. III, 423—424.

daß er nichts schulde, ohne gezwungen zu sein, diese Behauptung zu substantiieren.

2. Dies wiederum hatte zur Folge, daß in den Fällen, in denen der Schuldner zum Leugnungseid zugelassen war, eine Klage aus Debt nach dem Tode des Schuldners überhaupt nicht mehr möglich war, denn der Executor oder Administrator konnte mangels genügender eigener Kenntnisse nicht zum Wager of Law zugelassen werden, und, da ihm dieses wichtigste Verteidiguungsmittel gefehlt hätte, wurde eine Klage gegen das Personal Representative überhaupt nicht gewährt.

3. Ein weiterer mit dem hohen Alter und dem sachenrechtlichen Charakter der Klage zusammenhängender Mangel war, daß der Kläger den Schuldbetrag ziffernmäßig ganz genau angeben mußte. Verlangte er in der Klage mehr oder weniger als wirklich geschuldet, so wurde er mit der ganzen Klage abgewiesen.

4. Damit wieder hängt zusammen, daß Ansprüche anderer Art als ziffernmäßig feststehende Summenschulden, insbesondere also Schadenersatzansprüche, mit der Action of Debt nicht einklagbar waren.

Sollte eine Fortbildung des Kontraktrechts geschehen — und angesichts der Wandlung der wirtschaftlichen Verhältnisse war gegen Ende des sechzehnten Jahrhunderts eine solche Fortbildung unerläßlich — so mußte sie andere Wege gehen. Sie geschah durch Weiterbildung einer deliktischen Klage, der Klage auf Schadenersatz wegen Vertrauenstäuschung, der Action of Assumpsit.

2. Kapitel.

Die Action of Assumpsit[45]).

I. Trespass, Deceit, Case.
II. Assumpsit for Mis—Feasance, Undertaking.
III. Assumpsit for Non—Feasance.
  1. Grenzfälle zwischen Mis—Feasance und Non—Feasance.
  2. Deceit on the Case.
IV. Die Action of Assumpsit.

[45]) Bei Pollock u. Maitland, deren Werk nur die Zeit bis zur Mitte des 13. Jahrh. umfaßt, wird die Action of Assumpsit nicht mehr behandelt. Ihre Klärung erfolgte in der exakten Durchforschung der Year Book-Fälle durch Ames (S. 122—166), an dessen Arbeiten die Darstellungen von Maitland (S. 362—364), Holdsworth (III, S. 428—454, VIII, S. 1—34) und Street (II, S. 9—45, 61 ff.) anschließen.

I. Ausgangspunkt der neuen Entwicklung ist die deliktische Klage aus Trespass, d. h. anfänglich die rechtswidrige Schädigung von Körper und Eigentum, die gewaltsam, vi et armis, unter Bruch des Königsfriedens erfolgt. Wegen des öffentlichen Interesses ist die Verteidigung mit Wager of Law ausgeschlossen[46]). Das Verfahren zeigt weniger altertümliche Züge als das der Actions of Debt, Detinue und Covenant, es ist rascher, einfacher, beweglicher. Der Beklagte kann es nicht durch unzählige Entschuldigungen für Säumnis, Essoins, endlos in die Länge ziehen. Auf dem Wege der Gewährung von Writs on the Case in consimili casu wird die Actio über ihren ursprünglich engen Tatbestand hinaus erweitert. Trespass ist eine der fruchtbarsten Klageformen des Common Law, die spätere Entwicklung macht es geradezu zur Mutter der sämtlichen modernen Klageformen (vgl. die stammbaummäßige Übersicht bei Maitland, Equity, S. 348). Zu den Abkömmlingen der Action of Trespass gehört schon früh die Action of Deceit mit ursprünglich recht engem Tatbestand: Betrug im Laufe eines Prozesses.

Durch Erweiterung der Action of Trespass im eigentlichen Sinn und der Action of Deceit durch neue Actions on the Case wird

---

[46]) Die Ableitung des modernen englischen Vertragsrechts aus der auf Verletzung des Königsfriedens beruhenden Deliktsklage ist eine weitere Bestätigung der von Karl Lehmann ausgesprochenen und von Rabel (Sav. Z. Rom. 36, 344) aufgenommenen Vermutung, daß das öffentliche Gericht (z. B. norwegisches Thinggericht, attisches Geschworenengericht) sein Eingreifen »möglicherweise bewußt auf die Wahrung des Rechtsfriedens, auf die das öffentliche Interesse noch allein angehende Ahndung der Gewalttat beschränkte«. Wenn Rabel hinzufügt, daß aus der Zurückhaltung der öffentlichen Justiz nicht zwingend auf einen Tiefstand des privatrechtlichen Denkens geschlossen werden dürfe, so findet auch dies eine Parallele in England. Lange bevor privatrechtliche Verträge die königlichen Gerichte beschäftigen, sind sie den kleinen örtlichen und insbesondere den kaufmännischen Sondergerichten geläufig. Vgl. unten Kapitel 3.

die Möglichkeit zu einer Klage auf Ersatz eines Schadens eröffnet, der im Zuge vertragsähnlicher Verhältnisse entsteht.

II. Zwei Serien von Fällen führen zu dieser Entwicklung, die selbst mit dem Gesichtspunkt der Vertragshaftung noch nichts zu tun haben.

Die erste Reihe handelt von Schäden, die jemand dem Eigentum eines anderen, das er in irgend einer Weise zu behandeln unternommen hat, zufügt. Ein Fährmann »hat unternommen« (assumpsit) die Pferde des Klägers über einen Fluß zu setzen. Er überlastet das Boot und die Pferde gehen verloren. Dies ist der früheste Fall: 22 Ass. pl. 41, f. 94 (1348)[47]).

1369 unternimmt ein Tierarzt das Pferd des Klägers zu kurieren. Er führt die Kur so ungeschickt aus, daß das Pferd eingeht: Y. B. 43. Ed. III. Mich. pl. 38.

Ames führt eine ganze Reihe ähnlicher Fälle an:

1387 11 Rich. II. Fitzherbert. Abridgement, Action on the Case 37.

1424 Y. B. 3 Hen. VI. 36 pl. 33.

1441 Y. B. 19 Hen. VI. 49 pl. 5.

Ähnlich: ein Schmied unternimmt ein Pferd zu beschlagen und verwundet es.

1373 46 Ed. III. 19 pl. 19.

1472 12 Ed. IV 13 pl. 9.

Typisch werden Klagen gegen Baumeister, »die es unternehmen ein Haus gut und richtig zu bauen«, das Unternehmen aber so ungeschickt ausführen, daß das Haus nicht rechtzeitig fertig wird oder schlecht gebaut ist.

Solche und ähnliche Fälle:

1409 Y. B. 11 Hen. IV. 33 pl. 60.

1424 Y. B. 3 Hen. VI. 36 pl. 33.

1441 Y. B. 20 Hen. VI. 34 pl. 4.

1442 Y. B. 21 Hen. VI. 55 pl. 12.

1498 14 Hen. VII. Rast. Ent. 2, b. 1.

1502 18 Hen. VII. Keilw. 50 pl. 4.

1505 Y. B. 21 Hen. VII. 41 pl. 66.

Die Wurzel dieser Ansprüche liegt, wie Ames[48]) ausführt, in folgendem: nach ältester Auffassung ist eine unerlaubte Handlung, ein Tort, nur denn gegeben, wenn die Schädigung des Körpers oder der Sache des Klägers ausschließlich durch den Beklag-

[47]) Vgl. Ames 130; Holdsw. III, 430.

[48]) a. a. O., 131—132.

ten geschieht, ohne daß der Kläger sie durch eine eigene Handlung ermöglicht hat. Hat er selbst seinen Körper oder seine Sache der Einwirkung des Beklagten ausgesetzt, so trägt er auch das Risiko einer etwaigen Schädigung, es sei denn, daß der Beklagte ausdrücklich dieses Risiko übernommen hat, indem er es »unternommen hat« (assumpsit) den Kläger oder seine Sache gut und richtig zu behandeln. Grundlage des Anspruchs ist also dieses »unternehmen«, das assumpsit, daher der Name der neuen Actio. Die Ähnlichkeit mit einem Vertrag ist offenbar, aber dieser Gedanke spielt noch keine Rolle. Der Beklagte haftet, weil er in Ausführung seines Unternehmens falsch und ungeschickt vorgegangen ist, er haftet für seinen active misconduct.

Ähnlich sind Fälle, in denen ein Verwahrer wegen Beschädigung der anvertrauten Sache haftet. Mit Detinue kann der Bailor nur die Herausgabe seiner Sache, d. h. praktisch Ersatz ihres Wertes erlangen, nicht aber Ersatz für irgendeinen sonstigen Schaden. Eine solche Haftung kann nur begründet werden, wenn der Bailee ausdrücklich die »gute Verwahrung« (safe custody) übernommen hatte. Auf Grund eines solchen assumpsit haftet dann der Bailee natürlich auch dann, wenn er die Sache überhaupt nicht zurückgeben kann. Der Bailor kann dann auch bei Nichtrückgabe statt der schwerfälligen altertümlichen Action of Detinue die für ihn bequemere Action of Assumpsit erheben[49]).

Der älteste bekannte Fall dieser Art stammt aus dem Jahr 1449[50]): der Kläger hatte dem Beklagten sechs Sack Wolle in Verwahrung gegeben und gegen Bezahlung von 6 s. hatte der Beklagte »unternommen« to keep them safely. Infolge Fahrlässigkeit des Beklagten werden die Säcke gestohlen. Gegenüber der vom Kläger erhobenen Klage aus Trespass on the Case (assumpsit) wendet der Beklagte ein, diese Klageform sei hier unzulässig, der Kläger könne nur aus Detinue klagen. Einer der Richter schien diesen Einwand zu teilen, trotzdem zieht ihn der Beklagte im Lauf des Prozesses zurück. Statham, der den Fall berichtet, fügt in einer Note hinzu: »et credo the reason of the action lying is because the defendent had 6 s. which he (plaintiff) could not recover in detinue.«

1472[51]) wird die Klage eines Bailors aus Case stillschwei-

---

49) Ames 132—133.
50) Statham, Abr. Act. on Case.
51) Y. B. 12 Ed. IV. 13 pl. 10.

gend, 1486 ausdrücklich anerkannt[52]) und 1510 wird besonders erwähnt, die Möglichkeit aus Case zu klagen, hänge nicht davon ab, daß der Verwahrer ein Entgelt erhalten habe[53]).

Bemerkenswert ist, daß bei Klagen gegen Frachtführer, Gastwirte und ähnliche Personen die Behauptung eines ausdrücklichen Assumpsit nicht nötig ist; denn diese Personen sind kraft ihres öffentlich-rechtlichen Status zur safe custody verpflichtet. Ihre Haftung beruht auf objektivem Recht, auf der Custom of the Realm[54]). Hier zeigt sich, wie entfernt diese Fälle noch von einem Vertragsbegriff sind.

III. 1. In allen bisher erwähnten Fällen muß der Kläger einen active misconduct des Beklagten nachweisen. Eine bloße Unterlassung genügt noch nicht, wenn auch die Grenze oft schwer zu ziehen ist. Die erwähnten Bailment-Fälle, in denen der Bailee haftet, weil er es an der erforderlichen Sorgfalt in der Beaufsichtigung hat fehlen lassen, kommen einer Haftung wegen Nonfaisance schon recht nahe. Wie schwer die Grenze zu ziehen ist, zeigt ein von Ames dargestellter Fall aus dem Jahr 1400[55]). Ein Bauherr klagt gegen einen Baumeister, der es unternommen hat, ein Haus innerhalb einer bestimmten Frist zu bauen, es aber nicht rechtzeitig fertigstellt. Der Beklagte wendet ein, eine solche Klage sei nur aus Covenant möglich, eine Deed sei aber nicht ausgestellt. Das Gericht gibt dem Einwand statt und weist die Klage ab. Bryan, J. bemerkt aber ausdrücklich: »wenn der Kläger behauptet hätte, daß der Beklagte die Arbeit bereits begonnen, sie aber infolge Nachlässigkeit nicht beendet habe, so läge der Fall ganz anders«. Trotz dieser Bemerkung werden in den folgenden Jahren derartige Klagen immer noch abgewiesen[56]).

---

52) Y. B. 2, Hen. VII, 11 pl. 9.

53) Keilw. 160 pl. 2. Diese Anerkennung der Haftung auch beim unentgeltlichen Bailment wird bedeutsam für die berühmte, die spätere Entwicklung entscheidend beeinflussende Entscheidung Lord Holts in Coggs v. Bernard, 1703, 2 Ld. Raymonds 909, s. u. S. 94.

54) Vgl. das Klageformular bei Holdsw. III, 663 Ziff. 7.

55) Y. B. 2 Hen. IV, Mich. pl. 9.

56) S. die von Ames S. 139 angeführten Fälle 1409 Y. B. 11, Hen. IV, 33 pl. 60 und 1424 Y. B. 3 Hen. VI, 36 pl. 33. Im letzteren Falle war einer der vier Richter von Anfang an gegen den Anspruch, einer war dafür, einer schwankend. Schließlich wurde die Klage abgewiesen auf Grund einer Bemerkung des vierten Richters Martin: »If this action is maintained, one shall have trespass for the breach of any covenant in the world«.

Ein Vorläufer eines Umschwungs erscheint 1435[57]). Diese Entscheidung bleibt aber zunächst noch ohne Nachfolge, die ältere Auffassung wird in ständiger Praxis weiter gehandhabt[58]).

2. Der endgültige Umschwung erfolgt auf Grund von Einflüssen, die von einer anderen Serie von Präjudizien ausgehen, den oben erwähnten Fällen der Action of Deceit on the Case[59]).

Auch hier beginnt die Entwicklung mit Zulassung eines Schadenersatzanspruches wegen eines Deceit, begangen durch einen active misconduct. Der Kläger hat den Beklagten mit dem Kauf eines Grundstücks beauftragt; unter Ausnützung der vom Kläger erhaltenen Informationen kauft der Beklagte das Grundstück für einen Dritten, mit dem er betrügerisch kolludiert hat[60]). Babington, C. J., gibt folgende Begründung: »If he (the defendant) discovers his counsel, and becomes of counsel for another, now that is a deceit, for which I shall have an action on my case«[61]).

Von hier aus ist kein weiter Schritt zur Zulassung einer Deceit-Klage wegen Nichteinhaltung übernommener Pflichten oder Garantien. Ein Vorläufer findet sich schon 1383. Der beklagte Verkäufer hat bestimmte Eigenschaften der Kaufsache ausdrücklich zugesichert »warrantizando vendidit«[62]), der beklagte Verkäufer hatte ausdrücklich eingewandt, eine solche Klage sei nur aus Covenant zulässig, aber damit wird er nicht gehört, »for it is a writ of trespass«. Ähnliche Fälle finden sich 1431 Y. B. 9 Hen. VI. Mich. pl. 37 und 1472 Y. B. 11 Ed. IV. Trin. pl. 10. Hier bemerkt Brian, J.: »Wenn mir jemand Saatgut verkauft und gute Qualität garantiert und es ist schlecht, oder er garantiert, daß es Saatgut aus einer bestimmten Grafschaft sei und es ist es nicht, so habe ich eine Action of Deceit«.

Die endgültige Festigung dieser Art der Action of Deceit geschieht durch ihre Anwendung auf den Verkauf eines Grundstücks. Der Verkäufer läßt das verkaufte Grundstück nicht dem Käufer, sondern einem Dritten auf. Der erste Fall dieser Art er-

---

57) Y. B. 14 Hen. VI, 18 pl. 58.

58) Vgl. Ames, 140, Note 3 und die dort zitierten Fälle.

59) Über eine eigenartige gleichzeitige Parallele in Italien, wo einzelne Juristen bei Nichterfüllung eines formlosen pactum eine actio de dolo auf Schadenersatz geben wollten, vgl. Pollock u. Maitland II, 196; Seuffert, Geschichte der obligatorischen Verträge S. 77 und 80.

60) 1432 Y. B. 11 Hen. VI, 18 pl. 10, 24 pl. 1, 55 pl. 26.

61) Ames 140.

62) Fitzherbert, Abr. Monst. de Faits, pl. 161; Ames 136.

scheint 1441 Y. B. 20 Hen. VI. 34 pl. 4. Die Frage bleibt aber noch unentschieden, obwohl die Mehrheit der Richter dem Kläger geneigt erscheint. 1476 Y. B. 16 Ed. IV. 9 pl. 7 und 1487 Y. B. 2 Hen. VII. 12 pl. 15 werden derartige Ansprüche stillschweigend anerkannt. Deutlicher ist eine Entscheidung von 1488 Y. B. 3 Hen. VII. 14 pl. 20: »If there be an accord between you and me that you shall make me an estate of certain land, and you enfeoff another, shall I not have an action on my case? Quasi diceret sic. Et Curia cum illo. For when he undertook to make the feoffment, and conveyed to another, this is a great misfeasance«[63]).

Ihren Abschluß findet diese Entwicklung durch Zulassung des Anspruchs wegen bloßer nonfaisance. Ein derartiger Schadenersatzanspruch wird erstmalig 1505 zugesprochen in der Entscheidung Keilw. 77—78 pl. 25, die zum Leading Case der Klage aus assumpsit wegen nonfaisance wird[64]). Frowyck, C. J. führt aus: »Wenn ich dir aus meinem Gute eine Parzelle von 10 Acres verkaufe und dann mein ganzes Gut einem anderen auflasse, so hast du gegen mich eine action on the case, weil ich dein Geld empfangen und du hier keinen anderen Rechtsbehelf gegen mich hast. Ebenso, wenn ich dir mein Grundstück verkaufe und vereinbare, es dir aufzulassen und ich tue es nicht, so hast du, wie es entschieden ist, eine gute Klage gegen mich...., und wenn ich mit einem Baumeister vereinbare, daß er mir ein Haus baue und ich zahle ihm für das Haus 20 £, daß es bis zu einem bestimmten Tage fertig gebaut sei, so habe ich wegen der Zahlung des Geldes eine gute action on my case. Wenn aber nur eine Vereinbarung da ist und keine Zahlung des Geldes, so habe ich keinen Rechtsbehelf. Wenn er es aber zu bauen anfängt und schlecht baut, so habe ich eine action on the case, genau so wie dann, wenn ich das Geld gezahlt habe, case möglich ist wegen einer reinen nonfaisance«.

Diese Entscheidung findet rasch Nachfolge, wobei als Grundlage des Schadenersatzanspruchs der Schaden erachtet wird, den der Kläger dadurch erlitten hat, daß er im Vertrauen auf die Zusage (assumpsit) des Beklagten den Kaufpreis bezahlt oder eine sonstige Vermögensdisposition vorgenommen hat. »The gist of the action is the deceit in breaking a promise on the

---

63) Ames 141.

64) Ames 142, vgl. auch Street II, 33; Holdsworth III, 439.

faith of which the plaintiff had been induced to part with his money or other property«[65]).

IV. Damit ist der Zusammenhang mit den Assumpsit-Fällen hergestellt und gleichzeitig ein Rechtsbehelf gegeben, der einer Schadenersatzklage aus Vertrag außerordentlich ähnlich sieht. Aber immer noch nicht handelt es sich um eine wahre Vertragsklage. Der Grund des Anspruchs liegt, wie die erwähnte treffende Charakterisierung von Ames zeigt, nicht im Bruch der Vereinbarung, sondern darin, daß der Kläger »infolge und im Vertrauen auf die Vereinbarung verleitet worden ist, seine Position zu verändern«[66]). Das ist außerordentlich treffend gesagt. Die Klage beruht nach wie vor auf Delikt, aber sie hat Momente in sich aufgenommen, die das Schwergewicht allmählich auf die vorangegangene »Vereinbarung« übergehen und so aus der deliktischen Klage eine Klage aus Vertrag werden lassen. Bevor deren weitere Ausbildung verfolgt werden kann, ist aber noch eine Betrachtung der Entwicklung erforderlich, die die Action of Debt mit der Action of Assumpsit in Zusammenhang bringt.

V. 1. Die Action of Debt war für den Kläger mit den bereits mehrfach erwähnten Schwierigkeiten und Nachteilen verbunden. Die Verallgemeinerung der Action of Debt durch Ausbildung des neuen Begriffs des Quid pro Quo hat sie der Action of Assumpsit nahe gebracht. So war es kein weiter Schritt mehr zu versuchen auf einen Tatbestand, der bisher nur mit der Klageform der Action of Debt rechtlich erzwingbar war, die bequemere Klageform der Action of Assumpsit anzuwenden. Der Weg war der, daß der Schuldner nach Entstehung der Debt ausdrücklich »auf sich nahm« sie auch zu erfüllen. Aus diesem Assumpsit konnte dann selbständig geklagt werden. Die Schwierigkeit war allerdings, daß hier der Gläubiger nicht auf Grund des Assumpsit eine Vermögensverfügung vorgenommen und dadurch einen Schaden erlitten hatte, aber diese Schwierigkeit war nicht unüberwindlich. Bei Eingehung der Debt hatte er ja ein Quid pro Quo geleistet.

Die Möglichkeit statt in Debt in Assumpsit zu klagen wird rasch allgemein[67]); die erste Erwähnung findet sich im Abridgment Brook's[68]), der 1558 starb. Aber bis zum Ende des Jahrhunderts wird daran festgehalten, daß der Schuldner ein ausdrück-

---

65) Ames 142.
66) Holdsw. III, 435.
67) Ames 145/146, vgl. auch Street II, 61ff.
68) Action sur le cas, pl. 5 zit. bei Holdsw. III, 442 Note 2.

liches Assumpsit abgegeben haben muß, und zwar nach Entstehung der Debt. Allerdings, der Court of King's Bench versucht von dieser einschränkenden Voraussetzung frei zu werden. Er verfolgt damit eigennützige Zwecke. Wie die überraschende Ausweitung der Assumpsitklage ein Mittel aller drei Common Law Gerichte in ihrem Konkurrenzkampf gegen den Court of Chancery und den Court of Admiralty ist, die beide bereits gegen Ende des fünfzehnten Jahrhunderts zur Zulassung regelrechter Vertragsansprüche gelangt sind — Näheres darüber unten — so ist der weitere Ausbau der Action of Assumpsit dem Konkurrenzkampf der Common Law Gerichte untereinander zu danken. Die Einnahmen der Richter bestehen nur zum kleineren Teil aus festen Gehältern, ihre Haupteinkünfte beziehen sie aus Sporteln. So ist jedes Gericht interessiert möglichst viele Prozesse vor sein Forum zu ziehen. Die Fiktionen, die dazu herhalten müssen, spielen in der Fortentwicklung des Common Law eine große Rolle[69]).

Ordentliches Gericht für Zivilklagen ist anfänglich nur der Court of Common Pleas. Der Court of King's Bench ist im elften und in der ersten Hälfte des zwölften Jahrhunderts im wesentlichen nur mit Strafsachen und mit anderen Angelegenheiten befaßt, an denen der König unmittelbares Interesse hat. Der Court of the Exchequer ist Steuergericht. Durch allerhand Fiktionen gelangen beide Gerichte dazu, in steigendem Maße gewöhnliche Zivilklagen vor ihr Forum zu bringen. Noch aber sind die alten Personal Actions, also die Actions of Debt, Detinue und Covenant dem Court of Common Pleas vorbehalten. In Trespass dagegen kann auch der Court of King's Bench judizieren, denn Trespass in seiner ursprünglichen Form ist Bruch des Königsfriedens. Durch Fortentwicklung dieser Actio durch die neuen Actions on the Case gelangen schließlich auch solch reine Privatangelegenheiten wie Assumpsit-Fälle vor die King's Bench und das Feld dieser Klageform soweit als möglich auszuweiten liegt im Interesse dieses Gerichts. So kann 1573 Wray, J. in Edwards v. Burre[70]) feststellen, daß die King's Bench in ständiger Praxis in jeder Debt bereits ein stillschweigendes Assumpsit annehme, mit anderen Worten, aus den Tatbeständen, die früher nur mit der Action of Debt durchführbar waren, kann im Court of King's Bench ohne weiteres in Assumpsit geklagt werden.

Die Richter des Court of Common Pleas sind über diese

---

69) Holdsworth III, 443; vgl. auch Sutton 34ff.
70) Dalison, 104 pl. 45.

Konkurrenz keineswegs erfreut und im Berufungsgericht, der Exchequer-Chamber, das aus Richtern aller drei Common Law Gerichte zusammengesetzt ist, setzen sie lange Zeit durch, daß derartige Urteile des Court of King's Bench aufgehoben werden. So noch 1601 in Maylard v. Kester[71]).

Aber das nächste Jahr schon bringt den endgültigen Umschwung, in der in mehrfacher Hinsicht grundlegenden Entscheidung der Exchequer Chamber in Slade's Case[72]).

2. Diese Entscheidung bildet zugleich den Abschluß einer anderen Kette von Präjudizien[73]).

Sowohl in Debt wie in Assumpsit konnte ein Klagerecht nur entstehen, wenn der Kläger seinerseits etwas getan hatte. In Debt mußte er das Quid pro Quo geleistet, in Assumpsit die ihn schädigende Vermögensverfügung vorgenommen haben. Die neue Entwicklung der Klage aus Indebitatus-Assumpsit läßt die beiden Momente des Quid pro Quo und des Detriment in den Hintergrund treten. Allerdings, immer noch sind sie als Klagevoraussetzung nötig, aber das wesentliche Moment wird doch seit etwa 1500 in der Vereinbarung der Parteien gesehen, dem Agreement, das allerdings nicht ohne weiteres klagbar ist, sondern nur beim Hinzutritt eines weiteren Moments. Damit ist im Common Law eine Lage entstanden, die der des zeitgenössischen römischen und kanonischen Rechts nicht unähnlich ist. Wie dort die bloße Parteivereinbarung, das nudum pactum, des Hinzutretens einer iusta causa bedarf, um zum klagbaren pactum vestitum zu werden, so muß im Common Law zur Parteivereinbarung ein weiteres Moment hinzutreten, für das nunmehr auch eine gemeinsame Bezeichnung aufkommt, der Ausdruck Consideration. Das unklagbare Agreement, das nudum pactum, wird durch den Hinzutritt der Consideration zum klagbaren Contract.

Aber bei dem bisherigen Stadium der Entwicklung kann eine Consideration nur dann vorliegen, wenn der Gläubiger seinerseits etwas getan hat, d. h. wenn er das den Gegenanspruch auf Geld begründende Quid pro Quo geleistet oder eine Handlung vorgenommen hat, durch die er ein Detriment erlitten hat. Eine brauchbare Consideration ist also nur die vom Gläubiger erbrachte Handlung, die executed consideration.

Eine scheinbare Ausnahme bilden die oben erörterten Fälle

---

[71]) Moore 711.
[72]) 4 Co. Rep. 92b.
[73]) Holdsw. III, 444—446.

des Sale. Hier ist, damit der Käufer aus Detinue, der Verkäufer aus Debt klagen könne, die körperliche Übergabe der Sache nicht nötig. Und mit der Entwicklung der Action of Indebitatus Assumpsit kann der Verkäufer sofort mit Kaufabschluß auch aus Assumpsit klagen. So lag es nahe vom Erfordernis der Erfüllung abzusehen, und die Klage ganz allgemein schon aus dem executory contract zu gewähren.

Der frühest bekannte Fall stammt aus dem Jahr 1555, Pecke v. Redman[74]). 1558 wird in Norwood v. Read[75]) vom Anwalt des Klägers behauptet, jeder Executory Contract sei ein Assumpsit in itself. 1589 wird dieser Grundsatz durch das Gericht zum erstenmal klar und unzweideutig ausgesprochen in Strangborough and Warner's Case[76]): »A promise against a promise will maintain an action upon the case, as in consideration that you give to me ten pounds on such a day, I promise to give you ten pounds such a day after«.

1597 in Gower v. Capper[77]), und 1599 in Wichals v. Johns[78]), wird dieser Satz bereits als feststehend angewandt. Der endgültige Abschluß dieser zur Anerkennung der executory consideration führenden Entwicklung erfolgt zugleich mit der Festigung der Action of Indebitatus Assumpsit und der Festsetzung ihres Inhalts 1602 in Slade's Case[79]).

VI. Dieser berühmte Fall legt folgende Sätze fest:

1. Der Gläubiger einer Debt kann nach seiner freien Wahl in der Form der Action of Debt oder in der Form der Action of Assumpsit klagen. Every contract executory imports in itself an assumpsit.

2. — und hierin liegt der eigentliche Abschluß: der Gläubiger kann in Assumpsit auf den ziffernmäßigen Betrag seiner Debt klagen, er ist nicht mehr wie bisher auf den Ersatz des tatsächlich erlittenen Schadens beschränkt.

Dieser Satz bezieht sich natürlich nur auf die Fälle des Indebitatus Assumpsit, also auf die Fälle, in denen früher die Klage aus Debt allein möglich war. Er wirkt aber auch auf die anderen, die eigentlichen Assumpsit-Fälle, die von nun an unter dem Namen

---

74) Dyer 113.
75) Plowden 182.
76) 4 Leon. 3.
77) Cro. Eliz. 543.
78) Cro. Eliz. 703.
79) 4 Co. Rep. 92b.

des Special Assumpsit dem Indebitatus oder General Assumpsit gegenübergestellt werden.

1. Erinnern wir uns noch einmal an den Anfang dieser Entwicklung: Assumpsit ist als Form des Trespass on the Case und des Deceit on the Case eine Deliktsklage auf Schadenersatz. Der Kernpunkt der Klage, the gist of the action, ist der Schaden, den der Kläger dadurch erlitten hat, daß er im Vertrauen auf das Versprechen des Beklagten eine Vermögensverfügung vorgenommen hat. Dies sei hier nochmals hervorgehoben. Der Kläger erhält das, was er hätte, wenn er mit dem Beklagten sich nie eingelassen hätte, mit anderen Worten, das negative Interesse.

Natürlich ist dieser sehr technische Begriff dem Common Law des sechzehnten Jahrhunderts fremd, und die Grenzlinie zwischen negativem und positivem Interesse ist nicht immer leicht einzuhalten. In Indebitatus Assumpsit wird nun seit Slade's Case dem Gläubiger der Betrag seiner Debt gewährt, mit anderen Worten, die Erfüllung seines Vertrages. Das führt dazu, daß auch in Special Assumpsit der Schritt vom Ersatz des negativen Interesses zu dem des positiven getan wird. Diese Entwicklung ist so unmerklich, daß sie den zeitgenössischen Richtern und Autoren überhaupt nicht auffällt. Aber erst mit ihrem Abschluß, der durch Slade's Case erreicht wird, ist die endgültige Umwandlung von Assumpsit aus einer Delikts- in eine Vertragsklage vollzogen[80]).

---

[80]) Dieses wichtige Moment ist bisher nur wenig beachtet worden. Vgl. Salmond, History of Contract. 3 L. Q. R. 166, 171 und Neuabdruck Sel. Ess. III, 320, 327. Ames streift diese Entwicklung nur mit einem einzigen Satz (Lectures 144/145: »Damages were soon assessed, not upon the theory of reimbursement for the loss of the thing given, but upon the principle of compensation for the failure to obtain the thing promised«). Ähnlich kurz drückt sich Williston aus (Contracts III § 1338), der sich zum Beweis auf den Fall Best v. Jolly, 1 Sid. 38 (1661) bezieht. Neuestens will nun George T. Washington (47 L. Q. R. (1931) 345ff., insbesondere 371ff.) dies bestreiten. Richtig ist, daß die überlieferten Fälle kein Material bieten, da sie sich im wesentlichen nur mit dem Grund des Schadenersatzanspruchss beschäftigen und nicht mit der der Jury überlassenen Feststellung seiner Höhe. Richtig ist auch, daß der von Williston zitierte Fall mit der Frage überhaupt nichts zu tun hat. Daß aber der Assumpsitanspruch ursprünglich nicht auf das Erfüllungsinteresse gerichtet war, sondern auf den Ersatz des Vertrauensschadens, ergibt sich aus der Entwicklung dieser Klage mit solcher Deutlichkeit, daß Washington's Ausführungen nicht überzeugen können. Sein Hauptargument ist, Assumpsit sei nicht das Ergebnis einer natürlichen Entwicklung gewesen, sondern ein zu ganz bestimmten Zwecken bewußt entwickelter Rechtsbehelf. »Die Gerichte hatten zu warten bis bestimmte Fälle vor sie gebracht

Das kommt noch in einem weiteren Umstand zum Ausdruck: Das Common Law des fünfzehnten und sechzehnten Jahrhunderts findet den Satz »actio personalis moritur cum persona« entwickelt vor. Seine Tragweite ist umstritten. Um die Mitte des sechzehnten Jahrhunderts jedenfalls steht fest, daß er nur auf reine Deliktklagen anwendbar ist, nicht aber auf Klagen, deren materiell-rechtliche Grundlage in dem neuen Gesichtspunkt des Vertrages gesehen wird. Natürlich ist damit die Situation der Action of Assumpsit unklar, denn ihrer Form wie ihrer Abstammung nach ist sie eine Klage aus Delikt. Dennoch wendet der Court of King's Bench auf sie den Grundsatz nicht mehr an, allerdings noch unter anfänglichem Widerspruch der Exchequer Chamber.

Kurz nach Slade's Case erfolgt auch hier die endgültige Konsolidierung[81]). In Pinchon's Case[82]) wird anerkannt, daß Indebitatus Assumpsit vererblich sei, genau so wie Covenant. In Special Assumpsit, das ja nicht auf Bezahlung einer Debt ging, sondern auf Schadenersatz wegen Vertragsbruchs, wurde der Übergang der Passivlegitimation auf die Rechtsnachfolger erst 1616 ausgesprochen in Sanders v. Esterby[83]) welcher Entscheidung die Fälle Clark v. Thomson[84]) und Fawcet v. Charter[85]) folgen. »It was no longer an action to get damages for a tort, but an action to obtain redress for the breach of a contract[86])«.

wurden; sobald aber die Zeit zum Handeln gekommen war, waren sie sich über das, was sie taten, völlig im klaren: Sie versuchten at law einen Rechtsbehelf gegen die Verletzung formloser Verträge zu entwickeln.« Hier ist das bewußte Element wesentlich überschätzt. Die königlichen Gerichte haben die Action of Assumpsit nicht erst erfunden, als sie in immer steigendem Maße mit Vertragsbruchsfällen befaßt wurden, sondern sie haben diese Klage, die zunächst als rein deliktisch ohne Rücksicht auf einen Vertragsbegriff sich herausgebildet hatte, als nächstliegende Aktionsform auf diese Fälle angewendet und zwar zunächst so, wie sie sie vorfanden. Die Umwandlung in einen Anspruch auf das Erfüllungsinteresse vollzog sich erst im Lauf der weiteren Entwicklung, insbesondere als seit Pecke v. Redman der Anspruch auch einem Gläubiger zugebilligt wurde, der seinerseits noch nicht geleistet hatte. So bekommt der Gläubiger nachweislich das Erfüllungsinteresse in Norwood v. Read (1558), Plowd. 180 und in Tooley v. Preston (1587) 3 Leon. 150. Slade's Case ist der formelle Abschluß dieser Entwicklung.

[81]) Holdsw. III, 451.

[82]) 9 Co. Rep. 86b (1612).

[83]) Cro. Jac. 417.

[84]) 1621, Cro. Jac. 571.

[85]) 1623, Cro. Jac. 662.

[86]) Holdsw. III, 452.

2. Dennoch, der deliktische Ursprung haftet der Klage in vielen Beziehungen nach wie vor an. Das kommt schon äußerlich zum Ausdruck in der Formulierung des Writ: »The King to the Sheriff of the County of (Surrey) ... If A. B. shall make you secure of prosecuting his claim, then put ... C. D. ... that he be before our justices of the Bench at Westminster ... to show wherefore whereas the said C. D. heretofore, to wit on the ... day of ... in the year of our Lord ... was indebted to the said A. B. in the sum of ... for diverse goods, wares, and merchandise, by the said A. B. before that time sold and delivered to the said C. D. at his special instance and request; and being so indebted, he the said C. D., in consideration thereof afterwards, to wit, on the day and year aforesaid ..., undertook and faithfully promised the said A. B. to pay him the said sum of money when he the said C. D. should be thereto afterwards requested; yet the said C. D., not regarding his said promise and undertaking, but contriving and fraudulently intending craftily and subtilly to deceive and defraude the said A. B. in this behalf, hath not yet paid the said sum of money or any part thereof to the said A. B., although often times afterwards requested. But the said C. D. to pay the same or any part thereof hath hitherto wholly refused, and still refuses, to the damage of the said A. B. of £. ... as it is said. And have you there the names of the pledges and this writ[87]).«

Was hier von einem nachträglichen Assumpsit und von betrügerischer Absicht erzählt wird, ist reiner Zopf und Formelkram. Im Prozeß spielen diese Behauptungen keine Rolle; der Beklagte braucht und kann auf sie nicht eingehen. Sie sind nichts weiter als eine Reminiszenz an die Entstehung der Klageform, aber in einer Beziehung ist diese Reminiszenz doch noch sehr wirksam, sie verhindert, daß aus der Klage aus Special Assumpsit jemals etwas anderes wird als eine Schadenersatzklage. Nach wie vor bleibt der Erfüllungsanspruch ausgeschlossen. Natürlich hängt dies auch mit Entwicklungen in Equity — Specific Performance! — und mit der prozessualen Gestaltung des Vollstreckungsverfahrens at Law zusammen, worüber noch zu sprechen sein wird. Aber daß es nicht ausschließlich durch diesen letzteren Umstand bedingt ist, zeigt sich darin, daß ja Indebitatus Assumpsit eine Klage auf Erfüllung wird, und daß auch in der alten Action of Covenant, wie schon in der Formel ihres Writs zum Ausdruck kommt — vgl. oben S. 21 — der Gedanke der Vertragserfüllung voll erfaßt ist.

[87]) Sutton, S. 26/27.

3. Dieser Umstand und der Unterschied zwischen Special Assumpsit einerseits, Indebitatus Assumpsit andererseits beherrscht die ganze künftige Weiterentwicklung des Law of Contract. Daß die eigentliche Vertragsklage, die Klage aus Special Assumpsit, nie auf Erfüllung geht, sondern immer nur auf Schadenersatz, hat weitreichende Folgen, so insbesondere, daß das Wesentliche im Vertrag nicht so sehr in einer Verpflichtung zur Leistung als in einem Versprechen von Schadenersatz für den Fall der Nichtleistung gesehen wird. Grundlage des Anspruchs ist nicht der Contract, sondern der Breach of Contract.

VII. 1. Der Rechtsprechung des Court of King's Bench, die zu der Entscheidung in Slade's Case führt, liegt die Auffassung eines Implied Assumpsit zugrunde, d. h. eines stillschweigenden Versprechens eine aus anderem Rechtsgrund bereits entstandene Debt zu bezahlen. Mit Slade's Case, wo ausgesprochen wird, daß ein derartiger Anspruch nicht auf Schadenersatz wegen Nichterfüllung der Debt gerichtet sei, sondern auf die Debt selbst, wird das Implied Assumpsit zu einem materiellrechtlich bedeutungslosen, rein prozessualen Behelf. Aber der Gedanke erweist sich als fruchtbar[88]).

1610 klagt ein Gastwirt gegen einen Gast auf Bezahlung der genossenen Speisen. Debt an sich ist nicht möglich, da die materiell-rechtliche Voraussetzung der ziffernmäßigen Feststellung der Geldsumme fehlt. Assumpsit ist an sich gleichfalls nicht gegeben, weil der Gast nicht ausdrücklich auf sich genommen hat, die genossenen Speisen auch zu bezahlen. So wird noch 1587 eine derartige Klage abgewiesen[89]).

In dem neuen Fall[90]) wird der neue Gedanke eines stillschweigenden Assumpsit verwertet. Der Gast hat, so wird angenommen, stillschweigend versprochen dasjenige zu bezahlen, was die genossenen Speisen wert waren, quantum valebant. Auf den Betrag dieses Wertes erhält der Gastwirt eine Klage. Diese Klage ist Indebitatus Assumpsit, denn sie geht auf den Betrag der Schuld, nicht auf Schadenersatz wegen Nichterfüllung.

1632 kann Shephard in seinem Werk über Actions on the Case bereits feststellen, daß die Annahme eines solchen Implied Contract zur festen Praxis geworden sei.

Der Implied Contract wird so zu einem praktischen und not-

---

[88]) Holdsw. III, 446; Ames 149ff.; Street II, 199ff.
[89]) Young & Ashburnham's Case, 3 Leon. 161.
[90]) Warbrooke v. Griffin, 2 Brownlow 254, S. C. Moore 876.

wendigen Hilfsmittel um in Geschäften des täglichen Lebens eine Klage auf das angemessene Entgelt einer Leistung zu gewähren, wenn eine Vereinbarung über den ziffernmäßigen Betrag nicht getroffen ist. Sie erfüllt damit etwa die Funktion der §§ 612, 632 BGB. Ames[91]) führt zahlreiche Fälle an. Ein Zimmermann klagt auf den Werklohn: Six Carpenter's Case[92]).

Frachtführer: Nichols v. More (1661)[93]).

Verkäufer: Hayward v. Davenport (1697)[94]).

2. Der Sinn dieser Fälle ist in späterer Zeit vielfach mißverstanden worden. Die Mißverständnisse kommen daher, daß man bald einen Schritt weiter geht und unter Implied Contract nicht nur den stillschweigenden sondern auch den fingierten Vertrag versteht. Mit anderen Worten, daß man Indebitatus Assumpsit nicht nur benützt um eine Klage auf das angemessene Entgelt einer Leistung zu schaffen, sondern auch als Mittel um objektiv ungerechtfertigte Vermögensverschiebungen zu korrigieren, daß es als Bereicherungsklage verwendet wird. Diese insbesondere durch Lord Mansfield's grundlegende Entscheidung Moses v. Macferlan[95]) geförderte[96]) Entwicklung des sog. Quasi-Contract soll

---

[91]) 154.

[92]) 8 Coke Rep. 146a.

[93]) 1 Sid. 36.

[94]) Comb. 426.

[95]) (1760) 2 Burr. 1005, 1 Wm. Bl. 219, 97 E. R. 676.

[96]) Nicht, wie in der Literatur vielfach zu lesen, auch durch ihn begründet. Fälle in denen in Indebitatus Assumpsit Ansprüche nach Art der condictio indebiti durchgeführt werden, finden sich bereits wesentlich früher. 1691 gibt Lord Holt in Martin v. Sitwell, 1 Show. 156, 89 E. R. 509 einem Anspruch auf Rückzahlung einer Versicherungsprämie statt, wenn das versicherte Risiko nicht entstanden war. Der Vertrag sei »void ab initio«, das Geld daher empfangen »without any reason«. 1693 erklärt er in Tomkyns v. Barnet, Skinner 411, 90 E. R. 182 (unter dem Namen Tomkins v. Bernet auch 1 Salkeld 22, 91 E. R. 21) den Anspruch für allgemein zulässig, wenn eine Geldzahlung irrtümlich oder auf Grund eines Betrugs oder einer Täuschung geleistet worden ist. 1704 meint er in Holmes v. Hall, 6 Mod. 161, 87 E. R. 918 »These cases of indebitatus for money received for use have been carried to far, and no body would more willingly check them than I would«.

Mansfield's Entscheidung in Moses v. Macferlan bringt denn allgemeinen Gedanken in eine populäre Fassung und stützt ihn auf naturrechtliche Billigkeitserwägungen: »If the defendant be under an obligation, from the ties of natural justice, to refund; the law implies a debt, and give this action, founded in the equity [hier natürlich nicht im technischen Sinn des Equityrechts, sondern im allgemeinen Sinne von »Billigkeit«] of the plaintiff's case, as it were upon a contract (»quasi ex contractu«, as the Roman law expresses it)«.

hier nicht weiter verfolgt werden. Bemerkt sei nur, daß das englische wie das amerikanische Recht der Quasi-Contracts ohne Erkenntnis seiner historischen Grundlage in der Action of Indebitatus Assumpsit nicht verständlich ist. Slade's Case bietet den Schlüssel zum Verständnis des anglo-amerikanischen Bereicherungsrechts[97]).

3. Kapitel.

Entwicklungen außerhalb des Common Law.

I. Equity. Der Court of Chancery.
   1. Die Vorläufer der Equity, die geistlichen Gerichte. Breach of Faith.
   2. Die Vertragsrechtsprechung der Equity. Der Vertrag als Willenseinigung. Causa.
   3. Die Zurückdrängung der Chancery durch die Common Law Gerichte; Beschränkung auf die Praxis in Specific Performance.

II. Die Sondergerichte des Handels- und Seerechts.
   1. Die alten lokalen Handelsgerichte.
   2. Die neuen Zentralgerichte der Tudorzeit. Das Council und der Court of Admiralty.
   3. Das Eindringen des römischen Rechts im 16. Jahrhundert und seine Zurückdrängung im Verfassungskampf des 17. Jahrhunderts. Edward Coke.

Die durch Slade's Case sanktionierte Entwicklung bringt durch die Anerkennung des obligatorischen Vertrags und die Möglichkeit seiner gerichtlichen Erzwingung für das Common Law etwas Neues. Aber diese Neuerung betrifft nur das Common Law, keineswegs das englische Recht im ganzen. Common Law und englisches Recht sind ja zu dieser Zeit noch keineswegs gleichbedeutend. Neben den Common-Law-Gerichten bestehen zahlreiche andere Gerichte, die materiell anderes Recht anwenden.

I. Zunächst der Court of Chancery und seine Gerichtsbarkeit in Equity. Die Anfänge, Grundlagen und Grundgedanken der englischen Equity brauchen hier nicht erörtert zu werden, sie sind ausreichend oft dargestellt worden[98]).

---

[97]) Über die weitere Entwicklung des anglo-amerikanischen Bereicherungsrechts, vgl. W. Friedmann, Die Bereicherungshaftung im anglo-amerikanischen Rechtskreis in Vergleichung mit dem deutschen bürgerlichen Recht. 1930.

[98]) Maitland, Equity 1ff., Pollock, The Transformations of Equity, Essays in Legal History (1913), Holdsw. I, 453ff.; V, 215ff., Andr. B. Schwarz in Das Zivilrecht Englands I (1931), 105ff.

1. Vorläufer der Equity-Gerichtsbarkeit in Vertragsangelegenheiten ist die mittelalterliche Rechtsprechung der geistlichen Gerichte in Gelöbnissachen, in Fällen des Gelöbnisbruches[99]).

Die Kirche füllt damit wohl in allen germanischen Ländern eine Lücke der einheimischen weltlichen Rechte aus, die ja sämtliche noch kein System des Vertragsrechts entwickelt haben. In England ist die Gerichtsbarkeit der Kirche in Fällen des Breach of Faith besonders ausgedehnt. Das Bestreben der englischen Könige ihre eigene Gerichtsgewalt auf Kosten der anderen konkurrierenden Gerichtsgewalten des Landes auszudehnen führt zum Konflikt, und die Frage der Gerichtsbarkeit in Breach-of-Faith-Angelegenheiten wird, neben der politisch natürlich sehr viel bedeutsameren Frage des Privilegium ecclesiasticum zu einem der Hauptpunkte des Konflikts zwischen Heinrich II. und Thomas Becket von Canterbury. Nachdem der Versuch der Abgrenzung durch die Constitution of Clarendon 1164 durch die Ermordung Thomas Becket's in Frage gestellt ist, gelingt die endgültige Abgrenzung erst Eduard I. (in dem Statute Circumspecte Agatis von 1284)[100]) und Eduard II. (in den Articuli Cleri von 1315). Allein auch damit ist die geistliche Gerichtsbarkeit in Kontraktangelegenheiten noch keineswegs endgültig beseitigt. Die Lücke im Common Law war eben so empfindlich, daß irgendeine andere Instanz eingreifen mußte[101]). Noch 1460 finden es die Richter der Exchequer Chamber notwendig formell festzustellen, daß der Gesichtspunkt der laesio fidei nicht dazu führen dürfe, der Kirche eine allgemeine Gerichtsbarkeit in Debt-Angelegenheiten zu geben[102]).

Wenn schließlich auch die geistlichen Gerichte ihre Jurisdiktion über Vertragsangelegenheiten allmählich verlieren, so tritt doch ein anderes, gleichfalls nicht Common Law handhabendes

---

[99]) Pollock u. Maitland II, 189; Holdsw. II, 86.

[100]) Trevelyan, History of England, 155; Pollock u. Maitland I, 137; Holdsw. I, 585.

[101]) Vgl. den von Holdsw. II, 305 zitierten Fall von 1303 Y. B. 30—31. Ed. I. (R. S.) 492, Bereford, J.: »In den letzten zwanzig Jahren hat man sich daran gewöhnt, Schuldscheine auszustellen, in denen sich in Handelssachen die Schuldner zur Unterwerfung unter die Gerichtsbarkeit der Heiligen Kirche verpflichten. Mit Hilfe solcher Schuldscheine hat man Debt-Angelegenheiten vor die Kirche gezogen und vor ihr verhandelt. Aber dies widerspricht dem Recht und so wurde verordnet, daß die Kirche sich nicht mehr weiter mit Klagen solcher Art befassen dürfe.«

[102]) Y. B. 38 Hen. VI, Pasch. pl. 11. Zitiert bei Holdsw. II, 305. Vgl. auch Pollock, Contracts in Early English Law, 6 Harv. L. R. 389, 403.

Gericht an ihre Stelle, der Court of Chancery. Daß der Kanzler von ähnlichen Gedankengängen ausgeht, ist durchaus natürlich; ist er doch bis 1529 (Absetzung Woolseys) regelmäßig ein Geistlicher[103]). Der Kanzler greift mit seiner außerordentlichen Rechtshilfe dann ein, wenn good faith and honest dealing die Erfüllung eines agreement verlangen[104]), d. h. dann, wenn er den Schuldner aus Gewissenserwägungen zur Erfüllung verpflichtet hält, so insbes. bei Versprechungen zu Gunsten der Kirche oder zu wohltätigen Zwecken oder immer dann, wenn der Anstand, die Moral die Erfüllung gebieten, z. B. bei Unterhaltsversprechen gegenüber Verwandten, bei Versprechen, denen schon eine moralische Causa zugrunde liegt[105]).

Wie man sieht, legt die Equity-Rechtsprechung des Kanzlers Gewicht auf das Agreement, sie geht nicht wie das Common Law von »sachenrechtlichen« Gesichtspunkten — Debt — oder deliktsrechtlichen — Assumpsit — aus. Das Common Law bevorzugt das Anknüpfen an äußere, objektiv feststellbare Tatsachen, es zeigt eine Abneigung gegen die Berücksichtigung rein innerer, psychologischer Momente, eine Abneigung, die sich im gesamten System des Common Law verfolgen läßt, so z. B. im Strafrecht, und die heute noch nachwirkt, wie z. B. in der Ablehnung der Lehre vom Rechtsmißbrauch in der berühmten Entscheidung Allen v. Flood[106]).

Für die Equity liegt die Frage nahe, welche Agreements rechtlich erzwingbar sind und welche nicht. Diese Fragestellung ist der des kanonischen Rechts parallel, wann ein Pactum nudum durch Hinzutritt einer Causa zum Contractus wird.

So kommen die kanonistisch ausgebildeten Kanzler dazu von Causa zu sprechen oder, englisch, von Consideration. Dieser Ausdruck, der für das spätere englische Vertragsrecht eine solch bedeutsame Rolle spielt, tritt hier zum ersten Male auf[107]), allerdings noch ohne scharfe technische Bedeutung, ähnlich wie ver-

---

103) Im einzelnen vgl. Barbour, Contracts in Early English Equity, Oxford Studies in Mediaeval Law, Bd. IV; Holdsw. V, 294ff.; I, 455.

104) Holdsw. I. 455—456.

105) Holdsw. V, 294.

106) [1897] A. C. 1. Vgl. Rheinstein, Rheinische Zeitschrift für Zivil- und Prozeßrecht, Bd. 14, S. 68ff.

107) Vgl. die bei Ames 147 und Holdsw. V, 294—296 angeführten Fälle sowie Vinogradoff, Reason and Conscience in 16th Century Jurisprudence. 24 L. Q. R., 381, 382.

einzelt auch in Erörterungen vor Common-Law-Gerichten[108]). Der Gebrauch dieses Wortes bildet einen der Beiträge der Equity in der Ausbildung der Vertragslehre des Common Law.

Noch ein anderes Moment der Equity-Praxis ist auf die Entwicklung des Common Law von Einfluß. Die Kanzler sind geneigt eine Gewissenspflicht zur Erfüllung eines Versprechens dann anzunehmen, wenn jemand im Vertrauen auf ein empfangenes Versprechen seine Position verändert hat und durch die Nichterfüllung einen Schaden erleiden würde[109]). Man darf wohl annehmen, daß die Betonung dieses Gesichtspunkts in Equity ein wesentliches Motiv für die Ausbildung der Assumpsit-Praxis at Law war.

3. Mit der vollen Ausbildung der Action of Assumpsit vor den Common-Law-Gerichten wird das Eingreifen der Equity in Vertragsangelegenheiten zum großen Teil unnötig. Allerdings, das Verhältnis zwischen Law und Equity, zwischen Common-Law-Gerichten und Court of Chancery, ist noch nicht endgültig geklärt, wenn auch der Grundsatz: »Equity follows the Law« um 1550 im wesentlichen anerkannt ist. Zur endgültigen Klärung der Verhältnisse kommt es 1615 in dem berühmten Konflikt zwischen Coke, dem Lord Chief Justice des Court of King's Bench, und dem Lord-Kanzler Ellesmere, der durch Jakob I. zwar insofern zugunsten einer Superiorität der Chancery entschieden wird, als diese nach wie vor die Befugnis behält durch Writs of Subpoena — Injunctions — in Verfahren vor den Courts of Law hemmend einzugreifen, daß aber solche Eingriffe auf die Fälle beschränkt werden, in denen at Law kein ausreichendes Remedy zur Verfügung steht[110]).

Die Chancery bleibt damit in Vertragsangelegenheiten endgültig auf die Gewährung von Specific Performance beschränkt, die ja at Law nicht möglich ist. An der Subsidiarität des Eingreifens der Equity wird auch stets streng festgehalten[111]). Die Gewährung von Specific Performance bleibt auf Ausnahmefälle beschränkt[112]).

---

108) Die Zitate bei Holdsw. VIII, 4 bezeichnen ihn als das Motiv eines Geschäfts, insbesondere eines use oder eines Versprechens. Für den Gebrauch im letzteren Sinne ist bezeichnend die bei Holdsworth angeführte Stelle aus St. Germain's Doctor and Student von 1530.

109) Barbour 118—119. Dort Fälle.

110) Holdsw. V, 236ff.

111) Vgl. Holdsw. V, 321ff.

112) Vgl. Holdsw. VI, 658ff. und unten Kap. 8.

In seinem leidenschaftlichen Kampf gegen alle mit den Common-Law-Gerichten konkurrierenden anderen Gerichte hatten sich Edward Coke's Angriffe sogar gegen die Specific Performance als solche gewandt; in Bromage v. Genning (1617)[113]) ging er so weit die Gewährung von Specific Performance als unrechtmäßig zu bezeichnen, »because it deprived the defendant of his election either to pay damages or to fulfil his promise«.

II. Mehr Glück als mit seinen Angriffen gegen die Specific Performance wie gegen die Equity-Gerichtsbarkeit des Court of Chancery, überhaupt hatte Coke gegenüber den anderen außerhalb des Common Law stehenden Gerichten, der Admiralität und dem Council, die im sechzehnten Jahrhundert zu einer ausgedehnten Gerichtsbarkeit in Handelssachen gelangt waren[114]).

1. Diese Gerichte handhaben ein inhaltlich vom Common Law wesentlich abweichendes Recht, ein besonderes Handelsrecht, Law Merchant[115]), das, ähnlich wie in den kontinentalen Ländern, auch in England während des ganzen Mittelalters eigene Bahnen ging. Mittelalterlicher Auffassung entspricht es, jedem Stand besonderes Recht und besonderes Gericht zuzusprechen. So entstehen in England neben den lokalen Gerichten der Grafschaften und Städte und den vielen Sondergerichten des Höfe- und Lehnrechts besondere Meß- und Marktgerichte, sog. Piepowder Courts[116]). Dem Zweck dieser Gerichte entspricht ein besonders beschleunigtes formloses Verfahren, das nicht an die verwickelten Beweisregeln und die technischen Schwierigkeiten des sonstigen Rechts der Zeit gebunden ist. Die Gerichte kennen bereits den Grundsatz der freien Beweiswürdigung und ein schmiegsameres materielles Recht[117]).

Die Piepowder Courts sind als Meß- und Marktgerichte nur an bestimmten Tagen in Tätigkeit. Die fortschreitende Entwicklung des Handels bringt aber mit sich, daß auch in die ordentlichen Stadtgerichte, die Borough Courts der Handelsplätze, ähnliche Grundsätze über Verfahren und materielles Recht eindrin-

---

113) 1 Rolle 368.

114) Holdsw. V, 423ff., 493.

115) Holdsw. V, 60—154; I, 526—573.

116) Über die Entstehung dieses seltsamen Namens vgl. Holdsw. I, 536ff. Er hängt damit zusammen, daß die Meß- und Marktbesucher »mit staubigen Füßen, pede pulverosi«, diese Gerichte aufsuchen.

117) Vgl. Gross, Select Cases conc. the Law Merchant, hrsg. von der Selden Society 1908 und den Wortlaut der Carta Mercatoria von 1303 in den Munimenta Guildhallae (R. S.) II, pt. I, 206, 207, Holdsw. V, 106.

gen[118]). Bezeichnend ist z. B., daß in den örtlichen Statuten von Winchelsea, Rye und Fordwich (aus dem fünfzehnten Jahrhundert) die Richter angewiesen werden »auf das natürliche Recht zurückzugehen, auf dem alle geschriebenen Gesetze beruhen, aus dem sie alle hervorgehen[119])«. Daß diese Gerichte gerade in Vertragsangelegenheiten eine ausgedehnte Praxis entfalten, ist verständlich[120]). Der Vertrag wird allgemein geschlossen durch die Willensübereinstimmung der Parteien, die durch die Gabe eines God's Penny, eines Angeldes[121]) bewiesen wird. Durchgeführt wird der Vertrag durch eine Art Action of Debt, wobei der Leugnungseid eine große Rolle spielt. Aber dieses primitive Verfahren wird rationalisiert durch die Befugnis des Gerichts Zeugen zu vernehmen. So wurde der Fall vielfach in ganz moderner Weise entschieden nach dem Eindruck des Beweises auf das Gericht. Wir können auch sehen, daß gewisse Einzelheiten des Vertragsrechts, die später dem Common Law einverleibt wurden, bereits ausgebildet sind[122]).

Im fünfzehnten Jahrhundert werden all diese Gerichte durch die königlichen Zentralgerichte verdrängt. An ihre Stelle treten teils die Common-Law-Gerichte, teils Zentralgerichte andrer Art. So weit die Common-Law-Gerichte an die Stelle dieser alten Handelsgerichte treten, — und dies ist im wesentlichen der Fall für den innerenglischen Handelsverkehr — müssen sie natürlich versuchen den nunmehr vor ihr Forum gelangenden Prozessen über kaufmännische Verträge gerecht zu werden.

Die Verdrängung oder Zurückdrängung der lokalen Gerichte liegt im Zuge der gesamten Politik der englischen Könige, die ihren Ausdruck am stärksten in der Zeit der Tudor-Dynastie findet. In dieser Zeit entsteht das heute noch geltende System der Zentralisierung der gesamten Justiz in London, das erst seit der zweiten Hälfte des vorigen Jahrhunderts durch die Errichtung der neuen County Courts wieder abgeschwächt ist. An die Stelle der Lokalgerichte treten die drei Common-Law-Gerichte. Auf diesem

---

118) Vgl. Bateson, Borough Customs, hrsg. von der Selden Society, 1904, 1906 (2 Bde.).

119) Borough Customs II, 59, Holdsw. I, 538.

120) Vgl. Gross, Select Cases concerning the Law Merchant, Selden Soc. 1908, Holdsw. I, 536; Rob. L. Henry, Contracts in the Local Courts of Medieval England. 1926, insbesondere 30ff., 203, 227ff.

121) Vgl. Carta Mercatoria II, 2, 206; Holdsw. V, 109.

122) Holdsw. V, 109, 110.

Wege erst wird das von ihnen gehandhabte Recht zum Common Law of England[123]).

2. Aber die Gerichtsbarkeit dieser Gerichte hat eine Grenze. Sie ist auf innerenglische Angelegenheiten beschränkt. Für Angelegenheiten, die das Ausland berühren, sind sie nicht zuständig, so insbesondere für im Ausland geschlossene oder zu erfüllende Verträge. Das Gebiet des auswärtigen Handels, das gerade im sechzehnten Jahrhundert zu einer ungeahnten Bedeutung gelangt, ist ihnen verschlossen[124]).

Die Gerichtsbarkeit in derartigen Angelegenheiten bleibt anderen Gerichten vorbehalten. Zunächst Schiedsgerichten und den Gerichten der autonomen, mit besonderen Privilegien ausgestatteten Gesellschaften der ausländischen Kaufleute, dann den Gerichten der Hafenstädte und den auf Grund der Statute of the Staple von 1353 in den sogenannten Stapletowns eingesetzten Courts of the Staple. Die Oberaufsicht über diese Gerichte führt als eine Art Berufungsinstanz das Council, d. h. die aus der alten Curia Regis hervorgegangene zentrale Verwaltungsbehörde, der Vorläufer des modernen Kabinetts. So übt das Council selbst eine ausgedehnte, handelsgerichtliche Tätigkeit aus, die noch dadurch verstärkt wird, daß angesichts der politischen Bedeutung des Außenhandels das Council Fälle internationalrechtlicher Art vielfach unmittelbar vor sein Forum zieht[125]).

Diese Tätigkeit des Council erhält mit der Tudorschen Verwaltungsreform, die zur vollständigen Zentralisierung führt, erhöhte Bedeutung. Wie sie die übrigen lokalen Gerichte bedeutungslos macht, so verdrängt sie auch die lokalen Handels- und Seegerichte. An ihre Stelle tritt, wie bereits erwähnt, für besonders wichtige Fälle das Council, im übrigen aber als ordentliches Handels- und Seegericht der Court of Admiralty[126]). Dieses Gericht erscheint erstmals um 1350, zunächst mit dem begrenzten Zweck der Bekämpfung der Seeräuberei, dann als eine Art Kriegsgericht der Flotte. Zu zivilrechtlicher Bedeutung gelangt es erst im sechzehnten Jahrhundert durch die Tudorschen Reformen, die es zur Ausweitung ihrer unmittelbaren Gerichtsbarkeit und zur

---

[123]) Holdsw. I, 568—573; V, 143—148.

[124]) Holdsw. I, 540.

[125]) Vgl. Leadam & Baldwin, Select Cases before the King's Council 1243—1482, hrsg. von der Selden Society 1919; Baldwin. The King's Council in England during the Middle Ages. 1913.

[126]) Holdsw. I, 544ff., Marsden, Sel. Pleas of the Admiralty. Selden Society 1892, 1897.

Verdrängung anderer, autonomer Gerichte benutzen. Es erlangt rasch eine umfassende Zuständigkeit in See- und Handelssachen und damit gerät es in Konkurrenz mit den Common-Law-Gerichten[127]). Das macht bereits unter Elisabeth (1575) eine Abgrenzung nötig. Unter Jakob I. gehen die Common-Law-Gerichte unter Edward Coke's Führung zum umfassenden Angriff gegen alle anderen Gerichte vor. Dieser Kampf zwischen Common-Law-Gerichten und den anderen königlichen Gerichten verknüpft sich mit dem Verfassungskonflikt der Stuartzeit. Edward Coke, mit Leib und Seele Common-Law-Jurist, erblickt im Common Law den Schutz gegen absolutistische Willkür. Gegenstand des Streites ist ja im wesentlichen die Frage, ob die königliche Prärogative frei über dem Recht stehe oder ob ihre Ausübung rechtlich gebunden sei. Die Verfassungspartei sieht unter Coke's Führung im Common Law ihre Behauptungen begründet, wenn auch vielleicht nur mit zweifelhafter historischer Berechtigung. Auf jeden Fall führt diese Auffassung dazu, daß die Sache des Common Law und der Common-Law-Gerichte unauflöslich mit der Sache der Verfassungspartei und des Parlaments verknüpft wird und der Sieg des Parlaments bedeutet so auch den endgültigen Sieg der Common-Law-Gerichte und des von ihnen gehandhabten Rechts über das Council, die Admiralität und das in diesen Gerichten angewandte Recht.

Diese politische Verbindung hat noch eine weitere weittragende Folge. Coke ist ein leidenschaftlicher Politiker, er will beweisen, daß das Common Law, in dem er das Bollwerk der verfassungsmäßigen Freiheit gegen tyrannischen Absolutismus sieht, das beste und vollkommenste Recht ist und da er auch ein hervorragender Kenner dieses Rechts und ein Autor von außergewöhnlicher Gestaltungskraft ist, kommt er dazu dieses Recht systematisch darzustellen. Seine Institutes[128]) werden zur grundlegenden Darstellung des Common Law überhaupt. Glanvil und Bracton und, auf ihnen fußend, Fleta und Britton haben das Common Law der Entstehungszeit des zwölften und dreizehnten Jahrhunderts dargestellt. Die Grundlagen, die sie gelegt haben, wurden

---

[127]) Holdsw. I, 568ff.; V, 153.

[128]) Institutes on the Common Law. Der erste Teil veröffentlicht 1628, die übrigen 3 Teile 1641 nach seinem Tode. Über die Bedeutung Coke's für die Geschichte des Common Law vgl. die Würdigung bei Holdsworth V, 490—493, sowie H. Lyon u. H. Block, Edward Coke, Oracle of the Law. New York 1929.

in den folgenden Jahrhunderten ausgebaut. Das Bodenrecht, die Grundlage der Wirtschafts- und Gesellschaftsordnung des Mittelalters, ist zu einem feinverästelten System scharf durchgebildeter Rechtssätze und Begriffe geworden. Auf allen anderen Gebieten, ganz besonders im Verfassungsrecht, sind wesentliche Fortbildungen erfolgt; neue Gebiete, wie das Vertragsrecht sind in Anfängen ausgebildet. Coke faßt alle diese Entwicklungen zusammen. Die Kraft seiner Darstellung, vor allem aber die Macht seiner Persönlichkeit und der Erfolg der von ihm vertretenen politischen Idee geben seinem Werk die zentrale Bedeutung in der Geschichte des Common Law.

3. Die Kontinuität des autochthonen Common Law ist im sechzehnten Jahrhundert schwer gefährdet. Holdsworth überschreibt das IV. Buch seines Werkes[129]), in dem er diese Zeit behandelt, mit dem bezeichnenden Titel: »The Common Law and its Rivals«. Daß das Common Law über all diese Rivalen den Sieg davon getragen hat, ist im wesentlichen das Werk Coke's. Der gefährlichste dieser Rivalen war das Law Merchant und durch dieses das römische Recht, das Civil Law.

Das Law Merchant des Mittelalters hat einen hervorragend internationalen Charakter. Entstanden in den Handelsstädten Italiens, verbreitet es sich auf dem Wege des internationalen Handels unter Bildung internationaler Gebräuche und Gewohnheiten über die großen Messen und Märkte im ganzen christlichen Abendland. Sein Charakter als Standesrecht wahrt ihm die selbständige Stellung gegenüber den einheimischen Rechten der verschiedenen Länder. Gehandhabt wird es in selbständigen Gerichten, denen Kaufleute, und zwar vielfach auch ausländische, als Beisitzer angehören.

Im Seerecht ist der internationale Zug ganz besonders stark. Die Kodifikationen einzelner Städte wie von Oléron, Wisby, Lübeck, die bereits untereinander Ähnlichkeiten aufweisen, werden anderwärts rezipiert und führen so zur Ausbildung eines international einheitlichen Rechts. Dieser internationale Charakter des Handelsrechts wirkt lange noch nach, auch in Zeiten, in denen es bereits anfängt in die nationalen Rechte eingegliedert zu werden[130]). Die Literatur des Handelsrechts hat einen internationalen Anstrich.

---

[129]) Band 4—9.

[130]) »The Law of Merchants is jus gentium«. Mogadara v. Holt (1691) Shower 318. »The Maritime Law is not the Law of a particular

Diese internationalen Züge kommen dem Handelsrecht auch in England zu. Das führt natürlich zu einer Selbständigkeit gegenüber dem Common Law und zu einer selbständigen literarischen Behandlung. Coke's Darstellung des Common Law nimmt von den besonderen handelsrechtlichen Institutionen noch keine Notiz. Die erste englische Darstellung von Gerard Malynes, Consuetudo vel lex mercatoria[131]), — bezeichnenderweise ist der Verfasser Kaufmann und nicht Jurist — fußt ganz auf den kontinentalen Lehren. Und gleiches gilt von den kurze Zeit später erschienenen Büchern von Marius[132]), Molloy[133]) und Malynes[134]).

Die kontinentalen Lehren selbst haben ihre Grundlage im römischen Recht. So ist es selbstverständlich, daß das Handelsrecht auch in England von Civilisten gehandhabt wird, daß die Richter und Anwälte des Court of Admiralty Civilisten sind.

Die Zeit der Rezeption des römischen Rechts auf dem Kontinent ist auch für England die Zeit einer, wenn auch inhaltlich beschränkten, Rezeption. Die Lehren des römischen Rechts sind, wie auf dem Kontinent, so auch für die Tudor- und Stuart-Könige ein Mittel zur Begründung ihrer absolutistischen Tendenzen. Ihre Bestrebungen, die lokalen Gerichte zu verdrängen, zielen nicht zum wenigsten darauf hin neue Gerichte, in denen römisches Recht gehandhabt wird, an ihre Stelle treten zu lassen.

So werden die Sternkammer, das neue Kriminalgericht, das Council, die Admiralität und natürlich erst recht die kirchlichen Gerichte, insbes. der Court of High Commission, mit Civilisten besetzt. Dazu kommt noch ein weiteres. Das sechzehnte Jahrhundert ist die Zeit der Entstehung der modernen selbständigen Nationalstaaten. Die das ganze Mittelalter hindurch, zumeist allerdings nur theoretisch, aufrechterhaltene Fiktion von der Einheit der abendländischen Christenheit unter Kaiser und Papst bricht mit der Reformation zusammen. Selbständige Staaten stehen sich unverbunden gegenüber und ihr Verkehr bedarf der rechtlichen Regelung. Die Grundlage für das neu entstehende Völkerrecht bietet das immer noch als Jus gentium commune betrachtete römische Recht. So wird für die Diplomatie die Beherrschung dieses Rechts notwendig.

---

country but the general Law of Nations«. So noch 1759 Lord Mansfield in Lude v. Lyde. 2 Burr. 887.

131) Erstmals erschienen 1622, weitere Auflagen, 1629, 1636, 1686.

132) Advise on Bills of Exchange, 1651.

133) De iure maritimo et navali. 1676.

134) Consuetude vel lex Mercatoria. 1622.

Kein Wunder, daß die Tudorkönige zu Förderern der römischen Rechtsstudien werden. Schon seit alten Zeiten, etwa seit dem zwölften Jahrhundert, wird in Oxford und Cambridge römisches Recht gelehrt, im wesentlichen aber nur als Hilfswissenschaft der Kanonisten, und die päpstlichen Bestrebungen drängen es hinter dem neu entstehenden kirchlichen Recht immer stärker in den Hintergrund. Durch den Bruch des englischen Staats mit dem Heiligen Stuhl verändert sich die Lage. Heinrich VIII. verbietet die Lehre des kanonischen Rechts in England. Aber mit diesem Verbot verbindet er eine erneute Förderung des ihm so genehmen römischen Rechts. An den beiden Universitäten werden eigene königliche Lehrstühle errichtet, die beide heute noch bestehenden Lehrstühle der »Regius Professors«. Trinity Hall in Cambridge und All Soules College in Oxford werden zu Mittelpunkten römisch-rechtlicher Studien, zu denen ausländische Gelehrte herangezogen werden[135]).

Die Rolle der Civilisten wird so bedeutend, daß sie eine selbständige berufsmäßige Organisation bilden. Nach Vorbild der Common-Law-Juristen, die schon seit etwa dem dreizehnten Jahrhundert in den Inns of Court zusammengeschlossen sind, bilden sie eine neue Organisation, Doctor's Commons, der durch Charter von 1511 sogar formell die Stellung einer rechtsfähigen Korporation verliehen wird, und in diesem Rahmen entsteht eine englische romanistische Literatur[136]).

Das Civil Law ist im Aufstieg. Daß es nicht durchdringt, hat seine Ursache im wesentlichen darin, daß im sechzehnten Jahrhundert, anders als in Deutschland, in England bereits ein national einheitliches, geschlossenes Recht bestand, und vor allem, daß dieses Recht durch einen selbstbewußten, straff organisierten,

---

[135]) Vgl. Maitland, English Law and the Renaissance, 1901; Vinogradoff, Roman Law in Medieval Europe, 1929, Scrutton, The Influence of the Roman Law on the Law of Engl., 1885, teilweise abgedruckt in Sel. Ess. I, 208—247. S. auch E. Grueber, Über den Einfluß des römischen Rechts in England mit besonderer Rücksicht auf das Recht der Schuldverträge, Z. f. vergl. Rechtswissenschaft XI, (1895), 252—274. P. H. Winfield, The Chief Sources of English Legal History. Cambridge, Mass. 1925, 54—69 mit ausführlicher Bibliographie. Holdsw. IV, 217ff.; V, 4ff.

[136]) Zouche, Elementa Iurisprudentiae, Definitionibus, Regulis et Sententiis selectioribus Juris Civilis illustrata, 1629; Cowell, Inst. Juris Anglicani ad methodum et seriam Institutionum Imperialium compositae et digestae, 1605; Fullbecke, Direction or Preparation to the Study of the Law, 1600 u. 1620.

traditionsbewußten Juristenstand gehandhabt wurde. Und schließlich darin, daß in dem großen Verfassungskampf durch die Person Edward Coke's das Common Law mit der Sache der siegreichen, das Civil Law mit der Sache der unterlegenen Partei identifiziert wurde.

Das Ergebnis des Verfassungskampfs ist auf juristischem Gebiet die Beseitigung der Rechtsprechung des Council, die Aufhebung der aus ihm hervorgegangenen Zweigstellen des Council of the North, des Council of Wales, der Sternkammer und des Court of High Commission und, was hier von besonderer Bedeutung, die Ausschaltung des Admiralitätsgerichts aus der handelsrechtlichen Praxis. Im Ergebnis bleibt die Admiralität auf Teilgebiete des eigentlichen Seerechts beschränkt, das Handelsrecht und damit der wesentlichste Teil des Vertragsrechts geht auf die Common-Law-Gerichte über, denen damit eine neue Aufgabe von größter Bedeutung erwächst[137]).

[137]) Holdsw. V, 146; I, 568—573. Siehe auch Burdick, Contributions of the Law Merchant to the Common Law. Sel. Ess. III, 34.

Erster Abschnitt.

Das Zustandekommen der vertraglichen Verpflichtung.

4. Kapitel.

Die Willenseinigung als schuldbegründendes Moment.

I. Die Willenseinigung der Parteien als das die Verpflichtung begründende Element.

II. Der Gebrauch des Wortes »Contract«.

1. Die ältere Bedeutung: Contract = Realvertrag.

2. Die neuere Bedeutung: Contract als Begründung obligatorischer Ansprüche durch Willenseinigung der Parteien.

I. In ihrem Konkurrenzkampf mit den neuen, zivilistisch eingestellten Gerichten haben die Common-Law-Gerichte der von ihnen erfundenen Action of Assumpsit eine Richtung gegeben, die sie in Stand setzt, an die neuen Aufgaben heranzugehen, die ihnen aus ihrem Siege über ihre Konkurrenten erwachsen. In den entscheidenden unter Edward Coke's Einfluß stehenden Jahrzehnten der Wende vom sechzehnten zum siebzehnten Jahrhundert übernehmen sie nun auch aus der handelsrechtlichen Praxis der Admiralität, des Council und der Chancery manche neuen Rechtssätze und Begriffe. Die neuen Gerichte, insbesondere der Court of Chancery, hatten in ihrer Rechtsprechung an den Gedanken angeknüpft, daß die Entstehung obligatorischer Ansprüche nicht, wie im alten Common Law, nur beim Vorliegen eng fixierter, meist äußerlicher Tatbestände möglich sei, daß vielmehr eine obligatorische Beziehung durch die Willensübereinstimmung der Parteien begründet werden könne. Wir haben aber gesehen, daß dieser Gedanke noch nicht dahin ausgebaut worden war, daß jegliche Willenseinigung ohne weiteres zur Herbeiführung einer gerichtlich erzwingbaren, obligatorischen Bindung genügte. Der Unterschied zwischen unklagbarem nudum pactum und klagbarem contractus wird immer noch aufrechterhalten und in der Suche nach dem entscheidenden Merkmal, das zur Bewirkung der Rechtsgültigkeit zur bloßen Willensübereinstimmung hinzutreten muß, entstand die Lehre von der Consideration.

Aber, wenn auch nach wie vor das Hinzutreten eines solchen weiteren Momentes wie Consideration oder besonders feierliche Form verlangt wurde, das entscheidende Gewicht war vom äußeren Tatbestand auf das Moment der Willenseinigung, auf das Agreement, verschoben worden. Damit war in das Common Law ein neuer Begriff eingezogen, der des Contractus, und dieser Begriff unterscheidet sich nicht mehr sehr wesentlich von dem mit dem gleichen Worte bezeichneten Begriffe des Civil Law: Begründung obligatorischer Ansprüche durch Willenseinigung der Parteien.

II. 1. Das Wort »Contractus« war schon vorher der Terminologie des Common Law nicht unbekannt gewesen. Aber es hatte einen anderen, engeren Sinn. Ames hat nachgewiesen[1]), daß im Sprachgebrauch der Yearbooks das Wort Contract nur auf solche Geschäfte angewendet wird, »bei denen die obligatorische Verpflichtung aus dem Empfange eines Quid pro Quo entspringt, wie z. B. beim Sale oder beim Darlehen. Mit anderen Worten Contract bedeutet, was wir heute als Realkontrakt bezeichnen.« In diesem Sinne erscheint das Wort noch 1516 in Fitzherbert's Grand Abridgment, wo unter der Rubrik Contract nur Yearbookfälle über Realkontrakte der genannten Art aufgezählt werden. Der Übergang zur neuen, umfassenderen Bedeutung zeigt sich gegen Ende des Jahrhunderts, 1573, wenn in Robert Brooke's Abridgment Contract zwar noch mit Bargain and Achate gleichgesetzt wird, unter diesem Stichwort aber auch Fälle anderer Art behandelt werden.

2. Der neue, umfassendere Contractsbegriff war in England schon im Mittelalter der Rechtsprechung der kirchlichen Gerichte und der Equity-Praxis des Kanzlers vertraut gewesen. Im juristischen Schrifttum erscheint er 1530 in St. Germains' Doctor and Student[2]). Dieses eigenartige, in Dialogform gehaltene Werk stellt englisches Recht — Common Law und Equity — dem kanonischen Recht der Kirche gegenüber. Im 24. Kapitel erklärt der

---

[1]) Sel. Ess. III, 306, Anm. 1.

[2]) Vgl. darüber Brunner, Geschichte der engl. Rechtsquellen (1909) 54f., Vinogradoff, Reason and Conscience in 13th Cent. Jurisprudence. Vorlesung auf dem Berliner Historiker-Kongreß von 1908. 24 L. Q. R. 373, Holdsw. V, 266.

»Student«, der Vertreter des weltlichen Rechts, dem Doktor des kanonischen Rechts, wann nach englischem Recht eine private Vereinbarung Rechtswirkungen erzeuge und wann nicht, und jegliche Parteivereinbarung wird hier ganz unbedenklich Contract genannt.

Gang und Abschluß der terminologischen Entwicklung zeigen sich besonders deutlich in dem Werke, das als erste englische Monographie des Rechts der obligatorischen Verträge bezeichnet werden kann, in Will. Sheppard's Actions upon the Case for Deeds, viz. Contracts, Assumpsits, Deceipts, Nusances, Trover and Conversion, Delivery of Goods, and for other Malefeasance and Misfeasance. London 1674. Das Buch beschränkt sich im wesentlichen auf die Wiedergabe zahlreicher Entscheidungen, die es systematisch zu ordnen versucht. Die einzelnen Kapitel werden jeweils mit kurzen Definitionen eingeleitet[3]). Contract wird hier folgendermaßen definiert:

»Contract (largely taken) is an Agreement between two or more, about something to be done, whereby both parties are bound each to other, or one is bound to the other. But (more strictly) it is taken for an agreement between two or more, for the doing or having one thing for another. Or (more exactly) it is taken for an agreement for the buying and selling of goods or cattle, whereby property is altered.«

Die von Sheppard als genauer bezeichnete Bedeutung von Contract als der unmittelbar Eigentum übertragende reale Kaufkontrakt ist die ältere, die als weiter bezeichnete Bedeutung die neuere: und diese neuere Bedeutung wird schließlich zum Allgemeingut der Terminologie des Common Law. Der Herkunft nach stammt sie aus dem Civil Law.

In der Praxis der Admiralität war der Begriff zum Allgemeingut geworden. Im Council, dem Common-Law-Juristen und Civilisten gemeinsam angehören, werden erstere mit dem Kontraktbegriff bekannt und vertraut und zwei weitere Umstände vergrößern die Vertrautheit: die Entwicklung des Völkerrechts und die englische Philosophie des beginnenden Rationalismus. Die durch John Selden (1584—1654) zur Blüte gebrachte englische Völkerrechtswissenschaft benützt durchweg den romanistischen Kontraktsbegriff und die rechtsphilosophischen Theorien von Locke

[3]) Wie stark das Bedürfnis nach einem solchen Buch gewesen sein muß, geht daraus hervor, daß schon ein Jahr nach dem Erscheinen, 1675, eine Neuauflage nötig war.

und Hobbes gründen sich auf die Annahme eines »Staatsvertrages«, dessen Geltung aus der naturrechtlich postulierten verbindlichen Kraft jeglicher Vereinbarung abgeleitet wird. Im Leviathan (Kap. XIV, XV) vereinbaren die Gründer der Urgesellschaft »that Covenants should be kept« und bei Locke bildet die Wahrung der durch die unveräußerlichen Menschenrechte dem Monarchen gesetzten Schranken die Voraussetzung für die vertragsmäßig eingegangene Bindung der Untertanen. Wird die vom Monarchen übernommene Verpflichtung zur Wahrung dieser Rechte gebrochen, so sind die Untertanen von ihrer Gehorsamspflicht frei und berechtigt den Staat aufzulösen. Das Recht zur Revolution wird also aus der synallagmatischen Natur des Staatsvertrages begründet und der Begriff des Vertrages wird als selbstverständlich gehandhabt. Die Staatsvertragslehre wird in den beiden Formen, die Locke und Hobbes ihr geben, zum Rüstzeug der Parteien im Verfassungskampf. Der ihr zugrunde liegende Vertragsbegriff wird Gemeingut aller Gebildeten und nicht zum wenigsten der im Verfassungskampf in vorderster Front stehenden Juristen.

So dringt die Idee eines Vertrages, dessen rechtlich bindende Wirksamkeit durchaus oder doch wesentlich auf der Willensübereinstimmung der Parteien beruht, nicht auf äußeren Momenten, in den Gesichtskreis des Common Law ein[4]).

Das siebzehnte Jahrhundert gebraucht das Wort Contract immer noch in seinen beiden Bedeutungen, der älteren und der jüngeren, nebeneinander, und noch 1677 verwendet das Statute of Frauds (29 Car. 2. c. 3) das Wort in seiner älteren Bedeutung. Sowohl in Section 4 wie in Section 17 bedeutet Contract nur Kauf. Obligatorische Verträge im allgemeinen werden — das ist bezeichnend — Agreements genannt. (Section 4.)

Mit dem Beginn des achtzehnten Jahrhunderts ist die terminologische Entwicklung beendet. 1717 kann Blount in seinem Law Dictionary and Glossary einfach definieren: »Contract (Contractus) is a Covenant or Agreement between two with a lawful Consideration or Cause«. Und dasjenige Werk, das um die Mitte des siebzehnten Jahrhunderts die Ergebnisse der Recht-

[4]) So bezeichnend 1555 der Anwalt Catline im Falle Browning v. Beston, 1 Plowd. 131: »In contracts it is not material which of the parties speaks the words, if the other agrees to them, for the agreement of the minds of the parties is the only thing the law respects in contracts«. Diese Äußerung ist noch weit davon entfernt geltendes Recht zu sein, aber daß sie überhaupt gemacht werden konnte, ist bezeichnend für die Entwicklungstendenzen der Zeit.

sprechung in enzyklopädischer Form zusammenstellt und damit die Summe aus der ganzen bisherigen Entwicklung des Common Law zieht, Viner's General Abridgment of Law and Equity[5]), kann das gesamte Recht der obligatorischen Verträge, ohne Rücksicht auf die der prozessualen Durchführung dienende Aktionsform unter dem Stichwort »Contract« abhandeln, das er folgendermaßen definiert: »A contract is an agreement entered into by several persons, inducing an Obligation by its own Nature, and the Obligations arising from Contract are divided and distinguished according as they are perfected, either by the sole Consent of the Contractors, or by the Intervention or Tradition of Things, or lastly by Word or Writing, and are either ex Re, from a thing done; ex verbis, from words; ex Literis, from Writing; ex Consensu, from Consent.«

Den Abschluß der Entwicklung des Common Law, wie es vor der um die Dreißiger Jahre des nächsten Jahrhunderts einsetzenden Reformbewegung sich gestaltet hat, zieht William Blackstone, der in seinen Commentaries[6]) auf dem von Viner angesammelten Material fußend[7]), die erste systematische, allgemein faßliche Darstellung des Common Law im modernen Sinne gibt. Blackstone kann im zweiten Band, Kap. 30[8]), eine systematisch klare Darstellung des Kontraktbegriffes geben und ihn folgendermaßen definieren: Contract is »an agreement upon sufficient consideration to do or not to do a particular thing«.

Damit ist der Weg von den einzelnen, aktionsrechtlich gesehenen Tatbeständen zum materiellrechtlich gefaßten Kontraktsbegriff vollendet. Schuldbegründendes Moment ist die Willenseinigung der Parteien. Aber sie ist es nach wie vor nur, wenn ein weiteres, äußeres Moment hinzutritt, entweder die besondere Form der gesiegelten Urkunde oder eine Consideration[9]) und, da der

---

[5]) Das zweiundzwanzigbändige Werk hält sich noch ganz im Stil der alten Abridgments, es gibt nur die Leitsätze der Entscheidungen unter alphabetisch angeordneten Schlagworten.

[6]) 1. Aufl. 1766—69.

[7]) Blackstone ist auch der erste Inhaber des von Viner gestifteten Lehrstuhls in Oxford.

[8]) 1. Aufl. S. 442 ff.

[9]) Das Common Law kennt also grundsätzlich zwei Hauptgruppen von Verträgen, den Formalvertrag unter Siegel, der seine bindende Kraft aus der besonderen Form zieht, und den »formlosen« Vertrag, der zu seiner Gültigkeit einer Consideration bedarf. Die letztere Gruppe der Simple Contracts wird vielfach auch als die der »mündlichen« Verträge (parol contracts) bezeichnet, so z. B. bei Anson 67, Jenks § 201, obwohl für be-

Sprachgebrauch den letzteren Begriff in den Vordergrund stellt, ja vielfach die Form der Deed nur als Unterart der Consideration bezeichnet, wird die Considerationlehre zum Mittelpunkt der Lehre vom Abschluß rechtsgültiger obligatorischer Verträge. Die Willenseinigung als schuldbegründendes Moment ist der gemeinsame Inhalt des Kontraktbegriffs nunmehr für das Common Law ebenso wie für die kontinentalen Rechte des Civil Law. Wenn die Sätze über das Zustandekommen der Willenseinigung im Common Law in manchen Einzelheiten anders gefaßt sind als in den kontinentalen Rechten, so ist doch ihr Inhalt im wesentlichen durch die Natur der Sache gegeben. Er soll daher hier nicht weiter erörtert werden[10]). Aber einer besonderen Darstellung bedarf die Lehre von der Consideration, die nach wie vor die hervorstechende Besonderheit der Rechte des anglo-amerikanischen Rechtskreises bildet.

5. Kapitel.

Die Lehre von der Consideration[10a]).

I. Die wesentlichen Momente der Considerationlehre.
1. Consideration als Detriment des Promissars.
2. Nicht wesentlich das Wertverhältnis zwischen Leistung und Gegenleistung.
a) Allgemeines.

stimmte Arten dieser Verträge durch Gesetz die Schriftform vorgeschrieben ist. In dem wichtigsten Falle dieser Art, dem Statute of Frauds von 1677, das nunmehr in England wie in den Vereinigten Staaten durch moderne Neufassungen seiner einzelnen Bestimmungen weitgehend ersetzt ist, hat die Nichteinhaltung der Schriftform nicht die Nichtigkeit, sondern nur die »Unklagbarkeit« zur Folge, d. h. der Vertrag begründet nur eine unvollkommene Verbindlichkeit. Über diesen Fall und seine Behandlung im internationalen Privatrecht vgl. meinen Aufsatz Zeitschr. f. ausl. u. int. Priv. Recht IV S. 69.

[10]) Deutsche Literatur: Schirrmeister—Prochownick S. 2ff., S. Goldschmidt im Handelsgesetze des Erdballs XI, 1 S. 35ff.; Curti, Englands Privat- und Handelsrecht II, 7ff., 16ff.; R. Bodländer, Über den Vertragsschluß im englischen Recht. Leipziger Diss. 1928.

[10a]) Aus der deutschen Literatur vgl. die an die übliche englische Systematik anschließende Darstellung von E. Schuster in Busch's Archiv 46, 111ff., die Vergleichung mit der gemeinrechtlichen Doktrin durch G. Hartmann, Arch. f. ziv. Pr. 77, 161ff. und F. K. Neubecker's Abhandlung über den abstrakten Vertrag, Arch. f. bürg. Recht 22, 35ff. insbes. 51ff.; einführend E. Heymann 328ff. und im Handwörterbuch der Rechtswissenschaft 2, 262. Italienisch M. Sarfatti, Le obbligazioni nel diritto inglese, Milano 1924, 93ff. In der anglo-amerikanischen Literatur wird die

b) Besondere Fälle:
α) Vergleich wegen Unsicherheit über die Rechtslage.
β) Vergleich wegen Unsicherheit der Zahlungsfähigkeit des Schuldners. Gesamtakkord.
γ) Leistungsversprechen eines Dritten für den Fall, daß der Schuldner die ihm bereits seinem Gläubiger gegenüber obliegende Leistung erbringt.

II. Die Consideration als Erfordernis der Vertragsbegründung. Konstitutive Bedeutung.
1. Lord Mansfield's Versuch, die Consideration auf die Beweiswirkung zu beschränken.
2. Lord Mansfield's Lehre von der Moral Consideration.

III. Leistung und Gegenleistung müssen zu einem einheitlichen Rechtsgeschäft verbunden sein; die Past Consideration.

IV. Die Consideration muß rechtlich erlaubt und, wenn sie ein Versprechen ist, rechtsgültig sein.

I. Das Wort Consideration ist der Vertragspraxis der Kanzler in Equity entlehnt, die, ohne zu einer gefestigten Lehre zu gelangen, die Durchführung obligatorischer Vereinbarungen dann erzwingen, wenn die Nichterfüllung eines Versprechens »gewissenlos« wäre. At law erscheint das Wort als terminus technicus in der zweiten Hälfte des 16. Jahrh.[11]), als das Bedürfnis aufgetaucht war, die besonderen Voraussetzungen zu umschreiben und zu benennen, von denen die Action of Assumpsit abhängig ist. Consideration bedeutet in diesem Sinne den vom Promissar im Zusammenhang mit dem Versprechen erlittenen Nachteil oder das von ihm geleistete Gegenversprechen[12]). Sobald feststeht, daß die Klageform der Action of Assumpsit auch in den Fällen der alten Action of

---

Consideration in allen Lehrbüchern des Law of Contract behandelt. Monographien: E. Jenks, History of the Doctrine of Consideration, 1890; Pherozeshah N. Daruwala, The Doctrine of Consideration, Calcutta 1914 (äußerst unklar).

[11]) Über einen vereinzelten früheren untechnischen Gebrauch im Sinne von Motiv vgl. Holdsw. VIII, 4.

[12]) So recht klar die Definition, die Manwood, C. B. als Partei in Manwood & Burston's Case (1587) 2 Leo. 203 gibt. Danach liegt eine »Consideration«, auf die ein assumpsit gegründet werden kann, dann vor »when he to whom such a promise is made is damnified by doing anything, or spends his labour at the instance of the promisor, although no benefit cometh to the promisor ... or there is a present consideration«. Der erste Fall ist das alte Detriment, mit dem zweiten ist, wie der Zusammenhang der Stelle ergibt, das Gegenleistungsversprechen gemeint. Ähnlich erscheint Consideration als fester Terminus 1585 in Sidenham & Worlington's Case 2 Leo. at p. 225, während das Wort noch 1557 in Joscelin v. Shelton, 3 Leo. 4 unscharf etwa im Sinne von Motiv gebraucht wird. Daß es vor dieser Zeit als fester Terminus at law nicht erscheint, hat Ames (S. 147) nachgewiesen.

Debt zulässig ist, erscheint als dritte Art der Consideration d. h. der Voraussetzungen der Klage in Assumpsit, die »preceding debt«[13]) oder, da die Voraussetzungen der Action of Debt gleichbedeutend geworden sind mit denen der Action of Assumpsit (in der Form des indebitatus assumpsit) die vorgängige Realleistung. Da diese bereits als Unterfall, ja als Hauptfall des Detriment in Special Assumpsit aufgetreten war, kann der Begriff nunmehr dahin definiert werden, daß als Consideration erscheint: 1. ein Detriment, das dem Gläubiger in unmittelbarem Zusammenhang mit dem Leistungsversprechen seines Schuldners erwächst, oder 2. ein Gegenleistungsversprechen. Und da diese zweite Erscheinungsform unter die erste subsumiert wird, so wird als einheitliche Voraussetzung jeglicher Action of Assumpsit, als Consideration, das Detriment des Promissars bezeichnet.

Die heute meist verwendete Umschreibung des Inhalts der Consideration ist die Begriffsbestimmung aus der Entscheidung Currie v. Misa[14]): »A valuable consideration, in the sense of the law, may consist either in some right, interest, profit, or benefit accruing to the one party, or some forbearance, detriment, loss, or responsibility, given, suffered, or undertaken by the other«[15]).

1. Diese Definition stellt »den Vorteil«, das Benefit des Promittenten und »die Beeinträchtigung«, das Detriment des Promissars als gleichwertig nebeneinander. Demgegenüber wird in neuerer Zeit unter Hinweis auf die historische Herkunft des Consideration-Begriffes die Ansicht vertreten, wesentlich sei allein das Detriment des Promissars, das Benefit des Promittenten sei nur ein zufälliges accidens, wie es eben in den Regelfällen gegeben sei, in denen versprochene Leistung und Consideration sich als Leistung und Entgelt zwischen ein und denselben Parteien darstellen[16]). In der Tat ist das Vorhandensein eines Detriment des Promissars aus-

[13]) So Manwood, C. B. in dem oben erwähnten Falle, wo die Aufführung der preceding debt als allgemeine Voraussetzung eines assumpsit, allerdings nur als Parteibehauptung, aufgestellt wird.

[14]) (1875) L. R. 10 Ex. 153, 162.

[15]) Vgl. Anson 88, 89; Pollock 177; A. T. Carter, Elements of the Law of Contract (6. Aufl.) 1925 S. 21; Pease and Landon, Law of Contract (1925), 40; Indermaur-Wilshere, The Principles of the Law of Contracts and Torts, 2. A. 1927, 57; English and Empire Digest 12, 173.

[16]) So Langdell, Summary § 64: »In Truth Detriment to the promisee is of the essence of the doctrine and benefit to the promisor, is, when it exists, merely an accident.« Ebenso Street II, 68; Holdsw. VIII, 11.

reichend, ohne daß es sich als gleichzeitiges Benefit für den Promittenten darstellen muß, d. h. ein entgeltlicher Vertrag auf Leistung an einen Dritten ist gültig. Die als Consideration versprochene Gegenleistung braucht nicht dem Promittenten zu gute zu kommen, sie kann auch so übernommen werden, daß sie an einen Dritten erfolgen soll[17]).

Die übliche Formel für diese Auffassung lautet: »Consideration must move from the Promisee«[18]). Die englische Theorie leitet daraus die Folgerung ab, daß infolge der Consideration-Lehre Verträge, durch die ein eigener, unmittelbarer Anspruch eines Dritten begründet werden soll, in deutscher Ausdrucksweise sog. berechtigende Verträge zugunsten Dritter im Sinne des § 328 I BGB., nicht möglich seien. Aber dies ist nicht einmal für das englische Recht ausnahmslos richtig, und die amerikanische Praxis erkennt berechtigende Verträge zugunsten Dritter im weitesten Umfange an[19]). Die amerikanische Theorie will daher nicht zugeben, daß die Consideration notwendig in einem Detriment des Promissars bestehen müsse, sie will vielmehr auch ein Benefit des Promittenten, das nicht vom Promissar ausgeht, als ausreichend anerkennen[20]). Diese Auffassung verkennt den Begriff des Promissars. Sie versteht darunter nicht diejenige Vertragspartei, der das Versprechen gemacht wird, den Versprechensempfänger, sondern denjenigen, der aus einem obligatorischen Vertrag Rechte herleiten will. Promissar ist aber auch beim Vertrag zugunsten eines Dritten nicht der Dritte, sondern der am Vertragsschluß mitwirkende Versprechensempfänger, und in allen Fällen, in denen Rechte Dritter anerkannt wurden, ging die Consideration vom Versprechensempfänger, dem Promissar im eigentlichen Sinne, aus. Das Problem, ob durch einen Vertrag klagbare Ansprüche auch für einen am Vertragsschluß nicht beteiligten Dritten begründet werden können,

---

17) Vgl. Pollock 771. Die Bedeutung der »Belastung« des Promissars wird schon im Doctor & Student (Ch. XXIV, 17. Aufl. S. 179) dargelegt. Student: ... After diverse that be learned in the laws of the realm, that is to say. If he to whom the promise is made have a charge by reason of the promise, which he hath also performed, then in that case he shall have an action for that thing that was promised, though be that made the promise have no worldly profit by it.« Vgl. auch William Bane's Case von 1612, 9 Co. Rep. f. 93b und den anonymen Fall von 1646 bei Style 6.

18) So Langdell, Summary § 63; Street II, 152ff.; Holdsw. VIII, 11ff.; Pease and Landon 41; Indermaur-Wilshere 58.

19) Vgl. darüber unten S. 111ff.

20) Vgl. Williston I 235, Page I 841ff.

hat mit der Consideration-Lehre gar nichts zu tun. Nur durch die unklare Auffassung des Begriffes Promissar ist es mit ihr verknüpft worden und hat zur Verwirrung der Consideration-Lehre selbst geführt.

2. a) Die Begriffe Detriment des Promissars und Benefit des Promittenten werden sehr umfassend ausgelegt. Die erwähnte Definition der Entscheidung Currie v. Misa erklärt die Consideration als ein Etwas, das getan, unterlassen oder geduldet, oder das zu tun, zu unterlassen oder zu dulden versprochen wird. Daß ein tatsächlicher Vermögensnachteil oder -vorteil eintrete, ist nicht erforderlich. Die Ausdrücke werden in denkbar weitestem Sinne gebraucht[21]). Das Wort bezeichnet alles, was irgendwie zu Lasten des Gläubigers geht, ein Geben, Tun, Unterlassen, Dulden. Jede vom Gläubiger erbrachte oder zu erbringende »Leistung« im umfassendsten Sinne des Wortes ist eine Consideration, soweit sie sich nur als Gegenleistung des Promissars für die vom Promittenten übernommene Leistungspflicht zeigt. Ob dies der Fall ist, bestimmt sich ausschließlich nach dem subjektiven Ermessen der Parteien. Die Gerichte haben von allem Anfang an abgelehnt, in eine Nachprüfung des Wertverhältnisses zwischen Leistung und Consideration einzutreten[22]). Die Frage, ob die Consideration der versprochenen Leistung adäquat sei, wird nicht nachgeprüft[23]). Eine der romanistisch-französischen Läsionslehre entsprechende Abwägung des Wertverhältnisses ist dem Common Law fremd. Sehr richtig heben Pollock[24]) und ihm folgend Holdsworth[25]) hervor, daß die grundsätzliche Abneigung der Rechtsordnung durch eine Nachprüfung des Wertverhältnisses zwischen Leistung und Gegenleistung die Parteien zu bevormunden, im rechtsphilosophischen Denken Englands, in der gesamten Auffassung vom Wesen und den Aufgaben des Rechts begründet sei[26]). Diese Ausschal-

---

[21]) Vgl. insbesondere Williston I 198, Page I 843.

[22]) So schon ein Fall aus der zweiten Hälfte der Regierungszeit der Königin Elisabeth, Sturlyn v. Albany, Cro. Eliz. 67: »When a thing is to be done by the plaintiff, be it never so small, this is sufficient consideration to ground an action«.

[23]) It is an »elementary principle that the law will not enter into an inquiry as to the adequacy of the consideration«. Westlake v. Adams, 5 C.B.N. S. 248, 265, zitiert by Williston I, 239. S. auch Restatem. Sect. 81.

[24]) 186, 187.

[25]) VIII, 17.

[26]) Hobbes sagt: »Der Wert aller Dinge, über die Verträge abgeschlossen werden, bemißt sich nach dem Appetit der Parteien; der wahre

tung des Gebrauchswerts, die alleinige Bedeutsamkeit des subjektiven Werts, läßt als Consideration jede Gegenleistung genügen, die sich nicht schon äußerlich als bloße Farce hinstellt. Das berühmte »One peppercorn« ist in England nie als Consideration (im Vertragsrecht, wohl aber im Sachenrecht) anerkannt worden[27]).

Dagegen macht sich in den Vereinigten Staaten eine Tendenz zur Anerkennung einer rein formalen Consideration bemerkbar. Im Anschluß an eine Entscheidung des berühmten Bundesrichters Story[28]) hat das Bundesgericht die Erklärung, der Promittent habe für sein Versprechen eine Consideration von einem Cent oder einem Dollar empfangen, genügen und den Gegenbeweis, daß in Wahrheit überhaupt keine oder eine andere Consideration bestehe, nicht zugelassen, und zwar nicht nur, wenn die Schuldverpflichtung in einer deed, sondern schon dann, wenn sie in einer gewöhnlichen Urkunde enthalten war[29]). Die Gerichte mehrerer Einzelstaaten haben sich dieser Praxis angeschlossen[30]). Gegen diese Tendenzen, die die Consideration zum nummus unus denaturieren, wendet sich zwar die Theorie mit scharfen Worten[31]),

Wert ist daher jener, den sie der Sache beilegen«. Zitiert bei Holdsw. VIII, 17.

[27]) Die vorstehenden Ausführungen besagen natürlich nichts über die Behandlung des Wuchers und Betruges. Vgl. Page 1102; 6 Ruling Case Law 679.

[28]) Lawrence v. McCalmont, (1844) 2 How. 426, 452.

[29]) Vgl. Davis v. Wells 104 U. S. 159; Silver v. Kent, 105 Fed. 840.

[30]) Page I, 1124, Suppl. I, 370. Von neuesten Entscheidungen seien erwähnt Hitson v. Gilman, 220 S. W. 140 (Tex.); Nolan v. Young, 220 S. W. 154 (Tex.), McCary v. Monongahela Valley Traction Co. 125 S. E. 92, 97 W. Va. 306; Meder v. Superior Oil Co., 119 So. 318 (Miss.).

[31]) Vgl. Page I, 1128: »Die Lehre von der nominellen Consideration sollte in unserem Rechte keine Stelle finden. Wenn wir überhaupt auf dem Erfordernis der Consideration für die Gültigkeit eines obligatorischen Vertrages bestehen, so muß es wenigstens eine echte, wirkliche Consideration sein. ... Die Zulassung der nominellen Consideration ... drückt die Consideration-Lehre aus einem materiell-rechtlichen Erfordernis zu einer Formalität herab, zu einer Formalität, die so inhaltlos ist, wie das Siegel, aber der historischen Würde ermangelt ...«

Williston I, 246: »Die Annahme, die Angabe einer Consideration in einer nicht gesiegelten Urkunde hindere den Promittenten gegenüber einem, notwendigerweise schlechtgläubigen, Promissar den Gegenbeweis der mangelnden Consideration zu führen, würde die ganze Consideration-Lehre zerstören. Genügte die einfache schriftliche Erklärung, eine bestimmte fiktive Consideration sei geleistet worden, so wäre damit eine neue, bisher unbekannte Vertragsform geschaffen.«

aber sie sind nur ein Symptom einer allgemeinen Tendenz der amerikanischen Praxis, die Consideration-Lehre immer stärker auszuhöhlen[32]).

b) Trotz der weiten Auffassung hat das in starren Formen befangene Rechtsdenken des sechzehnten und siebzehnten Jahrhunderts in einzelnen Fragen Schwierigkeiten gefunden, die, heute noch nachwirkend, manchen wirtschaftlich gerechtfertigten Geschäften entgegenzustehen scheinen und das Problem zu einem der schwierigsten und umstrittensten der ganzen Consideration-Lehre gemacht haben[33]). Im wesentlichen handelt es sich um die Fälle des Vergleichs, insbesondere des Gesamtakkords, und um ähnliche der Sanierung eines in Zahlungsschwierigkeiten befindlichen Schuldners dienende Geschäfte[34]).

α) Das Bestehen eines obligatorischen Anspruchs kann zweifelhaft sein und die Parteien können ein Interesse daran haben, den Streit über das Bestehen der Forderung durch ein beiderseitiges Nachgeben aus der Welt zu schaffen. Die ältere, im sechzehnten Jahrhundert begründete Auffassung fragt in der Beurteilung solcher Geschäfte einfach danach, ob die Forderung in dem vom Gläubiger behaupteten Umfang bestanden hat oder nicht. War die Forderung nicht begründet, so hat der Schuldner etwas zu leisten versprochen gegen eine Consideration, die in dem Versprechen des Gläubigers besteht, einen nicht bestehenden Anspruch nicht geltend zu machen. Nach formaler Ansicht ist eine derartige Consideration ein Nichts, denn, wenn der Anspruch nicht besteht, so könnte der Gläubiger mit einer Klage nicht durchdringen und für die zur Verteidigung aufgewandten Kosten erhält der siegreiche Beklagte Ersatz. Ein solcher Vergleich ist also nichtig und der Gläubiger kann die Vergleichssumme nicht einklagen.

Grundlegend für diese Auffassung war Coke's Anwaltsplädoyer in Stone v. Wythipol[35]). Der Testamentsvollstrecker eines

---

Die erwähnten Entscheidungen haben diese neue Vertragsform geschaffen.

32) Das Restatem. erkennt den nummus unus als gültige Consideration an. Nur muß er wirklich geleistet sein! Sect 82 wendet sich nur gegen den Ausschluß des Beweises, daß die in einer Urkunde genannte — nominelle — Consideration nicht geleistet sei. Vgl. die Noten auf S. 243 zu Sect. 82 und Sect. 84(a).

33) Vgl. Ames, Two theories of consideration. Lectures 323—353.

34) Zum folgenden vgl. W. D. Edwards u. F. C. Watmough, The Law relating to Compromises of Litigation, Disputes and Differences, London 1925.

35) Cro. Eliz. 126.

unmündigen Schuldners verspricht Zahlung für den Fall, daß der Gläubiger nicht klage. Coke erklärt als Anwalt des beklagten Testamentsvollstreckers: »Every consideration that doeth charge the defendant in an assumpsit must be to the benefit of the defendant (man beachte die Hervorhebung dieses Moments!) or charge the plaintiff, and no case can be put out of this rule. And this contract by the infant was void; and staying of the suit is no benefit to the defendant, nor any charge to the plaintiff, more than before.«

Die durch Coke's Autorität gedeckte Entscheidung bleibt lange Zeit führendes Prräjudiz[36]). So heißt es noch 1846 in Wade v. Simeon[37]): »Um ein bindendes Versprechen zu begründen, muß etwas vorliegen, was von Vorteil für den Beklagten oder von Nachteil für den Kläger ist. Ein Nachteil für den Kläger kann aber nicht vorliegen, wenn er keinen klagbaren Anspruch hatte. Ebensowenig kann etwas Derartiges für den Beklagten von Vorteil sein; denn die Verteidigung gegen einen Anspruch, der auf einen solchen Tatbestand gestützt wird, wie der Kläger ihn vorträgt, muß erfolgreich sein, und der Beklagte kann Ersatz seiner Prozeßkosten verlangen, was als volle Entschädigung für den erlittenen Schaden zu betrachten ist.«

Aber schon vor dieser Entscheidung, zu Beginn des neunzehnten Jahrhunderts, zeigt sich eine neue Auffassung, die dem Grundsatz, die Prüfung des Wertes der Consideration den Parteien zu überlassen, besser entspricht. Die Abwendung der Aufregungen und Mühen eines Prozesses, dessen Kosten doch nie vollständig ersetzt werden können, besonders nach englischem Prozeßrecht, wird als genügende Consideration für das Versprechen einer Teilzahlung auf den geltendgemachten Anspruch angesehen. So zuerst 1821 Longridge v. Dorville[38]), dann 1861 Cook v. Wright[39]) und schließlich endgültig 1870 Callisher v. Bischoffsheim[40]), wo klargestellt wird, daß das Versprechen einer Teilleistung auf den behaupteten Anspruch in dem Versprechen

[36]) Die Frage mag erlaubt sein, ob dann, wenn der Zufall Coke anstatt auf die Seite des Beklagten auf die des Klägers gestellt hätte, der gesamte Fragenkomplex nicht ein anderes Gesicht bekommen hätte.

[37]) 2 C. B. at p. 564.

[38]) 5 B. & Ald. 117. Versprechen, die bereits begonnene Rechtsverfolgung eines zweifelhaften Anspruchs einzustellen, ist genügende Consideration für das Versprechen einer Teilzahlung.

[39]) 1 B. & S. 559.

[40]) L. R. 5 Q. B. 449.

der Unterlassung der Rechtsverfolgung eine gültige Consideration auch dann finde, wenn der geltendgemachte Anspruch in Wahrheit nicht besteht. Voraussetzung ist nur, daß der Gläubiger selbst glaubt, eine gewisse Chance des Obsiegens zu haben; er muß fair handeln. Für die Unterlassung der Rechtsverfolgung eines Anspruchs, dessen Nichtbestehen ihm bekannt ist, ein Versprechen zu fordern oder anzunehmen, wäre Erpressung und das Versprechen wäre demgemäß wegen Sittenwidrigkeit des Geschäftes nichtig.

Die neue, das subjektive Element des Wortes in den Vordergrund stellende Auffassung findet einen klaren Ausdruck in Lord Bowen's Worten in Miles v. New Zealand Alford Estate Co.[41]): »Wenn jemand, der beabsichtigt eine Klage zu erheben, in gutem Glauben unterläßt, in einen Rechtsstreit, der weder vexatorisch noch frivol ist, wegen einer Rechts- oder Tatfrage einzutreten, so gibt er etwas auf, was einen gewissen Wert hat«.

In den Vereinigten Staaten formuliert das Restatement die neuere Ansicht[42]), die sich in der Praxis aber noch nicht völlig durchgesetzt hat. Immer noch begegnen hier Entscheidungen, in denen betont wird, der Vergleich sei nur dann gültig, wenn der Anspruch »objektiv« zweifelhaft sei; der subjektive Zweifel der Parteien allein genüge nicht[43]).

β. Ein Gläubiger kann am Abschluß eines Vergleiches auch dann ein Interesse haben, wenn das Bestehen der Forderung unbestritten feststeht, die Zahlungsfähigkeit des Schuldners aber gefährdet oder zweifelhaft erscheint. Möglicherweise ist auch einem Gläubiger erwünscht, statt Zahlung seiner gesamten Forderung in einem zukünftigen Zeitpunkt eine sofortige Teilzahlung gegen Erlaß der Restforderung zu erlangen. Die Behandlung derartiger Fälle begegnet Schwierigkeiten, die teils in Gedankengängen begründet sind, die aus der alten Debt-Lehre abgeleitet sind, teils auf dem Satze beruhen, daß zur Aufhebung eines Schuldverhält-

---

[41]) (1886) 32 Ch. D. at p. 291.

[42]) Sect. 76. »Eine Consideration, die in etwas anderem als einem Gegenleistungsversprechen besteht, ist gültig mit den folgenden Ausnahmen:

(a) . . .

(b) die Aufgabe oder die Unterlassung der Geltendmachung eines ungültigen Anspruchs oder Verteidigungsmittels durch jemanden, der nicht ehrlicher- und vernünftigerweise an dessen Gültigkeit glaubt.«

[43]) Wie groß die Unsicherheit noch ist, zeigt eine Note von T. C. in 9 Oregon L. J. 73 im Anschluß an die Entscheidung Holder v. Harris, 121 Or. 432, 248 Pac. 195 (1927).

nisses durch Vereinbarung der Parteien die gleichen Voraussetzungen erforderlich sind, wie zur Begründung der Forderung. Die re begründete, auf eine ziffernmäßig bestimmte Geldsumme lautende Verpflichtung in Debt kann nur durch Leistung des genauen Schuldbetrages getilgt werden. Ebensowenig wie eine Klage auf einen höheren oder geringeren Betrag möglich ist, kann die Zahlung eines anderen als des genauen Schuldbetrages die Debt tilgen. Dies schließt nicht die Tilgung durch eine Leistung an Zahlungs Statt aus. Nimmt der Gläubiger eine Sache an Zahlungs Statt für die geschuldete Geldsumme an, so wird angenommen, und zwar, der allgemeinen Einstellung des Common Law entsprechend, ohne nachzuprüfen, daß der Wert der Sache dem Schuldbetrag genau entspricht[44]).

Auch dieser Satz findet, wie so viele andere, seine Fassung in Coke's Zeit und wohl auch unter Coke's Beteiligung[45]).

---

[44]) So der von Holdsw. VIII, 20 zitierte Fall von 1495, Y. B. 10 Hen. VII, Mich. pl. 4, per Brian, C. J.: »L'action est port sur 20 £, et le concord que il paiera forsque 10 £, lequel appert estre nul satisfaction de 20 £, car paiement de 10 £ ne poit estre paiement de 20 £. — Mes si fuit du cheval, quel cheval est paye accordant al concord, c'est bon satisfaction; car non appert le quel le cheval vault plus ou moins que le som en demande.«

Darüber, daß diese Unterscheidung zwischen vergleichsmäßiger Herabsetzung der Schuld und Leistung an Zahlungs Statt nicht von vornherein unbestritten war, vgl. die Zitate bei Holdsw. VIII, 20.

Der Fall bildet auch die Grundlage für die sog. Lehre vom Accord and Satisfaction, die in ihrem Kern darauf herauskommt, daß, entsprechend § 364 II BGB., die Übernahme einer neuen Verbindlichkeit zum Zwecke der Befriedigung des Gläubigers im Zweifel keine Leistung an Erfüllungs Statt, sondern nur eine Leistung Erfüllungs halber darstellt. Die Leistung einer Sache kann Erfüllung einer Geldschuld sein, nicht aber schon das Versprechen einer solchen Leistung: »It is agreed that the agreement merely is nothing to the purpose, but the agreement coupled with satisfaction, so that the performance of the agreement is the substance of the plea.« (Brian, C. J. in Y. B. 10 Hen. VII, Mich. pl. 4, zitiert bei Holdsw. VIII, 20). In der heutigen Form ist diese Lehre zu einer Vermutung abgeschwächt. Haben die Parteien die Übernahme einer neuen Verpflichtung als Leistung an Zahlungs Statt beabsichtigt, so ist dies gültig. Im Zweifel aber geschieht die Übernahme einer neuen Verpflichtung nur Zahlungs halber, dementsprechend wirkt auch die Hingabe eines Wechsels oder Schecks im Zweifel nicht als Novation. Vgl. J. B. Byles, A Treatise on the Bills of Exchange, 18. Aufl. London 1923, p. 301; H. Shepherd, The Executory Accord. 26 Illinois L. Rev. (1931) 22.

[45]) 1602 Pinnel's Case. 5 Co. Rep. 117a: »Payment of a lesser sum on the day in satisfaction of a greater cannot be any satisfaction for the whole, because it appears to the judges that by no possibility a lesser sum

Der Satz, daß eine auf Auflösung eines Schuldverhältnisses gerichtete Parteivereinbarung derselben Voraussetzungen bedürfe wie der auf Begründung des Schuldverhältnisses gerichtete Vertrag, wird mit dem von Bracton[46]) übernommenen römisch-rechtlichen Satz begründet: »eisdem modis dissolvitur obligatio, quae nascitur ex contractu vel quasi, quibus contrahitur«. Dieser Satz wird von der Praxis schon früh übernommen[47]). Gegen Ende des sechzehnten Jahrhunderts steht fest, daß eine obligatorische Verpflichtung, vom Fall der Deed abgesehen, nur gegen Consideration begründet werden kann. Demgemäß muß sich auch ein auf Aufhebung eines Vertragsverhältnisses gerichtetes Abkommen auf eine Consideration stützen[48]).

Beide Gedankengänge, der aus der Rechtsnatur der Debt abgeleitete, wie der aus Bracton übernommene römisch-rechtliche Satz, führen zu dem Ergebnis, daß der Erlaß einer Teilschuld ohne Übernahme einer neuen Verpflichtung des Schuldners nichtig ist.

Aber anders als im Falle der vergleichsweisen Ablösung eines zweifelhaften Anspruchs bahnt sich die Anerkennung der subjektiven Wertung der Consideration hier früher Bahn, und zwar unter dem maßgebenden Einfluß Coke's. Wenn auch die Zahlung eines geringeren als des Schuldbetrags eine Debt nicht tilgen kann, so kann doch der sofortige, vielleicht vorzeitige Empfang einer Teilsumme die Consideration für eine Verpflichtung des Gläubigers bilden, den Restbetrag trotz Fortbestands der Debt nicht zu verlangen. Dieser Gedanke tritt schon 1595 auf in Reynolds v. Pinhowe[49]). Die gleiche Idee findet sich 1602 in Pinnel's

---

can be a satisfaction to the plaintiff for a greater sum; but the gift of a horse, hawk or robe etc., in satisfaction is good.«

[46]) F. 101, zit. bei Holdsw. II, 277.

[47]) Vgl. die von Holdsw. II, 277 zitierten Fälle.

[48]) Vgl. Street II, 99, Holdsw. VIII, 21 und den dort zitierten Fall von 1584 Richard's and Bartlet's Case, 1 Leo. 19: Kauf von Getreide; Testamentsvollstrecker des Verkäufers klagt auf den Kaufpreis; Käufer wendet ein, der verstorbene Verkäufer habe ihm den Kaufpreis zur Hälfte erlassen, weil das Korn unterwegs infolge eines Sturms untergegangen sei. Der Einwand wird von allen Richtern zurückgewiesen: »Der Beklagte hat keine Consideration dargetan, auf Grund deren der Verkäufer seinen Anspruch hätte erlassen sollen; denn aus dem Übereinkommen hat der Verkäufer keinen Vorteil und der Käufer wird weder mit einem Tun noch mit einer sonstigen Leistung belastet. Daher liegt kein für den Verkäufer bindendes Übereinkommen vor.«

[49]) Cro. Eliz. 429 (zit. bei Holdsw. VIII 21): Forderung auf 5 £; Gläubiger erklärt sich nach Erhalt von 4 £ befriedigt; Klage auf den

Case[50]) und schließlich, von Coke selbst vertreten und formuliert, 1616 in Bagge v. Slade[51]). Ein Erlaß oder eine Stundung einer Restschuld begründen daher eine Einrede, wenn der Schuldner einen Teilbetrag sofort leistet oder in sicherer Weise zu leisten verspricht[52]).

Dieser genial erscheinende Ausweg wurde schwierig als in England in der Definition der Consideration das Benefit des Promittenten in den Hintergrund gedrängt und das Detriment des Promissars als allein wesentlich erklärt wurde. Damit war die Argumentation Coke's nur mehr beschränkt möglich, nämlich nur dann noch, wenn die Zahlung des Teilbetrags durch den Schuldner vor Fälligkeit erfolgt, nicht auch dann, wenn bei Zahlung des Teilbetrags bereits die ganze geschuldete Leistung fällig war. Im letzteren Falle wäre ja die Teilzahlung kein Detriment mehr. Aus dieser Erwägung lehnt daher 1884 Lord Selborne in Foakes v. Beer[53]) die Anerkennung der Gültigkeit eines derartigen Erlaßvertrages ab.

Ein praktisch besonders wichtiger Unterfall des Teilerlasses ist der Akkord eines in Zahlungsschwierigkeiten befindlichen Schuldners mit der Gesamtheit seiner Gläubiger (Composition with Creditors). Die Entscheidung Good v. Cheesman[54]) sieht

---

Restbetrag wird abgewiesen, »for it is a benefit unto him to have it without suit or charge.«

[50]) 5 Co. Rep. 117a.

[51]) 3 Bulstr. 162 (zitiert bei Holdsw. VIII, 22): »If a man be bound to another by a bill in £ 1000 and he pays unto him £ 500 in discharge of this bill the which he accepts of accordingly, and doeth upon this assume and promise to deliver up unto him his said bill of £ 1000, this £ 500 is no satisfaction of the £ 1000, but yet this is good and sufficient to make a good promise, and upon a good consideration, because he hath paid money — £ 500 — and he has no remedy for this again.«

[52]) Für letzteren Fall Goring v. Goring (1602) Yelv. 11.

[53]) 9 A. C. 605. Die Entscheidung bezieht sich nur auf den erwähnten Fall, daß die im Erlaß (bzw. Stundungsvertrag) vom Schuldner versprochene Teilzahlung nicht vor Fälligkeit der Gesamtforderung zu leisten ist. Holdsw. (VIII, 40) scheint anzunehmen, daß durch Foakes v. Beer die gesamte in Reynolds v. Pinhowe eingeleitete Entwicklung überholt und rückgängig gemacht sei. Dies dürfte nicht zutreffen. Verspricht der Gläubiger Erlaß oder Stundung der Restschuld gegen vorzeitige Zahlung eines Teilbetrages, so ist kein Grund für die Ungültigkeit einer solchen Vereinbarung einzusehen. Dieser Auffassung ist auch das Restatem. Sect. 78c, wonach es darauf ankommt, ob die neu übernommene Verpflichtung von der bestehenden in irgend einer Beziehung abweicht.

[54]) (1831) 2 B. & A. 328.

sich gezwungen derartige, wirtschaftlich notwendige und berechtigte Rechtsgeschäfte als gültig anzuerkennen[55]). Die Consideration für die Verpflichtung jedes Gläubigers, die erlassene Restschuld nicht zu verlangen, wird hier in der korrespondierenden Verpflichtung aller anderen Gläubiger gesehen[56]).

Vom Standpunkt einer Auffassung aus, die streng daran festhält, daß die Consideration vom Promissar ausgehen muß, ist diese Begründung unbefriedigend; denn hier ginge ja die Consideration von dritten Personen aus. Daher wollen spätere Fälle[57]) die Consideration darin sehen, daß an Stelle individueller Verträge mit den einzelnen Gläubigern eine Gesamtvereinbarung mit einer Mehrzahl von Gläubigern tritt. Allein, auch dies kann nicht zutreffen, denn für die einzelnen herabgesetzten Forderungen, wird nicht eine Gesamtgläubigerschaft aller Gläubiger begründet, vielmehr bleibt jür jede Forderung die Person des Gläubigers unverändert. Anson[58]) will die Consideration für den Erlaß in einer Verpflichtung des Gemeinschuldners sehen, dafür zu sorgen, daß auch die übrigen Gläubiger einen Erlaß im gleichen Verhältnis bewilligen, aber eine derartige Verpflichtung des Gemeinschuldners besteht nicht. Noch unbefriedigender ist die (auch in den Noten des Restatem. zu Sect. 84 (6) auf S. 103 erscheinende) Theorie von Ames[59]), der meint, die Verpflichtung, alle Gläubiger pro rata zu befriedigen, sei ein Verzicht auf das Recht des Schuldners, einen Gläubiger vor den anderen zu bevorzugen. Das Gekünstelte dieser Auffassungen zeigt nur, daß hier aus wirtschaftlichen Notwendigkeiten ein Abweichen von der Consideration-Lehre unerläßlich war, daß der Fall eine Ausnahme von der Consideration-Lehre darstellt. Versuche, ihn mit dieser Lehre in Einklang zu bringen, müssen notwendig zu einer Verfälschung des Consideration-Begriffes führen.

Für England hat die Frage infolge der in neuerer Zeit erfolgten Einführung eines gesetzlich geregelten Präventivakkordver-

---

55) Zu dem Gegenstand s. R. Winslow, The Law of Private Arrangements between Debtors and Creditors. London 1885, insbes. p. 4ff.

56) »Here each creditor entered into a new agreement with the defendant (the debtor), the consideration of which, to the creditor, was a forbearance by all the other creditors, who were parties, to insist upon their claims.«

57) Boyd v. Hind (1857) 1 H. & N. 938; Slater v. Jones (1873) L. R. 8 Ex. 186.

58) 109—111.

59) Harv. L. R. 526—528.

fahrens[60]), an praktischer Bedeutung verloren, anders in den Gebieten der Britischen Staatengemeinschaft und der Vereinigten Staaten[61]), in denen solche gesetzliche Regelungen nicht bestehen.

Bei der Beurteilung der praktischen Tragweite ist schließlich auch zu berücksichtigen, daß ein Gesamtakkord in aller Regel mit einer Bürgschaftsstellung oder sonstigen Sicherheitsleistung verbunden wird. In diesem Falle ist für die Zugeständnisse der Gläubiger stets eine Consideration vorhanden.

γ. Schwierigkeiten ergeben sich auch bei Vereinbarungen, in denen eine Leistung für den Fall versprochen wird, daß der Promissar eine ihm bereits obliegende Leistungspflicht erfüllt, sei es, daß der Promissar zu dieser Leistung kraft Gesetzes verpflichtet ist, sei es auf Grund eines mit einem Dritten abgeschlossenen Vertrages. Das Problem dieses außerordentlich viel erörterten Falles[62]) liegt darin, daß eine Leistung, zu deren Erbringung der Promissar bereits verpflichtet ist, kein Detriment darstellt. Die Präjudizien für den ersten Fall — gesetzliche Verpflichtung — versuchen meist durch Auslegung eine durch den Vertrag mit dem Promittenten begründete, über die auf dem Gesetz beruhende Pflicht hinausgehende weitere Verpflichtung festzustellen[63]). Für den zweiten Fall liegen an englischen Präjudizien nur zwei Entscheidungen vor:

Shadwell v. Shadwell[64]) und Scotson v. Pegg[65]), die aber beide solch besonders gelagerten Tatbestände betreffen, daß sie für eine allgemeine Beantwortung der Frage nicht gut verwendet werden können. Im ersteren Falle hatte ein Onkel seinem bereits verlobten Neffen versprochen, vom Zeitpunkt der Eheschlie-

[60]) Deeds of Arrangement Act, 1914. Vgl. Lawrence, Deeds of Arrangement 9. A. 1922.

[61]) Vgl. Williston I, 269.

[62]) Vgl. die Ausführungen bei Ames 327—329, 340—348; Langdell 14 Harv. L. R. 496—508; Page I, 993 ff.; Pollock 197—202; ders. 17 L. Q. R. 419 ff.; Street II, 116 ff.; Williston I, 281 ff.; Anson 102 ff.; Holdsw. VIII, 23, 40, 41.

[63]) So typisch der von G. Hartmann a. a. O. S. 172 erwähnte Fall England v. Davidson (1840) 11 A. & E. 856 (öffentliche Auslobung für die Entdeckung eines Diebstahls; Entdeckung erfolgt durch einen Polizeibeamten; Gericht untersucht, ob er mehr getan hat als seiner Amtspflicht entsprach).

Auf diesem Weg weist auch Restatem. Sect. 84 (c) im Zusammenhang mit Sect. 76 (a).

[64]) (1860) 9 C. B. N. S. 159.

[65]) (1861) 6 H. & N. 295.

ßung ab eine jährliche Rente von 150 £ zu zahlen. Für dieses Versprechen konnte nur die Eheschließung die Consideration sein, eine Handlung, zu der der Neffe auf Grund seines Verlöbnisses bereits verpflichtet war, allerdings nicht gegenüber dem Onkel, sondern gegenüber seiner Braut. Byles, J., sieht in diesem Umstand eine ernstliche Schwierigkeit. Die beiden anderen Richter sprechen sich aber für die Gültigkeit des Versprechens aus, wofür Erle, C. J. folgende Erklärung gibt: »The plaintiff may have maid a most material change in his position, and induced the object of his affection to do the same, and may have incurred pecuniary liabilities resulting in embarrassments, which would be in every sense a loss, if the income which had been promised should be withheld; and, if the promise was made in order to induce the parties to marry, the promise so made would be in legal effect a request to marry.«

Dieser Gedankengang entspricht den historischen Hintergründen der Action of Assumpsit besser als der modernen Consideration-Lehre[66]).

In Scotson v. Pegg hatte der Verfrachter S. einen Frachtvertrag über Kohlen mit dem Befrachter H. abgeschlossen. P., der von H. die Ladung gekauft hatte, forderte S. auf, die Kohlen unmittelbar an ihn abzuliefern, wogegen er sich zur sofortigen Löschung verpflichtete. Gegen eine Schadenersatzklage des S. wegen Verzögerung der Löschung wendet P. ein, seiner Verpflichtung zur sofortigen Löschung stehe keine Consideration gegenüber, da S. zur Auslieferung der Kohlen bereits dem H. gegenüber ver-

[66]) Ähnliche Gedanken finden sich auch in amerikanischen Entscheidungen. Nach Anson-Corbin 129 wird in den Vereinigten Staaten ein Schenkungsversprechen dann als verpflichtend erachtet, wenn der Beschenkte im Vertrauen auf das Versprechen wesentliche Aufwendungen gemacht hat. Vgl. Messiah Home v. Rogers (1914) 212 N.Y. 315; Freeman v. Freeman (1870) 43 N.Y. 34; Leavey v. Drake (1882) 62 N.H. 373; Neale v. Neales (1869) 76 U. S. 1. Vgl. auch 1 Ames Cases Eq. 306, 308 mit zahlreichen weiteren Beispielen. Allgemein nunmehr Restatem. Sect. 90: »Mußte der Versprechende angemessenerweise annehmen, daß sein Versprechen den Versprechensempfänger zu einer bestimmten, sein Vermögen beeinflussenden (substantial) Handlung oder Unterlassung veranlassen werde, und hat das Versprechen tatsächlich eine solche Handlung oder Unterlassung veranlaßt, so ist das Versprechen gültig, wenn nur durch seine gerichtliche Durchführbarkeit eine Ungerechtigkeit vermieden werden kann.« Manche sprechen von »Promissory Estoppel«, so der New Yorker Oberrichter Cardozo in Allegheny College v. Jamestown (1927), 246 N.Y. 369, 159 N. E. 173. Vgl. dazu H. W. Humble in 63 Amer. Law Rev. (1929) 33ff.

pflichtet gewesen sei. Der Einwand wird zurückgewiesen. S. habe durch sein Versprechen, die Kohlen an P. auszuliefern, auf alle Einwendungen und Zurückbehaltungsrechte, die ihm etwa gegenüber H. zustanden, verzichtet; dies sei ein genügendes Detriment.

Ob aus diesen beiden Entscheidungen ein Argument für die Gültigkeit eines Vertrages entnommen werden kann, in dem einem Dritten gegenüber eine Leistung übernommen wird, zu welcher der Schuldner bereits einem anderen gegenüber verpflichtet ist, erscheint zweifelhaft. Trotzdem neigt die herrschende Meinung zur Annahme der Gültigkeit. Pollock[67]) begründet diese Ansicht damit, daß ganz allgemein ein promise against a promise eine ausreichende Consideration sei, sofern nicht aus ausdrücklichen Präjudizien das Gegenteil sich ergebe. Aber, ob ein Promise eine gültige Consideration ist, hängt eben davon ab, ob die versprochene Leistung ein Detriment darstellt. Anson[68]) deutet an, man könne vielleicht die Consideration für die Verpflichtung des Dritten darin sehen, daß seinem Promissar außer dessen altem Gläubiger ein neuer gegenübertritt, daß er nunmehr statt einer Klage der Klage zweier verschiedener Personen ausgesetzt ist. Diese Theorie dreht sich, wie Anson selbst und Corbin[69]) bemerken, im Kreis, denn die Verpflichtung des Dritten, welche die Consideration für die Verpflichtung seines Promissars sein soll, könne nur dann entstehen, wenn letztere gültig sei, und letztere sei in ihrer Gültigkeit wieder von der Entstehung der ersteren abhängig. Er will sich daher hier von der herkömmlichen Consideration-Lehre ganz frei machen und jeden gegenseitigen Vertrag ohne weiteres für gültig erklären, ein Ausweg, der, angesichts der Gestaltung, die die Consideration-Lehre in Amerika angenommen hat[70]), dort berechtigt ist, nicht aber auch für England. Die Frage muß daher für England vorläufig offen gelassen werden mit dem Hinweis darauf, daß eine starke Strömung besteht, Verträge der hier behandelten Art als gültig anzuerkennen[71]).

II. Die Consideration hat konstitutive, rechtsbegründende Wirkung, und sie hat diese Wirkung bis heute, wenigstens grund-

---

67) 200.

68) 105, 106.

69) Anson-Corbin 152.

70) Vgl. Williston I, 204ff.

71) Über den Stand der Controverse in den Vereinigten Staaten vgl. Page I, 1012ff.; Williston I, 281ff., Noten zum Restatem. S. 243. Das Restatem. selbst erklärt in Sect. 84 (d) in Vbdg. mit Sect. 83 (b) die Verpflichtung für gültig.

sätzlich, behalten. Ein Versuch, die konstitutive Wirkung zu einer bloßen Beweiswirkung abzuschwächen und den Parteikonsens für sich allein zur Begründung der Rechtsverbindlichkeit ausreichen zu lassen, hatte keinen Erfolg.

1. Dieser Versuch geht zurück auf Lord Mansfield (John Murray, 1705—1793). Das Menschenalter seiner Amtstätigkeit als Lord Chief Justice (1756—1788) bringt die endgültige Verschmelzung des Law Merchant mit dem Common Law. Coke hatte die Sphäre des Law Merchant für das Common Law erobert, Lord Holt[72]) ist der erste große Richter, der sich bemüht, den Bedürfnissen des kaufmännischen Verkehrs entgegenzukommen, aber bis auf Mansfield's Zeit gilt das Law Merchant als Fremdkörper, als Handelsgewohnheitsrecht, das das Gericht nicht von Amts wegen zu kennen braucht, über das es jeweils im Einzelfall kaufmännische Gutachten einholt. Erst Mansfield spricht mit aller Klarheit aus: »The law of merchants and the law of the land is the same[73]).

Mansfield[74]) ragt an Bildung und geistigem Niveau über den Durchschnitt der Common-Law-Juristen des achtzehnten Jahrhunderts weit hervor. Die durch seine schottische Abkunft begründete Anwaltspraxis in schottischen Appellationsfällen vor dem House of Lords macht ihn, der in England erzogen und im englischen Common Law herangebildet war, mit dem auf römischem Civil Law beruhenden schottischen Recht bekannt. Reisen ins Ausland und umfangreiche Studien lassen ihn fremde Rechte kennen lernen, insbesondere das französische Recht, dessen von Colbert geschaffener Code de Commerce das vollkommenste Gesetz der Zeit darstellt. Reger persönlicher Verkehr mit der Kaufmannschaft der Londoner City macht Mansfield mit den Gebräuchen des Handels und mit kaufmännischer Denkweise bekannt. All dies und seine Vertrautheit mit der Aufklärungs- und Naturrechtsphilosophie der Zeit lassen ihn alten, nur historisch begründeten Formalitäten abgeneigt sein. Dem üblichen Typ des Common-Law-Juristen unähnlich und unähnlich vor allem seinem Zeitgenossen William Blackstone betrachtet er das Common Law in der bizarren Form, in der es mit all seinen historischen Zu-

---

72) 1682—1710.

73) Pillans v. van Mierop 3 Burr. 1663 (1765).

74) Über die Persönlichkeit Birkenhead, Fourteen English Judges (1926) 168—196. G. Hartmann (Arch. f. ziv. Pr. 77, 165) nennt Mansfield nicht zu Unrecht den englischen Labeo.

fälligkeiten entstanden und gewachsen ist, nicht als letzten Inbegriff menschlicher Weisheit. Er scheut sich nicht, Dinge, die ihm veraltet, unpraktisch und den Verkehrserfordernissen hinderlich erscheinen, abzuwerfen, und als eine dieser überflüssigen, vernunftmäßig nicht begründbaren Antiquitäten erscheint ihm die Lehre von der Consideration: »Handelsrecht und Common Law sind eins und in kaufmännischer Auffassung gibt es kein nudum pactum«. Infolgedessen kann es auch im Common Law kein nudum pactum geben. Jede Vereinbarung ist in sich selbst rechtsverbindlich, der Willenskonsens genügt, eines weiteren Erfordernisses bedarf es nicht. Beurkundung und Siegelung bei der Deed und Consideration beim formlosen Vertrag haben beide nicht konstitutive Bedeutung, vielmehr sind sie nichts als Beweismittel für die Ernstlichkeit der Willenseinigung[75]).

Diese Auffassung, die eine Befreiung des englischen Kontraktrechts aus den Fesseln der nur historisch begründbaren Consideration-Lehre bedeutet hätte, war sogar Lord Mansfield§s Richterkollegen, die unter dem Eindruck seiner Persönlichkeit ihm fast überallhin folgten und kaum je von den Meinungen des Chief Justice abweichende Opinions abgaben, zu revolutionär. Drei Jahre später erklären sie, vom House of Lords um ein Gutachten ersucht[76]): »The law of this country supplies no means nor affords any remedy to compel the performance of an agreement made without sufficient consideration; such agreement is nudum pactum ex quo non oritur actio, and whatsoever may be the sense of this maxim in the civil law, it is in the last mentioned sense only that it is to be understood in our law«. Auf Grund dieses Gutachtens reprobiert das House of Lords ausdrücklich Lord Mansfield's kühnen Versuch und stabiliert endgültig das Erfordernis der Consideration als Voraussetzung der Rechtsverbindlichkeit eines obligatorischen Vertrages, der nicht in Form einer gesiegelten Urkunde abgeschlossen ist.

2. Gelingt es Mansfield nicht die Consideration-Lehre ganz auszuschalten, so versucht er doch, sie in ihrer Tragweite abzu-

[75]) 1765 Pillans v. van Mierop 3 Burr. 1663 »The law of merchants and the law of the land is the same. A nudum pactum does not exist in the usage and law of merchants. A nudum pactum cannot exist in the law of the land... I take it that the ancient notion about want of consideration was for the sake of evidence only; for when it is reduced into writing, as in covenants, specialties, bonds, etc., there was no objection to the want of consideration.«

[76]) Rann v. Hughes, 1778, 7 T. R. 350 n. a.

schwächen, und diese Bestrebungen finden, wenn auch nur vorübergehend, Erfolg, was wohl darauf zurückzuführen ist, daß Mansfield's Argumentation sich hier nicht, wie in Pillans v. van Mierop, in Zweckmäßigkeitserwägungen und naturrechtlichen Gedankengängen bewegt, sondern sich in den Bahnen der üblichen englischen Präjudizien-Auslegung hält

Ausgangspunkt ist der in Slade's Case sanktionierte Satz, daß durch ein ausdrückliches Unternehmen, Versprechen der Zahlung, ein Assumpsit auf eine bestehende Debt begründet werden könne, ein Satz, dessen Bedeutung ursprünglich auf prozessualem Gebiet liegt und der ermöglicht, daß der Gläubiger wahlweise statt der alten, schwerfälligen Action of Debt die neuere, handlichere Action of Assumpsit zur Geltendmachung eines ziffernmäßig bestimmten Geldanspruchs benützen kann [77]). Dieser Satz wird in der Terminologie des ausgehenden sechzehnten und siebzehnten Jahrhunderts dahin ausgedrückt, daß eine pre-existing Debt eine valid Consideration für ein Assumpsit sei [78]). Voraussetzung ist natürlich, daß die Debt selbst rechtswirksam ist. Gegen Ende des siebzehnten Jahrhunderts gehen einzelne Entscheidungen über diese Grundlage hinaus. 1697 wird entschieden [79]), daß ein Minderjähriger nach Erreichung der Volljährigkeit gültig die Bezahlung einer Schuld versprechen könne, die er während seiner Minderjährigkeit eingegangen hat. Die während der Minderjährigkeit begründete Debt ist nicht nichtig, sie ist nur nicht klagbar, also nicht void sondern nur unenforceable und daher geeignet, Grundlage eines Assumpsit zu sein. Ähnlich wird 1699 [80]) das Versprechen der Bezahlung einer verjährten Debt als gültig erachtet, auch hier, weil die Verjährung die Forderung nicht erlöschen läßt, vielmehr nur eine prozessuale Unklagbarkeit schafft.

An diese vereinzelt dastehenden Entscheidungen knüpft Lord Mansfield 1777 an in Trueman v. Fenton [81]). Nach Aufhebung des Konkurses verspricht der Gemeinschuldner einem Gläubiger, der keine Konkursdividende erhalten hatte, die volle Bezahlung seiner Forderung. Der Konkurs hat die alte Forderung nicht untergehen lassen, sie aber unklagbar gemacht. Im Zug der alten

---

[77]) Vgl. oben S. 29, 32.

[78]) Vgl. oben S. 56 insbesondere den Fall von Manwood & Burston (1587) 2 Leo. 203.

[79]) Ball v. Hesketh, Comb. 381.

[80]) Hyleing v. Hastings, 1 Ld. Raym. 389.

[81]) 2 Cowper 544.

Präjudizien erklärt Lord Mansfield diese Debt für fähig, ein Assumpsit zu tragen. Aber, in der Begründung seiner Entscheidung geht Mansfield über die alten Präjudizien hinaus: »The Debts of a bankrupt are due in conscience notwithstanding he has obtained his certificate; and there is no honest man who does not discharge them, if he afterwards has it in his power to do so. Though all legal remedy may be gone, the debts are clearly not extinguished in conscience«.

Diese Gedankengänge, die schon in einer Entscheidung von 1775[82]) aufgetreten waren, und die an die Terminologie der Equity anknüpfen, an den alten Begriff der Conscience wie der Lord Kanzler ihn vor der Ausbildung der Action of Assumpsit gehandhabt hatte[83]), finden mehr Anklang als der der historischen Grundlage ermangelnde Versuch, die Consideration ganz abzuschaffen. Unter dem Namen »moral consideration« wird die Klagbarkeit eines remuneratorischen und eines durch eine sittliche Pflicht oder »durch eine auf den Anstand zu nehmende Rücksicht gebotenen« Schenkungsversprechens anerkannt.

Zu der Lehre von der Moral Consideration hat auch der in der Uses-Lehre der Equity ausgebildete Begriff der »Good Consideration« beigetragen. Der Use, der Vorläufer des neueren Trust ist das nur in Equity, nicht auch at law anerkannte Recht des Treuhandbegünstigten gegen den Treuhänder. Wird ein Grundstück von A an B veräußert to the use of C, so erhält B, der feoffee to use, den legal estate. Die Rechte des C, des cestui que use, werden von den Common Law-Gerichten nicht berücksichtigt, wohl aber von der Equityrechtsprechung der Chancery. Im 14. Jahrh. ist häufig, daß jemand im eigenen Interesse sein Grundstück auf einen Treuhänder überträgt (fiducia cum amico contracta!) insbesondere um in den häufigen politischen Kämpfen der Beschlagnahme durch den König zu entgehen; nicht selten ist auch der Fall, daß der Treuhandbegünstigte, etwa eine Kirche oder ein Kloster, im einzelnen erst später bestimmt werden soll. In solchen Fällen betrachtet der Kanzler den Veräußerer selbst als cestui que use. Die Frage, ob eine Übereignung dem Erwerber volles Eigentum oder nur Treuhandeigentum übertragen soll, macht im Einzelfall oft Schwierigkeiten. So wird in Chancery die Vermu-

---

[82]) Atkins v. Hill, 1 Cowper 284, 290 »Where a man is under a moral obligation which no court at law or equity can enforce, and promises, the honesty and rectitude of the thing is a consideration«.

[83]) Holdsworth VIII, 12.

tung aufgestellt, daß eine Übereinigung, deren Motiv nicht klar erhellt, nur als Treuhandübereinigung gemeint sei. Ein Motiv, eine Good Consideration, für eine volle Eigentumsübertragung wird dann angenommen, wenn sie auf Grund eines entgeltlichen Geschäfts geschieht oder auf Grund verwandtschaftlicher Zuneigung (love and affection). Fehlt eine solche Good Consideration, so begründet die Übereignung nur Treuhandeigentum und läßt so für den Veräußerer einen Use entstehen. Seit dem Statute of Uses von 1536 (27 Hen. VIII c. 10) ist sie überhaupt wirkungslos[84]). Um die gleiche Zeit wird auch der umgekehrte Satz entwickelt, daß bei Veräußerung eines Grundstücks der Erwerber bereits mit Abschluß des obligatorischen Geschäfts und vor Vornahme der Auflassung Treuhandeigentum erhält, der Veräußerer als Treuhänder für ihn betrachtet wird. Auch diese Behandlung kann natürlich nur dann eingreifen, wenn der Use nicht beim Veräußerer bleiben soll, d. h. wenn eine Veräußerung gegen eine Good Consideration vorliegt. Durch das Statute of Uses erhält der in Form einer Deed vorgenommene Covenant to stand seised die Wirkung einer Übertragung des Legal Estate, soweit die Übereignung geschieht aus einer Consideration of love and affection. Der in diesen Zusammenhängen ausgebildete besondere Consideration-Begriff beeinflußt den davon verschiedenen Begriff der schuldrechtlichen Consideration. Er läßt begreiflich erscheinen, daß die Anschauung auftaucht, natural love and affection sei eine genügende Consideration zur Begründung einer vertraglichen Verpflichtung.

Aber auch diese Lehre kann sich auf die Dauer nicht halten. Die Renaissance des historischen Denkens im neunzehnten Jahrhunderts schränkt ihre Bedeutung immer mehr ein. 1840 kann Lord Denman, C. J., aussprechen[85]), die Lehre, daß eine moralische Verpflichtung eine ausreichende Consideration sei, »würde das Erfordernis jeglicher Consideration überhaupt vernichten, da die einfache Tatsache, etwas versprochen zu haben, für sich schon eine moralische Verpflichtung schafft«. Die einzige bleibende Folge der so bedeutungsvoll auftretenden Lehre von der moral consideration ist der Satz, daß die Bezahlung einer verjährten Schuld ohne neue Consideration gültig versprochen werden kann,

---

[84]) Vgl. Williams, Principles of the Law of Real Property, 24. Aufl. 1926, S. 56.

[85]) Eastwood v. Kenyon, 11 Ad. & E., at p. 450.

ein Satz, der wie Pollock bemerkt[86]), auch ohne Zuhilfenahme der Lehre von der moral consideration aus einem Verzicht auf die Geltendmachung des Verjährungseinwands erklärt werden kann[87]) [88]).

III. Leistungsversprechen und Consideration müssen zu einem einheitlichen Rechtsgeschäft verbunden sein. Ob der Vertragsabschluß in Form des Realvertrags erfolgt oder ob im Zeitpunkt des Vertragsschlusses die beiderseitigen Leistungen erst zu erbringen sind, macht keinen Unterschied. Aber Consideration ist mehr als Motiv[89]). Die übliche Terminologie drückt dies dahin aus: Consideration may be executory or executed, but it may not be past[90]). Ein remuneratorisches Schenkungsversprechen bedarf da-

---

[86]) 193. Vgl. auch u. S. 232.

[87]) Über die Schicksale der Lehre von der moral consideration im einzelnen vgl. Holdsw. VIII, 26ff.

[88]) Die an Gedanken aus der älteren Equity-Praxis anknüpfende moral consideration läßt den Considerations-Begriff, an die romanistisch-kanonistische Causa anschließend als iusta causa debendi erscheinen. Unter dem Einfluß dieser Auffassung glaubt Hartmann a. a. O. S. 224 die Consideration definieren zu können als »das vom Promissar ausgehende, auf den Promittenten sich beziehende sachliche Moment juristischer Art, welches vom Recht als gute, geeignete Erwägungsgrundlage für die Sanktion des Versprechens angesehen wird. Auf die sofort zu stellende Frage, welche Fälle vom Recht dahin gerechnet werden, ist dann freilich weiter zu antworten, daß es in erster Linie solche sind, wo eine irgendwelche vom Promissar ausgehende Leistung in unmittelbarem synallagmatischem Zusammenhang mit dem Versprechen steht, so daß sie in sofortigem gegenseitigen Hinblick aufeinander gemacht erscheinen, daß aber außerdem noch gewisse andere Fälle dahin gehören.«

Die im Anschluß an die historische Forschung des 19. Jahrh. einsetzende Reinigung des Begriffes, die jede Anknüpfung an die moral consideration verwirft, läßt heute diese Definition nicht mehr als zutreffend erscheinen.

[89]) Thomas v. Thomas (1842) 2 Q. B. 851; Anson, 95; G. Hartmann a. a. O. 176—178.

[90]) Anson 114; Pollock 191; Holdsw. VIII, 13. Der Unterschied zwischen (unwirksamer) past consideration und (wirksamer) executed consideration ist zu Coke's Zeiten klar erkannt: 1597 Barwick's Case, 5 Co. Rep. at p. 94a; 1615 Lampleigh v. Brathwait. Hob. at p. 106; Die executed consideration ist »incorporated with the promise«, die past consideration nicht. Diese Formulierung zeigt eine klarere Einsicht in das Wesen der Consideration als das siebzehnte und achtzehnte Jahrhundert sie hatten. Als Leading Case gilt der erwähnte Fall Lampleigh v. Brathwait: »A mere voluntary courtesy will not have a consideration to uphold an assumpsit. But if that Courtesy were moved by suit or request of the party that gives the assumpsit it will bind, for the promise though it follows, yet is not naked, but couples itself with the suit

her zu seiner Rechtsverbindlichkeit ebenso wie jedes andere Schenkungsversprechen der Form der gesiegelten Urkunde.

Unter dem Kapitel der Past Consideration wird in den Lehrbüchern üblicherweise ein Fall abgehandelt, der im siebzehnten und achtzehnten Jahrhundert Schwierigkeiten bereitete. Dienste, eine Geschäftsbesorgung, eine Werkleistung werden erbracht mit der ausdrücklichen oder stillschweigenden Vereinbarung eines Entgelts, dessen ziffernmäßige Bestimmung aber erst später erfolgt. Das siebzehnte Jahrhundert sieht das schuldbegründende Versprechen des Leistungsempfängers erst in dem ziffernmäßig bestimmten Versprechen; die vorangegangene Leistung erscheint als Past Consideration und so wird die Regel aufgestellt, eine in Dienst- oder Werkleistungen bestehende Past Consideration für ein Lohnversprechen sei ausnahmsweise dann gültig, wenn die Leistung auf ausdrückliches oder stillschweigendes Ersuchen (upon request) des Promittenten erfolgt sei[91]). Trotz der Erkenntnis, daß es sich hier nicht um eine Ausnahme handelt, sondern um eine besondere Form der Bestimmung des vertraglichen Entgelts, wird der Fall immer noch in traditioneller Weise unter dem Kapitel der Past Consideration behandelt[92]).

IV. Eine Gegenleistung darf, um Consideration zu sein, nicht rechtlich mißbilligt, ein Gegenleistungsversprechen muß rechtlich erzwingbar sein[93]). Keine gültige Consideration ist also eine verbotene oder unsittliche Handlung oder das Versprechen einer solchen Handlung[94]). Das Gegenleistungsversprechen muß ferner

---

before and the merits of the party prerured by that suit, which is the difference.« Treffend formuliert Neubecker (Der abstrakte Vertrag, Arch. f. bürg. Recht 22, 58), die Consideration sei executed, »wenn die Leistung mit Rücksicht auf das Versprechen vollzogen ist; ... ist etwas getan ohne Rücksicht auf ein Versprechen, so fehlt für das später erfolgte Versprechen die Consideration; das Versprechen muß also der psychische Grund der Handlung des Versprechensempfängers sein.« Neubecker weist in diesem Zusammenhange auf die Definition der Consideration im Indian Contract Act, 1872, Sect. 2 (d) hin: »When, at the desire, of the promisor, the promisee, or any other person, has done or abstained from doing, or does or abstains from doing, or promises to do or to abstain from doing something, such act or abstinence or promise is called a consideration for the promise.«

91) Vgl. Lampleigh v. Brathwait a. a. O.

92) Anson 115; Pollock 192; Williston I, 319, 323; Page I, 1086.

93) Restatem. Sect. 80. Das gültige, aber nur unklagbare Versprechen (Statute of Frauds! S. o. S. 55) ist gültige Consideration. Restatem. Sect. 84 (e).

94) Vgl. Anson 112, Jenks § 211. Vgl. auch Goodhart, Blackmail and Consideration, 44 L. Q. R. (1928) 436ff.

einen bestimmbaren Inhalt haben[95]). Als Präjudiz gilt der Fall White v. Bluett[96]).

Die versprochene Gegenleistung darf auch nicht offenbar unmöglich sein (obvious impossibility of consideration). Im Anschluß an in der Lehre von der Bond ausgebildete Regeln[97]) steht fest, daß die Verpflichtung zu einer offenbar unmöglichen oder zu einer rechtlich unmöglichen Handlung nicht rechtsverbindlich und daher auch nicht geeignet ist, eine Consideration zu bilden.

Leistungsversprechen (promise) und Consideration stehen also zu einander im Verhältnis eines genetischen Synallagmas[98]). Ist die als Consideration eingegangene Gegenleistungsverpflichtung nicht rechtsverbindlich, so entsteht keine Verpflichtung zur Leistung.

Grundsätzlich beschränkt sich die Wirkung der Consideration-Lehre auf das genetische Synallagma. Der Versuch sie auch auf das funktionelle Synallagma anzuwenden — sog. Lehre von der Failure of Consideration — bedeutet eine inhaltliche Veränderung des ursprünglichen Begriffs der Consideration als Versprechen der Gegenleistung[99]).

---

95) Anson 98; Pollock 196.

96) (1853) 23 L. J. Ex. 36 (Vater erläßt seinem Sohn eine Schuld, der dafür verspricht, sich nicht mehr darüber beklagen zu wollen, daß er gegenüber den anderen Kindern benachteiligt sei. Erlaß ist ungültig, da die Consideration zu vag. Sollte der Grund der Entscheidung aber nicht vielmehr darin liegen, daß das Versprechen des Sohnes überhaupt nicht Gegenstand einer Rechtspflicht sein kann?) Das Präjudiz Taylor v. Brewer (1813) 1 M. & S. 290 (Versprechen einer Entlohnung such as shall be deemed right) läßt sich mit den oben erwähnten quantum meruit-Fällen nicht gut vereinbaren. Ein gutes Beispiel ist dagegen der Fall Davies v. Davies (1887) 36 Ch. D. 359, in dem ein Konkurrenzverbot »so far as the law allows« als zu unbestimmt bezeichnet wird.

97) S. unten S. 162ff.

98) Vgl. Heymann 329.

99) Vgl. unten S. 209f.

6. Kapitel.

Die Lehre von der Consideration. Vergleich mit der deutschen Doktrin. Praktische Tragweite.

A. Die Bedeutung der Consideration in der Begründung vertraglicher obligatorischer Ansprüche.
- I. Einseitig verpflichtende Rechtsgeschäfte.
  - 1. Unentgeltliche Vermögenszuwendungen.
    - a) Schenkungsversprechen.
    - b) Schenkungsähnliche Geschäfte.
      - α) Anstandschenkung.
      - β) Remuneratorische Schenkung.
      - γ) Gemischte Schenkung.
      - δ) Schenkung unter Auflage.
      - ε) Datio ob causam.
        Besondere Fälle: Mitgiftversprechen.
        Zweckzuwendung im engeren Sinn.
        Sammelzeichnung.
  - 2. Realkontrakte.
    - a) Bailments.
    - b) Auftrag.
    - c) Vorverträge zu Realkontrakten. Pactum de mutuo dando.
  - 3. Einseitig verpflichtende Geschäfte anderer Art.
    - a) Bürgschaft.
    - b) Vertragsofferte; Option; Auslobung.
  - 4. Consideration und Entgelt.
- II. Consideration und Causa.
  - 1. Die Cause der romanischen Rechte.
  - 2. Der »rechtliche Grund« der Zuwendung im deutschen Recht.
  - 3. Lockerungen des Verhältnisses zwischen Zuwendung und Causa. Abstrakte Obligation im allgemeinen.
  - 4. Das Common Law.
    - a) Account stated.
    - b) I. O. U.
    - c) Negotiable Papiere.
    - d) Gesiegelte Urkunde.
- III. Verträge zugunsten Dritter.

B. Sonstige Verwendungen des Considerationsbegriffes.
- I. Die Bedeutung der Consideration bei Verfügungen über obligatorische Rechte.
- II. Consideration und Condictio.
- III. Consideration im Sachenrecht.

C. Kritik der Consideration-Lehre.

Im vorigen Kapitel ist die Considerationlehre in der Form dargestellt worden, in der sie üblicherweise in den englischen und amerikanischen Büchern erscheint. Im folgenden soll ein Vergleich mit den Begriffen der deutschen Rechtstheorie versucht werden. Dabei wird sich auch die praktische Tragweite der Considerationlehre ergeben.

A. Das heutige Common Law kennt zwei verschiedene Formen des Abschlusses obligatorischer Verträge, den Formalkontrakt durch gesiegelte Urkunde und den formlosen Vertrag mit Consideration[100]). Im folgenden soll untersucht werden, welche Rechtsgeschäfte demgemäß wegen Mangels einer gültigen Consideration der Form des simple contract nicht fähig sind. Dabei soll zunächst gefragt werden, wie sich der englische Begriff Consideration zu dem deutschen Begriff des »Entgelts« verhält, sodann, welche Stellung im System des Common Law die sog. »abstrakten Schuldverträge« einnehmen und schließlich, ob und in welcher Weise die Consideration-Lehre auf die Wirksamkeit von berechtigten Verträgen zugunsten Dritter einwirkt.

I. Der Begriff des entgeltlichen Geschäfts umfaßt in der Terminologie der deutschen Dogmatik jedes Geschäft, bei dem nach der subjektiven Vorstellung der Parteien der Leistende eine Gegenleistung erhält. Dieses Verhältnis zwischen Leistung und Gegenleistung besteht nicht nur bei Verträgen, in denen beide Teile obligatorische Verpflichtungen übernehmen, — zweiseitig verpflichtende Verträge — sondern auch bei Rechtsverhältnissen, in denen eine schuldrechtliche Verpflichtung als Äquivalent für die bereits erbrachte Leistung des anderen Teils begründet wird.

1. Aus dem Begriff der Consideration ergibt sich zunächst, daß die nicht in Form einer Deed eingegangene Verpflichtung zu einer unentgeltlichen Vermögensverfügung rechtlich nicht verbindlich ist.

a) Das bedeutet vor allem die Unklagbarkeit eines formlosen Schenkungsversprechens. Dagegen ist, wie auch nach deutschem Recht, eine vollzogene Schenkung (gift) auf jeden Fall gültig. Worin die Vollziehung liegt, hängt von der Art des geschenkten Gegenstandes ab[101]). Die Rechtslage ist also ähnlich wie nach § 518 BGB, wo im ersten Absatz die Unklagbarkeit des nicht in öffentlicher Urkunde gegebenen Schenkungsversprechens

---

[100]) Für kontintale Leser ist vielleicht nicht unnötig, mit G. Hartmann (Arch. f. Ziv.-Pr. 77, 169) darauf hinzuweisen, daß eine Consideration auch erforderlich ist, »bei bloßen Nebenverträgen, die hinterher an der früher rechtsgültig erzeugten Obligation irgendwie eine Steigerung bewirken wollen«. So z. B. Sidenham v. Worlington, Cro. Eliz. 42 (Dienstbotenvertrag mit festem Lohn; nach Abschluß der Dienstzeit Versprechen einer Extrabelohnung für treue Dienste. Unklagbar). S. auch Roscorla v. Thomas (1842) 3 Q. B. 234.

[101]) Vgl. im einzelnen Halsbury 15, 409ff.

statuiert und in Absatz 2 bestimmt wird: »Der Mangel der Form wird durch die Bewirkung der versprochenen Leistung geheilt«.

Die Formulierungen des englischen Rechts stellen im allgemeinen darauf ab, daß als Schenkung nicht das Versprechen, nicht der Vertrag bezeichnet wird; vielmehr werden unter gift die Leistung und die Einigung über ihre Unentgeltlichkeit einheitlich zusammengefaßt, ähnlich wie in § 516 BGB als Schenkung nicht die Verpflichtung zur unentgeltlichen Leistung bezeichnet wird, sondern die Leistung selbst, die »Zuwendung, durch die jemand aus seinem Vermögen einen anderen bereichert, wenn beide Teile darüber einig sind, daß die Zuwendung unentgeltlich erfolgen soll«. Eine solche Zuwendung ist, wenn vollzogen, gültig. Das formlose Schenkungsversprechen allein aber ist für die englische Auffassung mangels Consideration ein juristisches Nichts. »A gift inter vivos may be defined shortly as the transfer of any property from one person to another person gratuitously«[102]). Allerdings ist die Ausdrucksweise, von einer Heilung der Schenkung durch Vollziehung zu sprechen, auch dem Common Law nicht fremd[103])[104]).

---

102) Halsbury a. a. O.

103) So sagt Clark, New York Law of Contracts I 342, im Anschluß an zwei Entscheidungen (Oregon Pacific Railway Co. v. Forrest (1891) 28 N. E. 137; Lamport v. Beeman (Sup. 1861) 34 Barb. 239): »If a promise, though in the first instance not supported by consideration is performed by the promisor, it is binding on him, and his rights are in no way affected by the fact that the performance of the promise could not have been enforced.«

104) Ob der Heilung des Schenkungsversprechens rückwirkende Kraft zukommt oder nicht, ist für das angloamerikanische Recht von größerer Bedeutung als für das deutsche. Während in letzterem, abgesehen von den vorübergehenden Problemen des Aufwertungsrechts — Frage nach dem Zeitpunkt der Entstehung des Anspruchs, Aufwertungsgesetz §§ 2, 3 — die Frage nur für den Beginn der Verjährung der Ansprüche der §§ 523, 524 BGB. von Bedeutung ist — nicht auch für die Fristen nach dem Anfechtungsgesetz, wo der Wortlaut klar macht, daß es nur auf den Zeitpunkt der unentgeltlichen Verfügung ankommt — hat ihre Beantwortung im angloamerikanischen Recht größere Tragweite.

Das Equity Recht stellt den bekannten Satz auf: »Equity considers as done what ought to be done.« Der Satz bedeutet: Wer sich zu einer Verfügung verpflichtet hat, wird in Equity so behandelt, als ob er die Verfügung bereits vorgenommen hätte. At law wird das Eigentum an einem Grundstück erst durch die Auflassung, conveyance, übertragen, nicht bereits mit Abschluß des obligatorischen Verpflichtungsgeschäfts. Bei der Veräußerung beweglicher Sachen können gleichfalls der Zeitpunkt des Verpflichtungsgeschäfts und die Übertragung der legal ownership zeitlich aus-

Eine wesentliche Modifikation des Rechtszustandes ergibt sich durch das Eingreifen von Rechtssätzen des Equity-Rechts. Eine freiwillige Zuwendung kann außer in der Form der Schenkung auch durch Treuhandbestellung geschehen, derart, daß der Schenker die Sache einem Treuhänder, Trustee, überträgt mit der Bestimmung, daß diese Übertragung einem Dritten (beneficiary oder cestui que trust genannt) zugute kommen soll. Sobald der Treuhänder den legal estate an dem Gegenstand erwirbt, entsteht für den beneficiary ein in Equity durchsetzbares Recht, ein equitable interest. Der beneficiary wird in Equity so behandelt als ob der Gegenstand unmittelbar auf ihn übertragen worden wäre[105]). Die gleiche Wirkung tritt ein, wenn der Besteller nicht einen Dritten sondern sich selbst zum Treuhänder bestellt. Mit einer solchen Erklärung verwandelt sich der bisher unbeschränkte Inhaber des Gegenstandes in einen Treuhänder und der beneficiary erhält unmittelbar einen equitable interest[106]), der ihn berechtigt,

---

einanderfallen. Ähnliches gilt für die Bestellung einer legal mortgage und für andere Verfügungsgeschäfte. In Equity wird in all diesen Fällen der Gläubiger so behandelt, als ob er das Recht bereits im Zeitpunkt des Verpflichtungsgeschäftes erworben hätte. Sofort in diesem Zeitpunkt erwirbt er an dem zu übertragenden Gegenstand einen equitable estate oder, wie es in England nunmehr nach der neuen Terminologie des Law of Property Act, 1925, heißt, einen »equitable interest«, eine Art »Recht zur Sache«, das ihn gegen schlechtgläubige Dritte und gegen dritte gutgläubige unentgeltliche Erwerber schützt.

Kann ein equitable estate auch durch ein Schenkungsversprechen erworben werden oder, genauer, kann im Zeitpunkt der Vollziehung der Schenkung ein auf den Zeitpunkt des Schenkungsversprechens rückwirkender equitable estate des Beschenkten entstehen, der verhindert, daß dritte Personen, die von dem Schenkungsversprechen Kenntnis hatten, den Gegenstand erwerben? Die Frage muß offenbar verneint werden, denn die Equity schützt im allgemeinen nur den entgeltlichen Erwerber (Purchaser for value); daß sie einen solchen hinter einem unentgeltlichen Erwerber zurücktreten lasse, erscheint ausgeschlossen. Über das Verhältnis zwischen zwei Beschenkten liegen Präjudizien nicht vor.

105) Vgl. zum Trustrecht: Heymann 308, ders. Trustee und Trustee-Company 1910 S. 16ff.; Hermann Roth, Der Trust in seinem Entwicklungsgang vom Feoffe to Uses zur amerikanischen Trust Company, 1928; ferner Maitland 43ff.

106) Maitland 73; Godefroi, On the law of Trusts and Trustees, 5. A. (1927) 41; Lewin's Practical Treatise on the Law of Trusts, 13. A. 1928 S. 62. Vgl. Jessel, M. R. in Richards v. Delbridge, 18 Eq. 11, 14: »In lieu of giving or transferring property to the object of his bounty, the settlor may make a valid declaration of trust in his favour in one or two ways: he may vest the property in trustees and declare the trusts upon which they are to hold it; or he may constitute himself a trustee and without any

gerichtlich von dem zum Treuhänder gewordenen Besteller die Übertragung des Besitzes und des legal estate zu verlangen[107]). Die Selbstbestellung zum Treuhänder bedarf keiner deed. Sie kann formlos erfolgen[108]), verlangt wird nur, daß sie klar und unzweideutig zum Ausdruck komme[109]). Damit ist praktisch die Möglichkeit geschaffen, durch formlose Erklärung einen Erfolg herbeizuführen, der einem Schenkungsversprechen recht nahe kommt. Allerdings, völlig gleich sind die Rechtswirkungen nicht. Während ein Schenkungsversprechen nur eine Verpflichtung zur Übertragung des Gegenstandes begründen soll, bewirkt eine Treuhandbestellung ein fortdauerndes Rechtsverhältnis mit mannigfachen Rechten und Pflichten. Die Praxis lehnt daher die Umdeutung eines nicht vollzogenen Schenkungsversprechens in eine declaration of trust ab[110])[111]).

b) Zwischen der Schenkung, dem Hauptfall der unentgeltlichen Vermögensverfügung, und den unzweideutig »entgeltlichen Geschäften« bestehen Zwischenstufen, um deren begriffliche Klärung sich die deutsche dogmatische Rechtswissenschaft verdient gemacht hat. In welcher Weise wirkt die Consideration-Lehre auf diese Fälle ein?

---

actual transfer of the legal title may so deal with the property as to deprive himself of its beneficial ownership and declare that he will hold it from time foreward on trust for another person.«

[107]) Godefroi 428, 435; Re Ruddock, 102 L. T. R. 89.

[108]) Nur für Grundstücke und Rechte an solchen wird Schriftform verlangt. Statute of Frauds, sect. 7; in England nunmehr Law of Property Act, 1925, sect. 53, subsect. 1 (b).

[109]) Godefroi 42; Lewin 72.

[110]) Vgl. Richards v. Delbridge, L. R. 18 Eq. 11. Maitland 74 bemerkt zutreffend, die Absicht, sich selbst zum Treuhänder zu bestellen, sei weit seltener als die Schenkungsabsicht. Nicht ganz zutreffend aber erscheint es, wenn Maitland die Abneigung der Praxis, eine Umdeutung vorzunehmen, damit erklärt, daß bei der Schenkung der Schenker den Gegenstand los sein wolle, während er bei der Treuhandbestellung den legal estate behalten und nur eine belastende Verpflichtung begründen wolle. Maitland verwechselt hier die vollzogene Schenkung mit dem Schenkungsversprechen. Bei letzterem will der Schenker noch nicht die Sache los werden, sondern eben sie noch behalten und nur eine belastende Verpflichtung begründen. Der Unterschied zwischen dem Schenkungsversprechen und der Treuhandbestellung liegt im Inhalt der »belastenden Verpflichtung«, die bei der Treuhand viel umfassender ist. Vgl. auch Pollock 209, 210; Halsbury 15, 413.

[111]) Die gleichen Grundsätze gelten in den Vereinigten Staaten. Ruling Case Law 26, 1182, 1185 mit Nachweisungen.

α) Ob das in Erfüllung einer sittlichen Verpflichtung gegebene Versprechen als Schenkung zu betrachten sei und demgemäß der Schenkungsform bedürfe, ist im deutschen Recht bestritten. Die Auffassung, nach der ein solches Versprechen als Schenkung zu betrachten sei, stützt sich auf den Wortlaut des § 534 BGB, wo für »Schenkungen«, durch die einer sittlichen Pflicht oder einer auf den Anstand zu nehmenden Rücksicht entsprochen wird, die Rückforderung und der Widerruf ausgeschlossen werden. Daraus wird geschlossen, daß derartige Leistungen als Schenkungen zu betrachten seien[112]). Andere Schriftsteller glauben unterscheiden zu können zwischen Fällen, in denen die Erfüllung einer sittlichen oder einer Anstandspflicht sich als Schenkung darstellt und Fällen, wo dies nicht der Fall ist[113]). Die von ihnen aufgestellten, auf den Bewußtseinsinhalt des Gebers abstellenden Unterscheidungsmerkmale sind aber, wie Rud. Schmidt richtig bemerkt[114]), so subtil, daß sie für den Richter praktisch unanwendbar sind. Er stimmt daher der Praxis des Reichsgerichtes zu, das kurzerhand den Schenkungscharakter einer Zuwendung dann verneint, wenn eine der Parteien das Bewußtsein hat, daß die Zuwendung in Erfüllung einer rechtlichen oder sittlichen Pflicht erfolge. Diesem, in ständiger Praxis festgehaltenen Satz[115]) will Rud. Schmidt einen enger umschriebenen Inhalt dadurch geben, daß die Schenkungsform nur dann entbehrlich sein soll, wenn das Versprechen in Erfüllung einer konkreten, fest bestimmten, gerade zwischen den beiden Parteien bestehenden sittlichen Pflicht gegeben wird, nicht ausreichend soll dagegen eine bloß allgemeine, jedermann gegenüber bestehende sittliche oder Anstandspflicht sein, z. B. die allgemeine Pflicht zur Wohltätigkeit gegenüber den Armen. Diese Begrenzung ist berechtigt, sie findet, wie R. Schmidt darlegt, eine Parallele in der herrschenden Meinung des französischen und italienischen Rechts und auch die vom Reichsgericht entschiedenen Fälle betreffen nur solche konkrete, individualisierte Sittlichkeitspflichten von besonderem Stärkegrad.

---

112) Siehe Crome 2, 17; v. Tuhr II, 2, 149; Oertmann, Entgeltliche Geschäfte (1912), 92.

113) Siehe Endemann 1 § 99, Anm. 18; Rümelin, Arch. ziv. Pr. 97, 303f.; Voss, LZ. 1908, 213; Kipp, Erbschaftssteuergesetz, 204f.

114) »Die rechtliche Wirkung der Befolgung sittlicher Pflichten« in »Die Reichsgerichtspraxis im deutschen Rechtsleben« (1929), II 25ff., insbesondere 37ff.

115) RG. 3. 5. 13, JW. 1913. 855; 21. 4. 1917, JW. 1917 710; 6. 12. 27 in Bauers Zeitschrift für A. G. u. G. m. b. H. 25. 152; 31. 3. 20, Recht 1920 Nr. 2356; vgl. auch OLG. Hamburg in LZ. 1919, 117.

In England war unter dem Einfluß der von Lord Mansfield ausgebildeten Lehre von der moral consideration lange unklar, ob das in Erfüllung einer sittlichen Pflicht gegebene Versprechen ohne Einhaltung der Form der deed gültig sei. Seit der Entscheidung Eastwood v. Kenyon[116]), ist, wie oben dargelegt, diese Lehre aufgegeben. Nach heutigem Recht bedarf also das in Erfüllung einer sittlichen oder einer Anstandspflicht gegebene Versprechen einer Consideration oder der Form der deed[117]).

β) Eine remuneratorische Schenkung ist eine Zuwendung, die ohne Verpflichtung gewährt wird, aber derart, daß sie nach der Vorstellung des Zuwendenden ein Entgelt für eine Leistung darstellen soll. Die Leistung, für welche die Remuneration erfolgt, liegt in der Vergangenheit, sie ist Motiv. In englischer Terminologie stellt sie sich als past Consideration dar, also als ungültige Consideration. Auch das Versprechen einer remuneratorischen Schenkung bedarf daher zur rechtlichen Verbindlichkeit der deed[118]).

---

[116]) (1840) 11 Ad. & El. 438; 9 L. J. Q. B. 409: »Mere moral consideration will not support an express promise.«

[117]) Pollock 178: »An informal promise made without a consideration, however strong may be the motives or even the moral duty under which it is founded, is not enforced by English Courts of Justice at all.«

[118]) Das gleiche muß gelten von der von Otto Schreiber Jahrb. Dogm. 60, 177 aufgestellten angeblich besonderen Kategorie des »nachträglich entgeltlichen Versprechens«, wofür er als Beispiel den Reichsgerichtsfall RGZ 72, 188 anführt:

»Jemand hatte einer Dame unentgeltlich rechtlichen Beistand geleistet. Da aber Heiratsprojekte, die zwischen der Auftraggeberin und ihrem Beistand bestanden hatten, inzwischen wieder aufgegeben waren, so war es der Dame unangenehm, diese verschiedentlichen Handlungen als Rechtsbeistand unentgeltlich anzunehmen und sie hatte deshalb nachträglich um eine Liquidation gebeten. Sie wurde dann auf Zahlung verklagt, verweigerte diese aber unter folgender Begründung: Zur Zahlung eines Honorars sei sie in keiner Weise verpflichtet, da ihr die Dienste des jetzigen Klägers unentgeltlich versprochen und geleistet wären. Eine solche Zahlung ohne jede Rechtspflicht sei aber als Schenkung anzusehen; ihr Versprechen sei also ein Schenkungsversprechen, das der Form des § 518 entbehre. Das Reichsgericht bemüht sich auszuführen, daß diese nachträgliche Gewährung eines Honorars keine Schenkung sei. Es geht davon aus, daß »für den Charakter des Geschäfts nicht bloß die objektive Sachlage, sondern auch der erklärte Wille der Parteien von maßgebender Bedeutung« ist. Nach diesem erklärten Willen aber sei eine Einigung der Parteien über die Unentgeltlichkeit der versprochenen Zahlung nicht vorhanden; insbesondere hätte die Beklagte nicht etwa dem Kläger einen Dank erweisen, sondern ihn 'bezahlen' wollen und in diesem Sinne hätte auch der Kläger das

γ) Im deutschen Recht lebhaft umstritten ist die sogenannte gemischte Schenkung, das negotium mixtum cum donatione. Das Problem taucht auf bei Austauschverträgen, insbesondere bei Käufen, bei denen in Willensübereinstimmung beider Parteien das Entgelt der einen Partei für die Leistung der anderen hinter dem angenommenen objektiven Wert bewußt zurückbleibt. Zutreffend weist Kober[119]) darauf hin, »daß nicht jede in einem anderen Geschäft enthaltene freiwillige Zuwendung, nicht jeder einem anderen auf eine solche Weise rechtsgeschäftlich gewährte Vermögensvorteil« als Schenkung behandelt werden kann und darf. Die deutsche Praxis hilft sich bei Verträgen solcher Art zunächst in der Weise, daß sie im Wege der Auslegung zu ermitteln sucht, ob nicht etwa trotz eines objektiven Wertüberschusses der einen Leistung über die andere mangels entsprechender Willensrichtung der Parteien der teilweise Schenkungscharakter zu verneinen sei. Ausgeschaltet werden weiter diejenigen Fälle, in denen im Wege der Auslegung festgestellt werden kann, daß die »Zusammenschweißung von Schenkung und Kauf« nur äußerlich ist, daß aber in Wahrheit zwei getrennte Geschäfte vorliegen. Nur für den verhältnismäßig engen Umkreis von Geschäften, die sich nach Ausscheidung dieser Gruppen wirklich noch als gemischte Schenkung darstellen, bleibt die außerordentlich umstrittene Frage, ob und wie weit der Formzwang des § 518 BGB. eingreift[120]).

Den englischen Juristen ist der Begriff der gemischten Schenkung unbekannt. Praktisch werden die Fälle unter dem Stichwort der »Angemessenheit« (adequacy) der Consideration behandelt und nach dem Grundsatz, daß die Angemessenheit der Consideration nicht erforderlich ist, werden derartige Versprechen als rechtsgültig anerkannt. Diese Lösung ist so selbstverständlich und unproblematisch, daß Präjudizien überhaupt nicht zu finden sind.

δ) Unbekannt ist auch der Begriff der Schenkung unter Auflage[121]), worunter im deutschen Recht eine Schenkung ver-

Versprechen angenommen. Das Reichsgericht macht also einen Unterschied zwischen »objektiver Sachlage« und »erklärtem Willen der Parteien«. Die Annahme bleibt offen, daß die freiwillige Honorarzahlung zwar objektiv unentgeltlich sei, daß die Parteien sie aber nicht unentgeltlich wollten.« Eine solch feine Unterscheidung ist dem englischen Recht fremd. In England wäre die Klage ohne weiteres abzuweisen gewesen, da hier klar der Fall der past Consideration vorliegt.

[119]) In Staudingers Kommentar zum BGB. 9. Aufl. II, 2, 301.

[120]) Vgl. darüber Kober a. a. O. S. 313.

[121]) BGB. § 525.

standen wird, die mit der Bestimmung verknüpft ist, daß der Beschenkte mit der Annahme der Leistung seinerseits zu einer Leistung verpflichtet werden soll. Der Unterschied zum entgeltlichen gegenseitigen Vertrag liegt in zwei Momenten. Einmal werden bei letzterem die beiderseitigen Leistungen von den Parteien als Äquivalente aufgefaßt, während bei der Schenkung unter Auflage die Grundlage des Geschäfts als Schenkung erhalten bleibt, derart, daß die Auflage nur als ein Nebenzweck des Geschäfts erscheint, eine Bereicherung des Empfängers aber bestehen bleibt[122]). Sodann entstehen beim synallagmatischen Vertrag die beiderseitigen Verpflichtungen gleichzeitig, während bei der Schenkung unter Auflage die Verpflichtung zur Vollziehung der Auflage erst mit Vollziehung der Schenkung ins Leben tritt. »Der Vollzug der Schenkung ist Voraussetzung des Anspruchs aus der Auflage«[123]). Die Schenkung unter Auflage ist für den Schenker unentgeltliches Geschäft, wahre und echte Schenkung. Das Versprechen einer Schenkung unter Auflage bedarf daher der Form des § 518.

Im englischen Recht ist die Rechtslage entsprechend. Eine Consideration kann entweder sein: eine bereits vollzogene Leistung, die nach der übereinstimmenden Willensrichtung der Parteien entgeltlich erfolgen sollte, oder ein Gegenleistungsversprechen, a promise against a promise. Verspricht aber A dem B eine Schenkung unter Auflage, so leistet in diesem Zeitpunkt B kein Gegenversprechen. Das Versprechen des A ist also ohne Consideration und daher nur in Form einer deed rechtsverbindlich. Umgekehrt bildet die Annahme einer mit Auflage verbundenen Schenkung den typischen Fall eines Versprechens gegen eine executed consideration. Für den Beschenkten entsteht daher dem Schenker gegenüber eine rechtliche Verbindlichkeit zur Vollziehung der Auflage[124]).

ε) Von der Schenkung wie von der Schenkung unter Auflage zu unterscheiden ist die datio ob causam, d. h. die Leistung, die im Hinblick auf ein zukünftiges Ereignis gemacht wird. Dieses Ereignis kann in einer erwarteten Leistung desjenigen bestehen,

---

[122]) Vgl. RGZ 105, 305, 308.

[123]) v. Tuhr II, 2, 166.

[124]) Darüber, wie weit etwaige Ansprüche auch gegenüber dritten Personen entstehen können, denen nach der Bestimmung der Parteien die Auflage zugute kommen soll, vgl. unten S. 111 ff. Ist eine solche Auflage zugunsten Dritter beabsichtigt, so wird die praktische Durchführung meist in Form einer Treuhandbestellung erfolgen, derart, daß die Zuwendung nicht als Schenkung geschieht, sondern als fiduziarisches Geschäft.

dem die Gabe gemacht wird. Der Unterschied zur Schenkung unter Auflage — und erst recht zum gegenseitigen Vertrag — liegt darin, daß der Bedachte sich nicht zu einer eigenen Leistung verpflichtet. Eine solche Verpflichtung entsteht weder mit Abschluß des Vertrages, in dem die datio versprochen wird, noch mit der Vollziehung[125]).

Solange die durch das Versprechen (des A) als Erfolg beabsichtigte Leistung des Bedachten (B) nicht erfolgt ist, gilt für das englische Recht das gleiche wie das zur Schenkung unter Auflage Gesagte. Eine Consideration ist nicht vorhanden, das Versprechen ist nur in Form einer deed rechtsverbindlich. Anders, wenn die als Erfolg bezweckte Leistung (des B) erbracht ist. Erfolgte diese Leistung »im Hinblick darauf, daß A dafür seinerseits etwas in Aussicht gestellt hat«, so liegt die Figur des Realkontrakts vor. In diesem Zusammenhang steht im 15. Jahrhundert die Klagbarkeit eines Mitgiftversprechens als Innominatrealkontrakt fest[125a]). Die vollzogene Eheschließung begründet re den Anspruch auf die versprochene Mitgift, sie ist executed consideration. In Deutschland haben diese Fälle bekanntlich Schwierigkeiten gemacht. § 1624 BGB besagt: »Was einem Kinde mit Rücksicht auf seine Verheiratung oder auf die Erlangung einer selbständigen Lebensstellung, zur Begründung oder zur Erhaltung der Wirtschaft oder der Lebensstellung von dem Vater oder der Mutter zugewendet wird (Ausstattung), gilt, auch wenn eine Verpflichtung nicht besteht (§ 1620!), nur insoweit als Schenkung, als die Ausstattung das den Umständen, insbesondere den Ver-

---

[125]) Ein eigenartiges Beispiel dieser Gestaltung findet sich in einer Entscheidung des Reichsgerichts vom 18. I. 1923, Gruch. 67, 558. Die Parteien waren miteinander verheiratet, lebten aber getrennt, und zwar war es die Klägerin, die die Wiederherstellung der ehelichen Gemeinschaft verweigerte. Zwischen den Gatten bestand Gütertrennung. Um die Klägerin zur sofortigen Rückkehr zu veranlassen »schenkte« ihr der Beklagte durch notariellen Vertrag das Vieh, landwirtschaftliches Gerät und 1500 Mark in bar, aber ohne den gewünschten Erfolg. Die Übergabe der geschenkten Fahrnisgegenstände hat nicht stattgefunden. Die Klägerin verlangt die Übergabe. Der Beklagte macht u. a. geltend, der mit der »Schenkung« beabsichtigte Erfolg sei nicht eingetreten, er sei daher zur Erfüllung seines Versprechens nicht verpflichtet. Alle drei Instanzen haben die Klage abgewiesen. Das Reichsgericht führt aus, daß Geschäft sei keine Schenkung, aber auch kein gegenseitiger Vertrag, denn die Klägerin habe keine »Verpflichtung« zur Rückkehr übernommen. Da der mit dem Leistungsversprechen beabsichtigte Erfolg nicht eingetreten sei, könne der Beklagte sein Versprechen kondizieren.

[125a]) Vgl. oben S. 19.

mögensverhältnissen des Vaters oder der Mutter, entsprechende Maß übersteigt.« Daraus scheint hervorzugehen, daß das BGB die Ausstattung, soweit sie nicht Aussteuer ist, als Schenkung betrachtet und sie nur innerhalb der bezeichneten angemessenen Grenzen nicht wie eine Schenkung behandelt. Die diese Grenzen übersteigende Ausstattung und insbesondere die Zuwendungen, die nicht einem Kinde gemacht werden, sondern z. B. einem Schwiegersohn oder einem Neffen, müßten demnach als Schenkung der Formvorschrift des § 518 unterliegen. Die Praxis hat verschiedentlich versucht, dieser als Härte erscheinenden Folge zu entgehen. Sie benützt dazu den Weg der Auslegung. So versucht sie die Klagbarkeit des formlosen Versprechens dadurch zu erreichen, daß ein dem Schwiegersohn gegebenes Mitgiftversprechen als ein in Wahrheit für die Tochter gemeintes Ausstattungsversprechen gedeutet wird[126]). In neuerer Zeit sind Versuche häufig, das Versprechen als Gegenleistung für die Übernahme der Ehelasten zu deuten[127]), womit man sich der englischen Auffassung nähert.

Hierher gehört weiter der Fall der sog. Zweckzuwendung im Sinne des Erbschaftssteuergesetzes, worunter eine unentgeltliche Zuwendung zu verstehen ist, die der Empfänger mit der Bestimmung erhält, sie für einen bestimmten Zweck zu verwenden, z. B. an einen Dritten herauszugeben, so die sog. »uneigentliche Stiftung« oder die Zeichnung auf einen Sammelfonds. Diese Fälle werden im deutschen Recht nicht als Schenkung betrachtet, da auf Seiten des Empfängers das Merkmal der objektiven Bereicherung fehlt. Er ist nur Durchgangsstelle, seine Bereicherung ist nur formal[128]). Das Versprechen einer solchen Zuwendung ist daher keine Schenkung und daher nicht der Form des § 518 unterwor-

---

[126]) So RG. Gruch. 48, 970.

[127]) Aus der Literatur vgl. Oertmann, Bürgerliches Gesetzbuch. Recht der Schuldverhältnisse 5. A. II 695, 696; Kipp in Enneccerus-Kipp-Wolff, Lehrbuch des bürgerlichen Rechts II, 2, 6. Bearb. 307; Plancks Kommentar zum BGB. 4. A. II, 2, 776; Engelmann-Keidel in Staudingers Kommentar zum BGB. 9. A. IV, 970.

[128]) So RGZ 62, 386. Erfolgt aber die Zuwendung an eine juristische Person mit der Bestimmung der Verwendung zu einem Zwecke, der der juristischen Person satzungsgemäß obliegt, so soll nicht Zweckzuwendung vorliegen, sondern wirkliche Schenkung, da hier der Empfänger wirklich »bereichert« wird. Denn »die juristische Person besteht niemals um ihrer selbst willen, sondern um des Zweckes willen, dem sie ihr Dasein verdankt. Wer ihr etwas ohne Gegenleistung zuwendet, will ihre Zwecke fördern.« RGZ 71, 140.

fen[129]). Der Unterschied gegenüber der Schenkung unter Auflage liegt darin, daß bei dieser Rechtsform auch nach Vollzug der Auflage eine Bereicherung des Empfängers verbleiben soll, während bei der Zweckzuwendung der Empfänger lediglich Mittelsperson, Vertrauensmann des Zuwendenden ist, der die gesamte Zuwendung dem vom Zuwender bestimmten Zweck zuzuführen hat[130]).

Für die Zwecke, denen im deutschen Recht die Stiftung — die eigentliche wie die uneigentliche — dient, kommt im Common Law im wesentlichen das Rechtsinstitut des Trust in Frage, dem ja auch die uneigentliche Stiftung deutscher Auffassung in ihrer Konstruktion nahe kommt[131]). Die Trust-Bestellung ist aber erst wirksam, wenn das Treuhandvermögen, der Trust-Fund, rechtsgültig auf den Trustee übertragen ist. Die Verpflichtung zur unentgeltlichen Treuhandbestellung ist grundsätzlich unklagbar[132]). Das gleiche gilt von Zeichnungen auf Sammellisten oder ähnlichen Verpflichtungen, die zu öffentlichen, gemeinnützigen, wohltätigen, wissenschaftlichen oder ähnlichen Zwecken übernommen werden. Eine solche Zeichnung ist, wenn sie nicht in Form einer deed erfolgt, unverbindlich, auch wenn sich andere Personen an der Subskription beteiligen oder wenn die Veranstalter im Hinblick auf die Zeichnung Verbindlichkeiten eingegangen oder sonstige Auslagen geleistet haben[133]).

Die amerikanische Praxis hat diesen starren Standpunkt nicht beibehalten. »Es erscheint unfair, dem Zeichner zu erlauben, sein feierliches Versprechen umzustoßen, wenn im begründeten Vertrauen darauf Verbindlichkeiten eingegangen worden sind«[134]). Aus solchen Erwägungen versucht man, auf verschiedene Weise die Rechtsgültigkeit der Zeichnung mindestens für den Fall zu konstruieren, daß die Veranstalter bereits Aufwendungen gemacht haben. Am häufigsten erscheint die Auffassung, die Zeichnung sei das Angebot zu einem entgeltlichen Vertrage, den die Unternehmer

---

[129]) RGZ 62, 386.

[130]) Vgl. RGZ 105, 305, 308.

[131]) So wird in RGZ 62, 386 das Rechtsverhältnis als Treuhand bezeichnet.

[132]) Snell's Principles of Equity, 20. A. 1929, S. 81; Godefroi on Trusts, 5. A. 1927, S. 33ff.

[133]) Re Hudson, Creed v. Henderson, 54 L. J. Ch. 811; 33 W. R. 819; 1 T. L. R. 447. Vgl. auch Pollock 179.

[134]) N. N. in 34 Harv. L. R. 220.

dadurch annehmen, daß sie Aufwendungen machen[135]) oder sogar schon dadurch, daß sie weitere Zeichnungen besorgen[136]). Andere wollen die Zeichnung als gegenseitigen Vertrag auslegen. Danach sollen die Veranstalter den Zeichnern gegenüber sich verpflichten, das beabsichtigte Werk auszuführen[137]). Wieder andere Entscheidungen versuchen einen Vertrag zwischen den einzelnen Zeichnern zu konstruieren, nach dem diese sich gegenseitig zur Zahlung der gezeichneten Beträge verpflichten. Aus diesem Vertrag sollen dann die Unternehmer unmittelbar berechtigt sein[138]). Schließlich taucht noch die Ansicht auf, wer eine unentgeltliche Leistung verspreche und dadurch einen anderen zu Aufwendungen bestimme, könne sich auf die rechtliche Unverbindlichkeit seines Versprechens nicht berufen, Estoppel[139]). Gegenüber diesen Versuchen weist Williston[140]) mit Recht darauf hin, daß der Zeichner nicht ein entgeltliches Geschäft eingehen, sondern eine Schenkung machen wolle und daß, wenigstens heute, kein allgemeiner Rechtssatz existiere, wonach derjenige, der durch ein Versprechen einen anderen zu Auslagen verleitet habe, zum Ersatz verpflichtet sei. Im Restatement dagegen, für dessen hier einschlägigen Teil Williston als Bearbeiter zeichnet, erscheint in Sect. 90 der oben S. 69 angeführte, mit den alten Assumpsit-Fällen im Einklang stehende allgemeine Satz. Mit den alten Assumpsit-Fällen würde allerdings ein solcher Satz besser in Einklang stehen als die Consideration-Lehre in ihrer heutigen englischen Form[141]).

2. Das deutsche Recht stellt eine besondere Formvorschrift nur für Schenkuungen auf, d. h. nur für Verträge, in denen jemand sich verpflichtet, einen anderen durch eine Zuwendung aus seinem Vermögen unentgeltlich zu bereichern. Verpflichtungen zu unentgeltlichen Leistungen anderer Art können rechtsgültig ohne Einhaltung einer Form eingegangen werden. So be-

---

[135]) So z. B. Young Men's Christian Association v. Estill, 140 Ga. 291; 78 S. E. 1075.

[136]) Roberts v. Cobb (1886) 103 N. Y. 600.

[137]) Trustees v. Haskell (1882) 73 Me. 140.

[138]) Higert v. Indiana Asbury Univ. (1876) 53 Ind. 326.

[139]) Miller v. Western College, 177 Ill. 280, 52 N. E. 432. Die Auffassung bedeutet eine Erweiterung des üblichen Estoppel-Begriffes.

[140]) I 249 ff., 307.

[141]) Zu der Frage vgl. noch Anson-Corbin 4. A. 148; N. N. 15 Harv. L. R. 312; N. N. 17 Harv. L. R. 278. In ähnlichen Bahnen bewegt sich auch die indische Entscheidung Kedar Nath Bhattacharjee v. Gorie Mahomed (1886) I. L. R. 14 Cal. 64, zitiert bei Pollock 179, Engl. and Emp. Dig. 12, 51; die Entscheidung selbst ist mir nicht zugänglich.

gründet z. B. die Annahme eines Auftrages die Verpflichtung, das übertragene Geschäft unentgeltlich zu besorgen[142]). Die Behandlung dieser Fälle im Common Law soll im folgenden untersucht werden.

a) In der deutschen Lehre von der Entgeltlichkeit ist klargestellt, daß ein Rechtsgeschäft nicht schon deshalb als entgeltlich betrachtet werden kann, weil sein Inhalt auf Rückgewähr eines Empfangenen geht, sei es einer individuell bestimmten Sache, sei es eines tantundem. »Die Rückgabe der empfangenen Leistung ist zwar ein Äquivalent der Hingabe, aber kein Ausgleich des Vorteils, den der Empfänger aus der Benutzung des zugewendeten Gegenstandes oder Wertes gehabt hat. Es kommt darauf an, ob der Empfänger für diesen Vorteil eine Gegenleistung zu erbringen hat. Daher ist entgeltlich: das verzinsliche Darlehen und die Miete; unentgeltlich das unverzinsliche Darlehen und die Leihe«[143]).

Das Common Law bezeichnet die Verträge auf Rückgewähr einer individuell bestimmten beweglichen Sache oder eines tantundem zusammenfassend als bailments[144]). Die Klage gegen den bailee auf Rückgabe der empfangenen Leistung ist, sofern es sich um Sachen handelt, die alte Action of Detinue, sofern es sich um Geld handelt, die Action of Debt. Diese Klagen sind obsolet geworden. An die Stelle von Detinue ist die Action of Trover and Conversion getreten[145]). Debt wird im weitesten Umfang durch Assumpsit ersetzt und an diese Klageform auch bei den bailments anzuknüpfen, lag nahe. Liegt doch eine der Wurzeln der Assumpsit-Klage in den Fällen, in denen ein Bailee »auf sich genommen hatte, mit einer anvertrauten Sache in bestimmter Weise zu verfahren«, insbesondere sie wohl und sicher zu verwahren. Aber diese Fälle wurden doch nicht den späteren Assumpsit-

142) BGB § 662.

143) v. Tuhr, Allg. Teil II, 2, 138. Hinzuzufügen wäre noch der umgekehrte Fall der Verwahrung, bei der Entgeltlichkeit oder Unentgeltlichkeit davon abhängt, ob der Empfänger der zu verwahrenden Sache eine Gegenleistung für den Vorteil erhält, den der Hinterleger durch die Übernahme der Verwahrung genießt. Kress, Allg. Schuldrecht S. 89ff. spricht von »gemischten Realkontrakten«. Begehrtes Gut ist eine Dauerleistung, die Überlassung des Gebrauches der Sache (Leihe), der Kapitalnutzung (Darlehen), der Obhut (Verwahrung). Die Verpflichtung zu dieser Leistung kommt aber erst zustande durch eine Realleistung, die Übertragung des Besitzes.

144) Über ihre Entwicklung und Abgrenzung s. Holdsw. III, 350ff., VII, 400ff., insbesondere 414—421.

145) Holdsw. III, 448.

Fällen gleich behandelt. Die Action of Assumpsit ist eine der vielen Unterarten der vielseitigen Action of Trespass on the Case. Die Bailment-Fälle, die mit zur Entstehung dieser Klageform Anlaß gegeben haben, werden, sobald die Verselbständigung der neuen Klage durchgreift, nicht mehr unter sie subsumiert, sondern nach wie vor unter die ihren deliktischen Charakter beibehaltende Action on the Case. Der Grund der Haftung wird in der nachlässigen Behandlung der fremden Sache gefunden, in der Negligence. Aber, Voraussetzung dafür, daß die »Nachlässigkeit« Grundlage für einen klagbaren Schadensersatzanspruch werden kann, ist, daß der bailee die sorgfältige Behandlung der Sache »auf sich genommen hatte«. Auch das Assumpsit gehört zum Tatbestand und so ist es kein Wunder, daß nach der Verselbständigung der Action of Special Assumpsit auch Bailment-Fälle darunter subsumiert werden. Da zu den Voraussetzungen dieser Klage eine Consideration gehört, so wird sie auch hier verlangt. Unter Consideration wird, der historischen Entwicklung des Begriffes gemäß, das Detriment verstanden, das dem Promissar aus dem Rechtsgeschäft entstanden ist. Ein solches Detriment zu finden, war nicht schwer in den Fällen, in denen die Überlassung eines Gegenstandes zur Nutzung durch den Empfänger erfolgt, also bei der Gebrauchsleihe, der Miete, dem Darlehen. Hier war klar, daß der Empfänger von dem Rechtsgeschäft einen Vorteil hatte und da in den typischen Fällen dem Detriment des Promissars ein Benefit des Promittenten entspricht, so wird in den Entscheidungen vielfach nur dieser Gesichtspunkt geprüft. Anders dagegen in den Fällen, in denen die Überlassung des Gegenstandes nach der Absicht der Parteien dem Interesse des Gebers dienen soll, also bei der Verwahrung, der Beförderung, der Bearbeitung. Hier von einem Detriment des Hinterlegers, Versenders, Bestellers und entsprechend von einem Benefit des anderen Teils zu sprechen, schien nur dann möglich, wenn ersterer ein Entgelt bezahlte, nicht aber, wenn die Leistungen unentgeltlich geschahen[146]). Kläger, die um etwa 1600 in derartigen Fällen versuchten, statt in Case in Special Assumpsit zu klagen, drangen daher nicht durch[147]).

---

146) Oder, wenn der Kläger unterlassen hatte, in der Klage die Entgeltlichkeit zu behaupten.

147) Vgl. Ames 133, Holdsw. III, 449. Aus dieser Auffassung unterschied das Gericht jeweils unter genauem Eingehen auf den Einzelfall zwischen Darlehen und Leihe einerseits, Verwahrung andererseits, so z. B.

Aber eine Entscheidung von 1624 leitet einen bemerkenswerten Umschwung ein[148]), der seine endgültige Bestätigung in Lord Holt's berühmter Entscheidung von 1703, Coggs v. Bernard[149]) findet.

Der Beklagte hatte unternommen, Branntweinfässer des Klägers zu befördern. Infolge Fahrlässigkeit lief eines der Fässer aus. Gegen die Schadenersatzklage wendet der Beklagte ein, der Kläger habe nicht behauptet, daß er ein Entgelt für die Beförderung bezahlt habe. In der Zurückweisung dieses Einwandes gehen Lord Holt und seine Richterkollegen auf die alten Fälle des Assumpsit wegen Mis-Feasance aus dem 15. Jahrhundert zurück, was im gegebenen Falle um deswillen besonders angezeigt erschien, weil die Klage nicht in Assumpsit sondern in Case erhoben war. Aber die Begründung stellt nicht auf die besondere Klageform ab, vielmehr bemüht sich Lord Holt allgemeine Rechtssätze für das materielle Rechtsinstitut des Bailment aufzustellen

---

Game v. Harvie (1603) Yelv. 50: Kläger hatte dem Beklagten ein Darlehen gegeben, das bei Kündigung rückzahlbar sein soll. Gegen Klage auf Rückzahlung wendet Beklagter Mangel der Consideration ein. Der Kläger habe nach dem Vertrage die Möglichkeit gehabt, unmittelbar nach der Hingabe des Darlehens die Rückzahlung zu verlangen; die Möglichkeit sei also vorhanden gewesen, daß der Beklagte aus dem Geschäft überhaupt keinen Vorteil habe, weil der Kläger mit der einen Hand sofort wieder hätte nehmen können, was er mit der anderen Hand gegeben. Das Gericht weist diesen spitzfindigen Einwand einstimmig zurück. Das Geschäft ist nach der vernünftigen Absicht der Parteien auszulegen. »Die Parteien beabsichtigten hier, daß der Beklagte die 30 £ als Geldsumme haben sollte und nicht als einzelne Geldstücke. Vereinbart war also, daß er von dem Geld Nutzen haben sollte. Wenn aber jemand dem J. S. einen versiegelten Sack Geld übergibt und der Empfänger verspricht, ihn auf Ersuchen zurückzugeben, so ist kein Assumpsit gegeben; denn hier hat der Empfänger kein Benefit.« Ähnlich Pickas v. Guile (1608) Yelv. 128: Verwahrung von Stoffen, Hinterleger klagt in Assumpsit auf Rückgabe, Beklagter wendet ein, er habe die Stoffe nicht benützen dürfen. »Dies sei doch viel eher eine Belastung als ein Vorteil.« Die Richter schließen sich dem einstimmig an und weisen die Klage ab.

148) Wheatley v. Low, Cro. Jac. 668. Kläger hat dem Beklagten eine Geldsumme übergeben mit dem Auftrag, sie unverzüglich seinem, des Klägers, Gläubiger auszuhändigen. Da Beklagter diesen Auftrag nicht sofort ausführt, wird Kläger von seinem Gläubiger in Anspruch genommen; er wendet sich nun seinerseits gegen den Beauftragten. Dieser wendet ein, seinem Versprechen stehe keine Consideration gegenüber. Aber dieser Einwand wird zurückgewiesen, »for, being that he accepted this money to deliver, and promised to deliver it, it is a good consideration to charge him«.

149) 2 Ld. Raym. 909.

und von der Aktionsform völlig abzusehen. So wird der Fall zum Leading Case des Bailment-Rechts. Auf Grund der alten Präjudizien kommt Holt zu dem Ergebnis, daß ein Schadenersatzanspruch stets dann gegeben sei, wenn jemandem, der versprochen habe, mit einer Sache in bestimmter Weise zu verfahren, die Sache anvertraut worden und die Sache durch das Verhalten des Beklagten verloren gegangen oder beschädigt worden sei. Dagegen hält er nach wie vor daran fest, daß aus dem Versprechen, eine Sache in Verwahrung zu nehmen oder sie zu befördern oder mit ihr in sonstiger Weise zu verfahren, nur dann geklagt werden könne, wenn für dieses Versprechen ein Entgelt geleistet oder versprochen sei.

Mit dieser Entscheidung wird der bis dahin eindeutige Begriff der Consideration verschoben. Das Detriment des Promissars soll darin liegen, daß er die Sache dem Promittenten anvertraut, daß er ihm »sein Vertrauen gegeben hat«[150]).

Die Haftung des Bailee kommt also in diesen Fällen nicht durch den Konsens der Parteien zustande sondern erst re; gleichzeitig ist jeglicher Realkontrakt klagbar geworden.

b) Lord Holt wollte in Coggs v. Bernard die in verschiedenen Punkten unklare Lehre von den Bailments systematisch klarstellen. Über Bracton indirekt romanistisch beeinflußt unterscheidet er fünf Kategorien: depositum, commodatum, locatio conductio, vadium (d. h. pignus), mandatum. Unter diesem letzteren Falle versteht er die Übergabe einer Sache zur Beförderung oder sonstigen Behandlung. Auch diesen Ausdruck verwendet er im Sinne eines Realkontrakts[151]). Der Gebrauch des Ausdrucks

[150]) »It is objected, that there is no consideration to ground this promise upon, and therefore the undertaking is nudum pactum. But to this I answer, that the owners trusting him with the goods is a sufficient consideration to oblige him to a careful management. Indeed if the agreement had been executory, to carry these brandies from one place to the other such a day, the defendant had not been bound to carry them. But this is a different case, for assumpsit does not only signify a future agreement, but in such a case as this it signifies an actual entry upon the thing and taking the trust upon himself. And if a man will do that, and miscarries in the performance of his trust, an action will lie against him for that, though nobody would have compelled him to do the thing.«

[151]) D. h. also, daß der Beauftragte erst haftet, wenn der zur Ausführung der Geschäftsbesorgung erforderliche Gegenstand dem Verpflichteten überlassen ist. Kress, Lehrbuch des allg. Schuldrechts S. 90 weist im Rahmen der Darstellung des deutschen bürgerlichen Rechts darauf hin, daß der reale Abschluß bei unentgeltlichen Verträgen dem Willen der Parteien in der Regel besser entspreche als der konsensuale. »Unentgeltliche Vereinbarungen haben Gefälligkeitscharakter, sind in der Regel nicht bin-

hat aber in der modernen amerikanischen Theorie und Praxis zu der Auffassung Anlaß gegeben, daß Schadensersatzansprüche gegen den Mandatar auch dann gegeben seien, wenn der Auftrag sich nicht auf die Beförderung oder sonstige Behandlung einer Sache bezieht. Diese Erweiterung ist allerdings auf lebhaften Widerspruch gestoßen und, wenn auch manche Entscheidungen sie sich zu eigen machen, so hat sie sich doch nicht als herrschende Meinung durchgesetzt[152]). Im allgemeinen suchen die Gerichte immer ein bailment, an das sie das Undertaking anhängen können, wobei allerdings eine Erweiterung insofern stattfindet, als der Auftrag nicht mehr unmittelbar eine Behandlung der Sache zum Gegenstand haben muß, daß es vielmehr ausreicht, wenn er sich auf die in bailment gegebene Sache bezieht. So hat in der viel erörterten Entscheidung Siegel v. Spear[153]) der New Yorker Appellhof einen angeblichen Verwahrer für haftbar erklärt, der auftragswidrig versäumt hatte, die in Verwahrung gegebene Sache zu versichern. Das Gericht behandelte diesen Fall nicht als (unklagbare) non-feasance, sondern als (klagbare) misfeasance im Laufe eines bailment. Liegt überhaupt kein bailment vor, so wird, im Anschluß an die Entscheidung des Kanzlers Kent in Thorne v. Deas[154]) die Haftung des Mandanten verneint. Aus England sind Präjudizien, in denen die Erweiterung der Mandatarhaftung über den Fall des bailment hinaus versucht worden wäre, nicht bekannt.

c) In der deutschen Theorie herrscht Streit über die recht-

dend gemeint, und sollen erst durch den Realakt — welcher wirtschaftliche Beziehungen unter den Parteien auslöst und somit auch rechtliche erforderlich macht — zum bindenden Vertrage erhoben werden; das gilt von der Leihe und der Verwahrung, aber auch vom Auftrag, welcher im Verkehr wohl ebenso häufig wie Leihe und Verwahrung als Realkontrakt abgeschlossen wird. Bei entgeltlichen Verträgen dagegen tritt der Ernst der Bindung an die Beteiligten schon bei der Vereinbarung des Entgelts heran.« Diesen Ausführungen liegt der gleiche Gedanke zugrunde wie der ganzen englischen Consideration-Lehre: Das unentgeltliche Versprechen ist in der Regel eine Gefälligkeit, für die keine rechtliche Bindung begründet werden soll.

[152]) Zu der Streitfrage vgl. Js. H. Beale Jun. Gratuitous Undertakings, 5 Harv. L. R. 222; N. F. Arterburn 22 Ill. L. Rev. 161.

[153]) (1923) 234 N. Y. 479. Vgl. dazu Monahan, 9 Cornell L. Q. 54, eine anonyme Note in 23 Col. L. Rev. 573 und 22 Mich. L. Rev. 64.

[154]) (1809) N. Y. 4 Johns. 84: Ein Miteigentümer eines Schiffes hatte versprochen die Versicherung zu besorgen. Schiff geht unter. Klage der anderen Miteigentümer auf Schadenersatz abgewiesen, da reine nonfeasance.

liche Natur eines Vertrages, in dem eine Geldsumme als Darlehen versprochen wird. In Erinnerung daran, daß das gemeine Recht das Darlehen nur als Realkontrakt kannte, wird ein solcher Vertrag vielfach als ein auf Abschluß eines (realen) Darlehensvertrages gerichteter Vorvertrag aufgefaßt, als pactum de mutuo dando. Demgegenüber wird mit Recht darauf hingewiesen, daß nach heutigem Recht nichts entgegensteht, ein Darlehen auch als Konsensualvertrag abzuschließen, derart, daß die Parteien sich darüber einigen, daß der eine Teil dem anderen ein Kapital als Darlehen überlassen soll[155]).

Für das Common Law mußten sich bei einer Auffassung des auf darlehensweise Überlassung von Geld gerichteten Vertrages (Krediteröffnung, Anleihezeichnung!) als Vorvertrag Schwierigkeiten aus der Considerationlehre ergeben. Bei einer derartigen Auffassung wäre eine Consideration nur dann vorhanden, wenn für das Versprechen der Darlehensgewährung als solche ein Entgelt versprochen oder gewährt wird, etwa in Form einer Bereitstellungsprovision. Die Praxis hat aber diese Schwierigkeit intuitiv vermieden und, natürlich unbewußt, den Vertrag als Konsensualkontrakt konstruierend, eine Consideration dann gefunden, wenn der Darlehensnehmer irgendein Detriment geleistet oder versprochen hat, wobei als Detriment nicht nur ein in einem Zins- oder Provisionsversprechen liegendes Entgelt betrachtet wird[156]), sondern auch ein für das zu gewährende Darlehen vorgenommenes Sicherungsgeschäft wie Hingabe eines Wechsels[157]), Bestellung einer Hypothek oder sonstiger Sicherheiten[158]).

3. Vom Falle der Schenkung abgesehen, können im deutschen bürgerlichen Recht gemäß dem Grundsatze der schuldrechtlichen Vertragsfreiheit einseitig verpflichtende Verträge jederzeit formlos abgeschlossen werden. Im Common Law ist dies nicht möglich. Soll eine Verpflichtung zu einer Leistung (durch simple contract) begründet werden, so muß ihr immer

---

[155]) Vgl. insbes. Kress S. 97 (mit Nachweisen über die Literatur). Mit Recht weist Kress darauf hin, daß das Darlehen nur ein (praktisch besonders wichtiger) Einzelfall des umfassenderen Problems des »Vorvertrags zu Realkontrakten« ist. Zu dem Problem vgl. auch Capitant, De la Cause des obligations 3. A. (1927) S. 57, der das Darlehen immer als Konsensualkontrakt betrachten will.

[156]) Halsbury 1, 630.

[157]) Murphy v. Hanna, 164 N. W. 32 (N. D.).

[158]) Vgl. Fleming v. Bank of New-Zealand [1900] A. C. 577, 586, P. C.

eine — bereits erbrachte oder erst versprochene — Leistung des anderen Teils gegenüber stehen. Wie sich dies in einer Reihe wichtiger Fälle auswirkt, bedarf noch einer kurzen Darstellung.

a) Die Bürgschaft ist nach der Konstruktion des BGB[159]) ein rein einseitig verpflichtender Vertrag zwischen dem Gläubiger und dem Bürgen. Im Common Law kann eine Bürgschaftsverpflichtung wirksam nur begründet werden, wenn der Verpflichtung des Bürgen eine Leistung oder ein Leistungsversprechen gegenüber stehen[160]). Daß die Leistung nicht an den Bürgen selbst erfolgen muß, ergibt sich aus dem allgemein anerkannten Satze, daß die Consideration nur in einem Detriment des Promissars zu bestehen braucht, nicht auch in einem Benefit des Promittenten. Eine ausreichende Consideration ist daher dann gegeben, wenn die Bürgschaft im unmittelbaren Zusammenhang mit der Begründung der Hauptforderung übernommen wird. Die Kreditgewährung an den Hauptschuldner ist die Consideration für die Verpflichtung des Bürgen. Für eine bereits bestehende Forderung kann eine Bürgschaft wirksam nur dann begründet werden, wenn der Gläubiger dafür eine neue belastende Verpflichtung oder Leistung übernimmt, z. B. Gewährung eines Zusatzkredites, eine Stundung, Unterlassung einer angedrohten Rechtsverfolgung oder ähnliches.

Die Praxis, die begreiflicherweise davor zurückschreckt, wirtschaftlich berechtigte Verträge für ungültig zu erklären, ist bei der Suche nach einer Consideration gerade in Bürgschaftsfällen besonders findig[161]). So genügt es, daß bei der Bürgschaftsbegründung die Gewährung eines Zusatzkredites lediglich in Aussicht genommen wird, ohne daß darüber bereits eine bindende Vereinbarung getroffen ist[162]). Amerikanische Gerichte sind noch weiter gegangen: Hat der Schuldner bei Aufnahme des

---

[159]) § 765ff.

[160]) Zur Consideration bei der Bürgschaft vgl. Rowlatt, The Law of Principal and Surety, 2. A. (1926) S. 12—28; N. N. Consideration for Guaranties. 69 L. J. (1930) 40; F. H. Childs' Handbook of the Law of Suretyship and Guaranty, St. Paul, Minn., 1907, S. 49—59; E. C. Arnold, Outlines of Suretyship and Guaranty, Chicago 1927, S. 40—42; Ernst Schuster, in Buschs Archiv 46, 171; Gustav Hartmann in Arch. f. z. Pr. 77, 226.

[161]) Rowlatt a. a. O. S. 27 bringt die einschlägigen Fälle unter der bezeichnenden Überschrift »Ut res magis valeat quam pereat«.

[162]) Edwards v. Jevones, 8 C. B. 436; Broom v. Batchelor, 1 H. & N. 255; Wood v. Priestner, L. R. 2 Ex. 282; Mocket v. Ames, 23 L. T. R. 729.

Kredits versprochen, auf Verlangen des Gläubigers jederzeit einen tauglichen Bürgen zu stellen, so ist die Bürgschaft für gültig erklärt worden, auch wenn bei ihrer Begründung der Gläubiger keine neuen Verpflichtungen übernimmt[163]). Bei dieser Einstellung der Gerichte werden Fälle, in denen bei einer Bürgschaft keine Consideration gefunden werden kann, praktisch kaum vorkommen.

b) Anders als im deutschen bürgerlichen Recht[164]) kennt das Common Law, ähnlich dem französischen Recht und der gemeinrechtlichen Praxis, keine bindende Wirkung eines Vertragsantrages, d. h. das Angebot kann, solange es nicht angenommen ist, jederzeit widerrufen werden. Dieser Satz wird auf die Consideration-Lehre gestützt. Die Offerte wird nicht als Erklärung besonderer Art betrachtet, sondern als ein Versprechen. Da diesem die Consideration fehlt, kann es keine bindenden Wirkungen erzeugen, selbst wenn es sich ausdrücklich als unwiderruflich bezeichnet[165]). Praktisch kann daher eine Bindung nur in der Form eines entgeltlichen Optionsvertrags oder durch Abgabe der Offerte in Form einer gesiegelten Urkunde herbeigeführt werden[166]).

Auf einer entsprechenden Auffassung beruht im Common Law die Konstruktion der Auslobung. Sie ist ein Versprechen, das mangels Consideration bis zur Vornahme der Handlung, für welche die Belohnung ausgesetzt ist, widerrufen werden kann[167]).

---

[163]) Pauly v. Murray (1895) 110 Cal. 13, 42 Pac. 313; Mc Naught v. Mc Claughry (1870) 42 N. Y. 22, 1 Am. Rep. 487.

[164]) BGB § 145.

[165]) Jenks §§ 192, 195, Anson 32; Williston I, 94; vgl. auch Hartmann, Arch. f. z. Pr. 77, 215. Lehrreich ist der südafrikanische Fall Conradi v. Rossouw, S. Afr. L. Rep. (1919) App. Div. 279. Die Parteien hatten einen Optionsvertrag über eine Farm geschlossen, der Beklagte widerrief. Die Unterinstanzen der Kap-Kolonie hatten die Schadenersatzklage des Käufers abgewiesen, da für die Einräumung des Optionsrechts keine Consideration vereinbart worden sei. Die App. Div. hebt auf. Sie erklärt, die englische Consideration-Lehre sei kein Bestandteil des in Südafrika geltenden römisch-holländischen Rechts. Dieses Recht erfordere keine Consideration; die bis dahin von den Gerichten der Kap-Kolonie vorgenommene Gleichsetzung der englischen Consideration mit der römischen causa sei irrtümlich.

[166]) Auch in diesem Falle bedeutet die »Bindung« nicht, daß ein Vertragsangebot offengehalten wird. Nach allgemeinen Grundsätzen des Common Law kann ein derartiges Verhältnis vielmehr nur aufgefaßt werden als Vorvertrag, aus dem bei Nichtabschluß des vorgesehenen Vertrages ein Anspruch auf Schadenersatz in Geld resultiert. Dickinson v. Dodds (1876) 2 Ch. D. 463. Gleiches gilt von der Einräumung eines Vorkaufsrechts. Vgl. Payne v. Cave, 3 T. R. 148.

[167]) Pollock 23, Shuey v. United States (1875) 92 U. S. 73.

Insofern stimmt das Ergebnis mit der Lösung des deutschen BGB überein[168]). Aber im Gegensatz zum deutschen Recht[169]) muß die Handlung »mit Rücksicht auf die Auslobung« vorgenommen worden sein, da anderenfalls im Rahmen der englischen Auffassung weder eine Willenseinigung noch eine Consideration vorliegen könnte[170]). Die englische und noch mehr die amerikanische Praxis haben sich aber nicht immer an diese Auffassung gehalten. Sie haben Ansprüchen auf Belohnung auch dann stattgegeben, wenn die Handlung zwar in Kenntnis der Auslobung, aber nicht mit Rücksicht auf sie, sondern aus anderen Motiven vorgenommen wurde[171]) und sogar darüber noch hinausgehend in Fällen, in denen die Handlung in Unkenntnis der Auslobung erbracht wurde[172]).

4. Die vergleichende Betrachtung ergibt, daß die beiden Begriffe Consideration und Entgelt sich trotz Übereinstimmung in wesentlichen Zügen nicht vollständig decken. Jedes Entgelt ist Consideration, aber nicht jede Consideration ist Entgelt. Entgelt ist diejenige Leistung, die sich nach der Vorstellung der Parteien als wirtschaftliches Äquivalent einer anderen Leistung darstellt. Consideration ist eine Leistung oder ein Leistungsversprechen, »im Hinblick auf welches« eine andere Leistung versprochen wird. Daher kann eine lediglich zur Sicherung der versprochenen Leistung vorgenommene Leistung des anderen Teils Consideration sein (z. B. Hypothekbestellung als Consideration eines Darlehensversprechens). Consideration ist weiter jede Realleistung, durch die nach dem Willen der Parteien Verpflichtungen des Empfängers begründet werden sollen, daher auch solche Be-

---

168) § 658.

169) § 657.

170) Vgl. Anson 19; Pollock 22, 24.

171) Williams v. Carwardine (1833) 4 B. & Ad. 621: Aussetzung einer Belohnung für Ergreifung eines Mörders. Klägerin gibt Informationen, die zur Ergreifung führen, aber, wie die Geschworenen feststellen, nicht in der Absicht, die Belohnung zu erhalten, sondern aus anderen Motiven. Dem Anspruch auf Belohnung wird stattgegeben. Die Begründung der Entscheidung ist allerdings so dürftig, daß weitergehende Schlüsse aus ihr kaum gezogen werden können.

172) Gibbons v. Proctor (1891) 64 L. T. R. 594: Information für welche die Belohnung ausgesetzt wird, erfolgt, bevor die Auslobung veröffentlicht ist. Pollock bemerkt (S. 23), der Fall könne sicherlich nicht so rechtens sein, wie er berichtet ist.

Über die amerikanische Praxis siehe Anson-Corbin 30 Note 1; Corbin in 26 Yale L. J. 182; O'Brien, Note zu Smith v. State (1915 Nev.) 151 Pac. 512 in 1 Cornell L. Q. 92 und eine anonyme Note zum gleichen Falle 29 Harv. L. R. 220.

sitzübertragungen, auf welche die Kategorien »entgeltlich — unentgeltlich« gar nicht passen, nämlich Besitzübertragungen, die sich als Voraussetzung für eine vom Empfänger zu erbringende Leistung (wie Verwahrung, Beförderung, Bearbeitung) darstellen. In diesen Fällen die Besitzübertragung als Detriment zu bezeichnen, ist gekünstelt. Soll die Definition der Consideration als Detriment aufrechterhalten bleiben, so wäre es besser diese Fälle als Ausnahmen zu bezeichnen, als Entstehung von Verpflichtungen ohne Consideration. Die übliche Terminologie des Common Law tut dies aber nicht. Sie hält daran fest, all die Umstände, die aus dem nudum pactum ein klagbares pactum vestitum, einen contract, entstehen lassen, als Consideration zu bezeichnen, und so nimmt sie auch die Inkonsequenz in Kauf, eine Besitzübertragung, die lediglich den Interessen des Leistenden dient, Detriment zu nennen[173]).

II. 1. Die Consideration des Common Law ist vielfach in Beziehung gesetzt worden zu dem römischrechtlichen Begriff der causa und der daraus abgeleiteten cause und verwandten Begriffen des Civil Law. Frühere angelsächsische Autoren haben geglaubt, die beiden Begriffe einander gleichsetzen zu können[174]). Jenks[175]) bezeichnet eine solche Gleichstellung der Begriffe mit Recht als »unwissenschaftlich und irreführend«. Die Begriffe haben zwar gewisse Ähnlichkeiten und Berührungspunkte, aber in ihrem Inhalt und in ihren Funktionen sind sie doch in wesentlichen Beziehungen verschieden[176]).

---

[173]) Um solche Inkonsequenzen zu vermeiden, versucht das Restatem. den Ausdruck Detriment ganz zu vermeiden. Es verzichtet damit auf eine einheitliche Definition der Consideration zugunsten einer kasuistischen Aufzählung. Vgl. Sect. 75 und den zugehörigen Kommentar.

[174]) So Blackstone, Com. II, Ch. 30; Evans, Pothier on Obligations, Philadelphia 1826 I, 22; Hunter, Roman Law (1876) 316, 362, 374, 417; Maine, Ancient Law, New ed. (1930) 360.

[175]) History of Consideration S. 28.

[176]) Zu dem Verhältnis zwischen Causa und Consideration vgl. E. G. Lorenzen. Causa and Consideration in the Law of Contracts. 28 Yale L. J. 621—646; Rob. Neuner, Abstrakte und kausale Übereignung beweglicher Sachen. Rhein. Z. f. Zivil- und Prozeßrecht 14 (1926) 9ff., insbesondere 31—47; F. P. Walton, Cause and Consideration in Contracts. 41 L. Q. R. (1925) 306—328; auch Walton, Egyptian Law of Obligations, 2d. Ed. 1923 I, 117.

Von aktueller Bedeutung ist der Unterschied zwischen Causa and Consideration für das römisch-holländische Recht Südafrikas und Ceylons. Vgl. dazu Kotzé, Causa in the Roman and Roman-Dutch Law of Contract. Cape-Town 1922; G. T. Morice, English and Roman-Dutch Law. 2d Ed. Grahamstown 1905 S. 79; Maasdorp, The Institutes of

In den römischen Quellen erscheint das Wort Causa in mannigfach verschiedenen Bedeutungen. Für die spätere Entwicklung der Causa-Lehre ist am wichtigsten die Verwendung des Wortes zur Bezeichnung derjenigen besonderen Umstände, die zum bloßen Consens hinzutreten müssen, um die Klagbarkeit zu bewirken[177]), sodann die Verwendung im Zusammenhang mit der Lehre von den Condiktionen. Der für das römische Recht nur historisch verständliche Satz, daß nicht jede Vereinbarung ein Klagerecht, eine actio erzeuge, sondern nur Vereinbarungen bestimmter typischer Art — die vier bekannten Gruppen der Verbal-, Litteral-, Real-, und der benannten Konsensualkontrakte, sowie hinzutretend die pacta legitima, adiecta und praetoria, sowie die Innominatrealkontrakte — schleppt sich durch die Romanistik des Mittelalters bis tief in die Neuzeit und die verschiedenen, in ihrem Wesen recht heterogenen Momente, die die Klagbarkeit einer conventio begründet erscheinen lassen, werden von den Glossatoren und ihren Nachfolgern unter dem Ausdruck civilis causa contractus zusammengefaßt. Die Vereinbarung selbst, das nudum pactum, ist unklagbar, erst der Hinzutritt einer causa, eines vestimentum, läßt es zum klagbaren contractus werden. Der neuere, zuerst von den Kanonisten betonte, dann von der Praxis aufgegriffene und später vom Naturrecht postulierte Grundsatz der obligationenrechtlichen Vertragsfreiheit tritt zu dieser überkommenen Theorie in Widerspruch, den man — scheinbar — dadurch überbrückt, daß man, unter Festhalten am alten Sprachgebrauch, dem Worte Causa einen anderen Sinn unterlegt, für den man eine Stütze in dem Gebrauch des Wortes in der römischen Condictionenlehre findet. So wird für die Kanonisten das Wort Causa zur Bezeichnung des von den Parteien mit ihrer Vereinbarung verfolgten Zweckes, zur causa finalis. Jeder Vertrag, dem eine justa causa zugrunde liegt, das

---

Cape Law, Buch III, Teil 1, 36. Unter dem starken englischen Einfluß in der Schulung der südafrikanischen Juristen haben die Richter der Kap-Kolonie lange Zeit angenommen, daß Consideration and Causa gleichbedeutende Begriffe seien. So zuerst De Villiers, C. J. in Alexander v. Perry (1874) 2 Buch. 59. Die Gerichte der übrigen südafrikanischen Gebiete haben diese Praxis nicht mitgemacht und 1919 hat der oberste südafrikanische Gerichtshof die Gleichsetzung in der bereits erwähnten Entscheidung Conradie v. Rossouw S. Afr. L. R. (1919) App. Div. 279 endgültig abgelehnt. Für das römisch-holländische Recht von Ceylon wird der Unterschied zwischen Causa und Consideration klar aufgestellt in der Entscheidung des P. C. in Sachen Jayawickreme v. Amarasuriya [1918] A. C. 869; 119 L. T. R. 449.

[177]) Vgl. D. 2, 14, 7, 4.

heißt ein billigenswertes Motiv, ist nach dieser, allmählich auch von den Zivilisten übernommenen Auffassung klagbar. Und eine justa causa liegt stets dann vor, wenn der Zweck nicht verwerflich, nicht mißbilligenswert oder verboten ist. Damit wird allgemein der Innominat-Konsensualvertrag klagbar, auch das reine Schenkungsversprechen, besonders wenn es »auf moralischen Erwägungen« beruht. Praktisch bedeutet das die Anerkennung der schuldrechtlichen Vertragsfreiheit. In Frankreich wird dieses Ergebnis dadurch verdunkelt, daß Domat am alten Sprachgebrauch festhaltend, unter den Voraussetzungen der rechtlichen Verbindlichkeit des Vertrages die cause anführt und von da gelangt der Cause-Begriff über Pothier in den Code civil und die ihm nachgebildeten modernen Gesetze[178]), wo sie zum Schmerzenskind der obligationenrechtlichen Dogmatik geworden ist. Welchen Sinn dieser Cause-Begriff habe, gehört zu den meistumstrittenen Fragen des französischen Rechts. Die meisten Schriftsteller wissen nichts Rechtes mit ihm anzufangen. So versucht man, recht verschiedene Dinge aus ihm abzuleiten wie z. B. die Nichtigkeit eines gegen das Gesetz oder gegen die guten Sitten verstoßenden Vertrages (cause illicite) oder den Unterschied des nichternstlich oder nicht bindend gemeinten Versprechens vom rechtlich bindenden[179]). Mit Recht betont demgegenüber die Schule der Anticausalistes[180]), daß alle diejenigen Erscheinungen, zu deren Erklärung die Causalistes die Causa heranziehen, aus anderen Grundsätzen ableitbar seien, und daß der Begriff der causa eine scholastische Zusammenfassung nicht zusammengehöriger Dinge darstelle, welche die Einsicht nicht fördere, sondern erschwere[181]). Wenn diesen Kritikern gegenüber Capitant neuerdings die Bedeutung der cause betonen und systematisch erfassen will, so gibt er damit, wie Neuner nachweist[182]), eine allgemeine Theorie von der Rolle des Zwecks im Obligationenrecht um »geradezu das ganze Schuldrecht darauf aufzubauen«.

---

178) Über die geschichtliche Entwicklung vgl. Capitant, De la Cause des Obligations, 3e Ed. 1927 p. 92ff.; Chevrier, L'Histoire de la Cause des Obligations, 1929; L. Seuffert, Zur Geschichte der obligatorischen Verträge, Nördlingen 1881; Kotzé a. a. O.

179) So auch für das römisch-holländische Recht Kotzé a. a. O. S. 51.

180) Hervorragendster Vertreter Planiol, Traité élémentaire de Droit civil. II, n. 1037ff.

181) Zu diesem Ergebnis kommen auch die Kritiken von Lorenzen a. a. O. und Walton a. a. O.

182) a. a. O. 37.

2. Das Gemeine Recht Deutschlands hat den Grundsatz der schuldrechtlichen Vertragsfreiheit früher und folgerichtiger durchgeführt als das französische Recht. Im geltenden deutschen Recht erscheint die Causa nicht mehr unter den Voraussetzungen der vertraglichen Obligation: der ernstlich gemeinte Consens rechts- und geschäftsfähiger Parteien über ein erlaubtes Objekt genügt zur Begründung der obligatorischen Bindung. Nur für wenige besondere Fälle sind Formvorschriften vorgesehen. Wenn die deutsche Rechtstheorie trotzdem noch von der Causa einer obligatorischen Verpflichtung spricht, so versteht sie darunter den anderen, aus der römischen Condictionenlehre abgeleiteten Begriff der Causa als »rechtlichen Grund« einer Zuwendung, worunter die zum Inhalt des Vertrages erhobenen, übereinstimmenden Motive der Parteien — bei einseitigen Willenserklärungen der erklärte Wille der einen Partei — zu verstehen sind[183]). Die herrschende Meinung versteht unter Causa nur den »nächsten Zweck«. — Dieser Begriff deckt sich aber mit dem sogenannten »typischen Zweck«; so die Einigung für die eigene Zuwendung eine andere einzutauschen (causa permutandi), insbesondere einen obligatorischen Anspruch (causa credendi), den Zweck eine Forderung zu erfüllen (causa solvendi) oder ihre Erfüllung zu sichern (causa cavendi), den Zweck eine Schenkung zu machen (causa donandi)[184]). Der Sprachgebrauch des BGB. versteht unter dem »rechtlichen Grund« nur diese typischen Zwecke. Werden andere, nicht typische Motive der Parteien zum Inhalt des Rechtsgeschäfts erhoben, so spricht das Gesetz von dem »mit der Leistung nach dem Inhalt des Rechtsgeschäftes bezweckten Erfolg«[185]). Dieser Sprachgebrauch erklärt sich daraus, daß der historischen Herkunft nach unter Causa der einer Zuwendung zugrunde liegende Nominatkontrakt verstanden wurde, also die typische Zweckvereinbarung. Qualitativ kann aber die Vereinbarung über einen atypischen Zweck nicht anders behandelt werden, als die Vereinbarung über einen typischen Zweck. Die Art des vereinbarten Zwecks hat, sofern er nur erlaubt ist und nicht gegen die guten Sitten verstößt, auf die Gültigkeit der Zuwendung keinen Einfluß. Nach dem Grund-

---

[183]) Vgl. darüber im einzelnen Enneccerus, Lehrbuch des bürgerlichen Rechts I, 1 (30.—34. Auflage) 362; Kress, Allgemeines Schuldrecht 35ff.; Leonhard, Allgemeines Schuldrecht des BGB. 378ff.; Titze, Recht der Schuldverhältnisse 2. Aufl. 33ff.

[184]) Von manchen rein negativ definiert als Abwesenheit einer anderen Causa.

[185]) Vgl. § 812 I, 2.

satz der Vertragsfreiheit kann für eine in einem Schuldversprechen bestehende Zuwendung jegliche Zweckvereinbarung Causa sein.

3. Eine Zuwendung kommt praktisch ohne Zweck nicht vor und die Rechtsordnungen tragen, sobald sie über die Stufen erster Primitivität hinausgekommen sind, diesem Umstande dadurch Rechnung, daß sie die rechtliche Wirksamkeit der Zuwendung — einer Verfügung oder einer Forderungsbegründung — von der Gültigkeit der Zweckvereinbarung abhängen lassen, sei es, daß die Zuwendung ohne gültige Zweckvereinbarung nichtig ist, sei es, daß die gültige Zuwendung wegen mangelnden rechtlichen Grundes wieder rückgängig gemacht werden kann. Bei der Zuwendung durch Forderungsbegründung entspricht die erstere Form der gewöhnlichen Lebensauffassung. Die ohne gültige Causa eingegangene Obligation ist rechtlich nicht verbindlich. Bei entwickelter Wirtschaft, insbesondere im kaufmännischen Verkehr, entsteht aber das Bedürfnis nach einer Lockerung des Verhältnisses zwischen Verpflichtungsbegründung und Causa. Eine solche, den Interessen des Gläubigers dienende Lockerung ist in verschiedenen Graden möglich. Während im Regelfall des »kausalen« Schuldverhältnisses eine gültige Causa zum Klagegrund gehört, vom Gläubiger-Kläger also behauptet und bewiesen werden muß, kann prozeßrechtlich die Lage des Gläubigers dadurch erleichtert werden, daß ihm die Behauptungslast für die Causa abgenommen wird. Eine gültige Causa wird bei dieser Ausgestaltung solange vermutet, als der Schuldner nicht ihren Mangel behauptet. Dann allerdings tritt die Beweispflicht des Gläubigers ein. Diese unterste Stufe der Lockerung — Umkehrung der Behauptungslast — findet sich z. B. in der Konstitution Caracallas über die Querela non numeratae pecuniae[186]). Bei einem etwas stärkeren Grade der Lockerung wird dem Schuldner, der den Mangel der Causa geltend machen will, nicht nur die Behauptungs-, sondern auch die Beweislast auferlegt: so z. B. beim Billet non causé nach Art. 1132 des französischen Code civil[187]). Noch weitergehend legt das deutsche Recht dem abstrakten Schuldversprechen materiellrechtliche Gültigkeit bei ohne Rücksicht auf die Gültigkeit der Causalvereinbarung. Aber bei deren Mangel kann der Schuldner sein gültiges Versprechen kondizieren. Er hat gegen den Gläubiger

186) C. 4, 30, 13.

187) Vgl. Planiol, II, n. 1043, 1044; Alexandresco, Du Billet non causé. Thèse Paris 1912.

einen Liberationsanspruch[188]), der sich indirekt als dauernde Einrede auswirkt[189]). Schließlich kann die Abstrahierung auch soweit getrieben werden, daß der Schuldner aus seinem Versprechen unbedingt haftet, ohne Rücksicht auf Mängel der Causa. Dieser höchste Grad der Abstraktheit findet sich nur bei zirkulationsfähigen Papieren, insbesondere beim Wechsel im Verhältnis zwischen Schuldner und gutgläubigen Nehmern. Ein Ausgleich wird allerdings auch hier versucht, aber nicht unmittelbar im Verhältnis zwischen Gläubiger und Schuldner, sondern im Verhältnis zwischen dem Wechselschuldner und demjenigen, mit dem er in einem »persönlichen Rechtsverhältnis« steht.

4. Im Common Law scheint die Considerationlehre einer Abstrahierung des Schuldverhältnisses entgegen zu stehen, mindestens, soweit es nicht in gesiegelter Urkunde begründet wird; denn Schuldversprechen (Promise) und Consideration müssen ja zu einem einheitlichen Rechtsgeschäft verbunden sein. Daraus ergibt sich, daß die Consideration vom Gläubiger-Kläger auch behauptet und bewiesen werden muß. Aber zwingende Rücksichten auf den Wirtschaftsverkehr haben auch hier zu einer Durchbrechung dieses Grundsatzes geführt und gewisse Lockerungen des Verhältnisses zwischen Promise und Consideration zugelassen.

a) Zur Umkehrung der Behauptungs- und Beweislast besitzt das Common Law ein einfaches Mittel in dem Rechtsinstitut des sogenannten Account stated. Haupt- und Urfall ist die Saldoanerkennung bei gegenseitigen Kontokorrentansprüchen. Der Saldogläubiger braucht nicht auf die einzelnen Posten und ihren Rechtsgrund zurückzugehen, es genügt, daß er sich auf die Abrechnung beruft. Die Anwendung geht aber über diesen Fall hinaus. Von Account stated spricht man auch, wenn Ansprüche, die nur auf einer Seite bestehen, vom Schuldner anerkannt werden, ja sogar dann, wenn der Schuldner nur einen einzigen bestimmten Anspruch anerkennt[190]).

Im einzelnen ist hier vieles unklar. In den Lehr- und Hand-

---

188) BGB § 812 II.

189) § 821. Eine Ausnahme von dieser allgemeinen Regel bilden die Bestimmungen der §§ 518 I, 2, 656 II, 762 II, die dem Schuldner nicht nur eine condictio geben, sondern eine auf die Ungültigkeit des abstrakten Versprechens gestützte Einrede. In diesen besonderen Fällen hat sich auch das deutsche BGB der zweiten Stufe — Umkehrung der Beweislast — angeschlossen.

190) Tucker v. Barrow, 7 B. C. 623; Lemere v. Elliot 6 H. & N. 656; Buck v. Hurst, L. R. 1 C. P. 297.

büchern des Vertragsrecht wird der Account stated überhaupt nicht behandelt — eine Ausnahme macht nur das große amerikanische Werk von Williston[191]). Fest steht, daß nur eine bereits rechtsgültig begründete, fällige Verbindlichkeit auf diese Weise anerkannt werden kann; ob diese Verbindlichkeit eine Debt sein muß, das heißt eine ziffernmäßig fest bestimmte Geldschuld, oder ob auch Ansprüche anderer Art, insbesondere auf liquidierten Schadenersatz oder auf sonstige geldwerte Leistungen genügen, ist bestritten[192]). Williston meint, dieses früher als unerläßlich bezeichnete Erfordernis werde heute nicht mehr so streng genommen.

Darüber, wie der Account stated rechtlich zu konstruieren sei, bestehen zwei verschiedene Auffassungen, die nicht immer klar auseinandergehalten werden und die auch in sich selbst nicht logisch durchgeführt sind. Nach der einen, vielfach in Entscheidungen zu findenden, auch von Williston und in der Darstellung des amerikanischen Nachschlagewerkes Ruling Case Law[193]) vertretenen Auffassung ist der Account stated ein Vertrag, der eine neue, selbständige Verbindlichkeit begründet, eine Novation. Die Consideration für das neue Versprechen des Schuldners liegt in der Aufhebung des alten Schuldverhältnisses, auf das der Gläubiger nicht mehr zurückgreifen kann. Hat das alte Schuldverhältnis in Wahrheit nicht bestanden, so ist auch der neue Vertrag mangels Consideration nicht zustande gekommen. Abweichend von der allgemeinen Regel hat aber, dem Zweck des Geschäftes entsprechend, nicht der Gläubiger das Vorhandensein, sondern der Schuldner den Mangel der Consideration zu beweisen. Das heißt praktisch, der Schuldner kann darlegen, daß die anerkannte Verbindlichkeit nicht bestanden hat. Diese Konstruktion wird aber nicht überall konsequent durchgeführt und vielfach begegnet eine Ausdrucksweise, die darauf hindeutet, daß der neue Vertrag als unbedingt gültig anerkannt wird und daß dem Schuldner nur überlassen bleibt, ihn wegen Irrtums über das Bestehen einer vorgängigen

---

[191]) III, S. 3185ff.

[192]) Williston, III, 3186. Der für den Satz, ein Account stated setze eine Debt due voraus, üblicherweise zitierte Fall Lubbock v. Tribe, 3 M. & W. 607, erscheint nicht unbedingt geeignet, diesen Satz zu stützen. Daß in diesem Fall die aus Account stated erhobene Klage abgewiesen wurde, scheint in Wahrheit darauf zu beruhen, daß der Richter zweifelte, ob die Äußerung des Schuldners überhaupt als Anerkenntnis aufzufassen sei und nicht nur als eine Wiederholung des Leistungsversprechens ohne Anerkennungscharakter.

[193]) I, 212.

Verbindlichkeit anzufechten, so insbesondere beim Irrtum über einzelne Kontokorrentposten. Diese Auffassung leitet sich wohl daraus ab, daß das Anerkenntnis einer verjährten oder einer nach dem Statute of Frauds wegen Formmangels unklagbaren Debt allgemein als bindend anerkannt wird[194]).

Nach der zweiten Auffassung ist der Account stated nicht viel mehr als eine Beweisvereinbarung. Klagegrund bleibt die alte Verbindlichkeit; das Anerkenntnis bewirkt nur, daß statt einer Beweispflicht des Gläubigers für das Bestehen der Forderung eine Beweispflicht des Schuldners für ihr Nichtbestehen begründet wird.

Eine vermittelnde Auffassung geht dahin, sowohl die Begründung eines neuen selbständigen Klagegrundes wie die bloße Beweisvereinbarung als möglich anzuerkennen. Nach Lord Blackburn soll die Anerkennung eines Kontokorrentsaldos die weitergehende Novationswirkung haben, während beim Anerkenntnis einer einzelnen einseitigen Forderung nur die Beweislast umgekehrt werden soll. Nur den ersteren Fall will er mit Account stated im eigentlichen Sinne bezeichnen[195]). Demgegenüber will das Oberhaus in einer neueren Entscheidung gerade umgekehrt die Bezeichnung auf den zweiten Fall anwenden, den es als Regelfall bezeichnet. Die weitergehende Novationswirkung soll nur dann anzunehmen sein, wenn sie sich aus der Parteivereinbarung ausdrücklich oder stillschweigend ergibt[196]).

Die Auffassung, daß das Anerkenntnis eine neue selbständige Verbindlichkeit erzeuge, kommt dem abstrakten Schuldanerkenntnis des deutschen BGB nahe, ohne daß natürlich dieser eine weitgehende Abstraktion des juristischen Denkens voraussetzende Begriff in den englischen oder amerikanischen Entscheidungen auftauchen würde. Was die englische Terminologie Anfechtung des Account stated wegen Irrtums über das Bestehen der vorgängigen Debt nennt, kommt der Kondiktion des abstrakten Schuldanerkenntnisses nach § 812 II BGB nahe, insbesondere, da diese Anfechtung nicht nur einredeweise geltend gemacht werden kann, sondern auch im Wege einer selbständigen Klage[197]). Daß die sehr komplizierte Konstruktion des § 817, 2 — entgegen dem

---

194) Peacock v. Harris, 10 East 104; Cocking v. Ward 1 C. B. 858. Über die Anerkennung einer verjährten Debt vgl. unten S. 232.

195) Laycock v. Pickles, 4 B. & S. 497, 506.

196) Camillo Tank Steamship Co. Ltd. v. Alexandria Engineering Works, 38 T. L. R. 134.

197) 1 R. C. L. 218.

allgemeinen Verbot der Kondiktion von Leistungen, die zu gesetz- oder sittenwidrigen Zwecken gemacht wurden, kann ein zu einem solchen Zweck abgegebenes abstraktes Schuldversprechen kondiziert werden — dem Common Law fremd ist, nimmt nicht wunder. Im Ergebnis stimmt es mit dem deutschen Recht (§ 821!) überein: der Schuldner kann, unter eigener Beweispflicht, die Erfüllung eines Account stated verweigern, wenn er mit der ursprünglichen Leistung gegen das Gesetz oder die guten Sitten verstoßen würde.

b) In England ist vielfach üblich mit dem das Anerkenntnis einer Schuld enthaltenden Account stated die Ausstellung eines Schuldscheines zu verbinden, der, völlig abstrakt lautend, den Schuldgrund nicht nennt. Ein solcher IOU genannter Schuldschein lautet üblicherweise ganz kurz:

London, January, 1. 1930.

Mr. A. B.

IOU[198]) 100 £.

C. D.

Das IOU erbringt Beweis für den Abschluß eines Account stated, nicht aber darüber hinaus auch für den Bestand der anerkannten Schuld[199]). Der Schuldner kann also sein Anerkenntnis nicht bestreiten, unbenommen bleibt ihm aber, gegen das Schuldanerkenntnis die oben erwähnten Rechtsbehelfe geltend zu machen.

c) Während beim Account stated vieles ungeklärt ist, sind die Wirkungen der sog. negotiablen Papiere (Negotiable Instruments)[200]), zu denen das IOU nicht gehört und deren wichtigste der gezogene und der eigene Wechsel sind (Bill of Exchange und Promissory Note) gewohnheitsrechtlich und nunmehr auch gesetzlich[201]) genau festgelegt.

Der Wechsel ist nicht, wie das IOU, nur Beweiskunde, sondern ein selbständiger Verpflichtungsgrund, der, wie jeder andere simple contract, grundsätzlich einer Consideration bedarf.

---

198) = I owe you (Ich schulde Ihnen).

199) Die übliche Formel lautet: »An IOU is evidence of an account stated between the holder and the party signing it, but not of money lent to him by the holder.« Fesenmayer v. Adcock (1847) 16 M. & W. 449.

200) Über diesen Begriff vgl. Ulmer, Rabels Z. 3. 242 ff., insb. 250.

201) England: Bills of Exchange Act, 1892; Vereinigte Staaten: Negotiable Instruments Law, angenommen in sämtlichen Staaten (in Vermont mit Änderungen) und Territorien mit Ausnahme von Portorico.

Aber deren Vorhandensein wird vermutet[202]). Der Beweis für den Mangel der Consideration obliegt dem Schuldner. Dieser Beweis ist aber grundsätzlich nicht zulässig gegenüber einem gutgläubigen Erwerber des Wechsels, d. h. einem Wechselgläubiger, der den Wechsel vor Verfall gegen Entgelt und ohne Kenntnis des Mangels erworben hat[203]). Der Mangel der Consideration ist eine Einrede in personam. Im Verhältnis zu einem gutgläubigen Erwerber schafft der Wechsel nicht nur eine Umkehrung der Behauptungs- und Beweislast, vielmehr ist der höchste Grad der Lockerung zwischen Schuldverpflichtung und Grundverhältnis erreicht. Diese Gestaltung bildet eine wesentliche, auf kaufmännisches Gewohnheitsrecht zurückgehende Ausnahme von der allgemeinen Considerationlehre.

d) Ihrem historischen Ursprung nach ist die Consideration nur für den simple contract Gültigkeitsvoraussetzung, nicht auch für den durch Ausstellung einer Deed begründeten Formalkontrakt. Das in Form einer Deed abgegebene Versprechen ist ohne Consideration gültig. Die Deed braucht daher auch in ihrem Wortlaut nicht auf eine Consideration hinzuweisen[204]). Die Frage der Consideration kann aber nach zwei Richtungen bedeutsam werden.

Nach allgemeinen rechtspolitischen Grundsätzen können die Gerichte nicht ihre Hilfe der Durchführung eines verbotenen oder unsittlichen Geschäftes leihen. Ist die in der Deed beurkundete Verpflichtung in Wahrheit für eine unerlaubte oder unsittliche Consideration eingegangen, so ist sie rechtlich unwirksam. In der Regel wird der Gesichtspunkt der Unerlaubtheit oder Unsittlichkeit vom Schuldner erhoben werden. Das Gericht ist aber nicht gehindert ihn von sich aus zu berücksichtigen, wenn er sich aus den zu seiner Kenntnis gebrachten Tatsachen ergibt[205]). Es bedarf nicht erst einer Condiktion eines »abstrakten« Versprechens

---

[202]) England Sect. 30 I; Ver. Staaten Sect. 24.

[203]) England Sect. 27 II, Ver. Staaten Sect. 26, 28. Der Einwand, daß eine consideration mangle, weil der Schuldner nur eine Gefälligkeitszeichnung abgegeben habe, ist gegenüber jedem Inhaber ausgeschlossen, der den Wechsel gegen Entgelt erwirbt, also auch gegenüber demjenigen, der diesen Mangel der Consideration kennt. England Sect. 28, USA. Sect. 29.

[204]) In den Vereinigten Staaten ist durch einzelstaatliche Gesetze das Recht der Deed in vielen Beziehungen abgeändert, vgl. darüber Williston I, 430ff.; Page II, 2057.

[205]) Anson 63; Pollock 451ff.; Norton, Treatise on Deeds, 2. Aufl. (1928), 151.

wie nach §§ 812 II, 817 2 BGB., vielmehr ist das für eine unerlaubte oder unsittliche Consideration gegebene Versprechen von selbst nichtig.

Wie unten noch ausführlich dargetan werden soll, begründet der obligatorische Vertrag nach Common Law, vom Falle der Debt abgesehen, nur Verpflichtungen zum Schadenersatz wegen Vertragsverletzung. Einen Erfüllungsanspruch, Specific Performance, gewährt nur die Equity und auch sie nur in besonderen Fällen, die in der Hauptsache auf dem Gebiete des Grundstücksverkehrs liegen[206]). Dieser Rechtsbehelf der Specific Performance ist ausgeschlossen, wenn dem Versprechen keine Consideration gegenübersteht[207]). Aus einem Schenkungsversprechen kann also auch dann nicht auf Specific Performance geklagt werden, wenn es in Form einer Deed erteilt ist. Praktisch hat dies, vom Grundstücksverkehr abgesehen, keine große Bedeutung, da dieser Rechtsbehelf überhaupt nur in seltenen Ausnahmefällen eingreift.

III. Verträge zugunsten Dritter. Wie bereits bei der Lehre vom Inhalt der Consideration erwähnt, wird in England behauptet, berechtigende Verträge zugunsten Dritter seien dem Common Law fremd und dieses Ergebnis wird aus dem Satze abgeleitet: Consideration must move from the Promisee. Da die amerikanische Theorie und Praxis im Gegensatz zu England berechtigende Verträge zugunsten Dritter im weiten Umfang anerkennen, wird die Richtigkeit dieses Satzes in Amerika geleugnet, und die Behauptung aufgestellt, die Consideration müsse nicht notwendig in einem Detriment des Promissars bestehen, sie könne vielmehr auch als Benefit des Promittenten auftreten. Wie bereits dargelegt, liegt die Quelle dieses Streites in einer Verkennung des Begriffes »Promissar«. In Wahrheit hängt die Frage, ob berechtigende Verträge zugunsten Dritter anerkannt werden oder nicht, mit der Considerationlehre überhaupt nicht zusammen. Da aber in den englischen Lehrbüchern und Entscheidungen immer wieder im Rahmen der Darstellungen der Considerationlehre die erwähnte Behauptung begegnet, berechtigende Verträge zugunsten Dritten seien im Common Law nicht möglich, soll hier gezeigt werden, daß diese, in Amerika längst aufgegebene Behauptung auch für das englische Recht nicht richtig ist.

---

[206]) Vgl. darüber unten Kap. 8.

[207]) Anson 63, 394; Williston I, 229, 429; Fry, Specific Performance, 6. Aufl. (1921) S. 53.

Die Möglichkeit unmittelbar klagbare Ansprüche Dritter durch Vertrag zu begründen, war im Common Law für bestimmte Einzelfälle schon früh gegeben[208]. In der Action of Detinue gewährten die Common-Law-Gerichte demjenigen, zu dessen »Nutzen« (Use) eine Sache hinterlegt wurde, einen unmittelbaren Herausgabeanspruch gegen den Verwahrer[209]. Handelte es sich nicht um eine Sache, sondern um Geld, so konnten unmittelbare Ansprüche für einen Dritten in der Action of Account begründet sein[210]. Die Situation ist ähnlich der Use- und Trustpraxis der Equity. Überträgt A dem B ein Grundstück to the Use of C, so wird in Equity zugunsten des C ein Treuhandverhältnis begründet und C wird so behandelt, als ob er Eigentümer wäre. Die entsprechende Behandlung der Actions of Detinue, Debt und Account ist eines der Momente, in denen sich die dingliche Seite dieser alten Aktionsformen zeigt. Da dieses Moment in der jüngeren Action of Assumpsit fehlt, kann sich at law eine solche quasidingliche Behandlung nicht durchsetzen[211]. Die Consideration, die Voraussetzung jeglichen Anspruchs in Assumpsit, muß, ihrem historischen Ursprung nach, von demjenigen ausgehen, der in Assumpsit einen Anspruch geltend machen will. Die Beobachtung der Klageformen und ihrer Voraussetzungen ist aber nur für die Common-Law-Gerichte zwingend. Die Chancery ist in ihrer Equityrechtsprechung nicht daran gebunden und sie ist nicht gehindert ihre Treuhandlehre auf Fälle anzuwenden, in denen Ansprüche Dritter at law abgewiesen würden[212]. Die Chancery tut dies in zwei typischen Gruppen von Fällen: einmal bei der in der deutschen Terminologie sogenann-

[208]) Vgl. C. D. Hening, History of the Beneficiary's Action in Assumpsit. 3 Sel. Ess. 339—367.

[209]) Ames 118; Holdsw. III, 425, 355; Y. B. 39 Hen. 6 (1461) Hil. pl. 7.

[210]) Die Action of Account, eine der alten personal actions, ist eine Klage auf Rechnungslegung und Zahlung, die aber auf bestimmte typische Fälle beschränkt ist (z. B. Grundherr gegen Verwalter, Geschäftsherr gegen Geschäftsführer, Receiver). Seit dem 16. Jahrhundert tritt die schwerfällige altertümliche Klage gegenüber dem beweglicheren, einfacheren Verfahren der Chancery in den Hintergrund, bis sie schließlich völlig verdrängt wird. Über Fälle, in denen Geld für einen Dritten einzuziehen ist und diesem ein unmittelbarer Anspruch gegen den Receiver gegeben wird, vgl. Ames 117ff., Holdsworth III, 426.

[211]) Ansätze finden sich in dem Falle Starkey v. Mill (1651) Style 296 und in einem Dictum Lord Holt's in Yard v. Ellard 1 Ld. Raym. 368/369. Vgl. Holdsworth VIII, 13.

[212]) Zum folgenden vgl. insbesondere A. L. Corbin, Contracts for the Benefit of Third Persons. 46 L. Q. R. (1930) 12—45.

ten Erfüllungsübernahme[213]): Verspricht A entgeltlich dem B dessen Gläubiger C zu befriedigen, so wird B als Treuhänder des C angesehen und C kann in Equity die Leistung unmittelbar von A verlangen[214]). Die zweite Gruppe betrifft Fälle, in denen eine Zuwendung, insbesondere eine Mitgift oder eine Rente, dem Bedachten nicht unmittelbar versprochen wird, sondern auf indirektem Wege. A will seiner Tochter C eine Mitgift bestellen. B verpflichtet sich gegen Entgelt gegenüber A, die Mitgift an C zu leisten[215]); oder typisch: A und B, Gesellschafter einer Partnership, verpflichten sich gegenseitig der Witwe des überlebenden Partners eine Geldsumme oder eine Rente zu zahlen. In diesen Fällen hat die Witwe ein eigenes Recht in Equity, einen Anspruch aus Treuhand, was im letzteren Falle zur Folge hat, daß die zur Befriedigung nötige Summe nicht zum Nachlaß des verstorbenen Mannes gehört und daher nicht von dessen Gläubigern beansprucht werden kann[216]). Gesetzlich fixiert wird ein solches Treuhandverhältnis bei Lebensversicherungen eines Mannes zugunsten seiner Witwe oder seiner Kinder. Die Begünstigten gelten als unmittelbar treuhandrechtlich Berechtigte[217]). Die Annahme eines derartigen Treuhandverhältnisses hat noch eine weitere Folge: grundsätzlich kann eine Partei wegen Vertragsbruchs nur denjenigen Schaden geltend machen, den sie selbst erlitten hat. Anders wenn der Vertragsgegner Treuhänder für einen Dritten ist. Er kann dann im eigenen Namen das Interesse des Dritten verlangen[218]).

Die Konstruktion eines solchen Treuhandverhältnisses bedeutet eine Erweiterung des regulären Trustbegriffes. Grundsätzlich kann ein Trust nur begründet werden, wenn ein Treuhandvermögen vorhanden ist und als solches werden regelmäßig nur Sachen, Sachinbegriffe oder absolute Rechte betrachtet. In den hier vorliegenden Fällen besteht der Trust-Fund nur aus einem

---

213) BGB § 329.

214) So Lord Hardwicke in Tomlinson v. Gill (1756), Ambler 330; Gregory and Parker v. Williams 3 Mer. 582 (1817); M' Fadden v. Jenkyns 1 Phil. 153 (1842); Touche v. Metr. Ry. Co. (1871) L. R. 6 Ch. App. 671.

215) So Fletcher v. Fletcher (1844) 4 Hare 67.

216) Page v. Cox (1852) 10 Hare 163; Re Flavell (1883) 25 Ch. D. 89.

217) Married Women's Property Act, 1882, s. 11.

218) So Land v. Vice (1840) 6 M. & W. 467; Robertson v. Wait (1853) 8 Ex. 299; Lloyds v. Harper (1879) 16 Ch. D. 290.

Forderungsrecht. Das ist eine Anomalie, die auch in der Praxis der Chancery verschiedentlich empfunden wurde und zur Leugnung eines Treuhandverhältnisses geführt hat[219]). Daß die Gerichte eine derartige Treuhandbestellung in manchen Fällen anerkannt, in anderen abgelehnt haben, scheint aber in den besonderen Umständen der einzelnen Fälle begründet zu sein, wobei wohl, allerdings unbewußt und noch nicht zu Rechtsbegriffen verdichtet, ähnliche Erwägungen maßgebend sind wie bei der deutschen Unterscheidung zwischen »berechtigenden« und »ermächtigenden« Verträgen zugunsten Dritter[220]).

Die treuhandrechtliche Konstruktion war nur in Chancery möglich, nicht auch in der an die alten Aktionsformen gebundenen Common-Law-Praxis. Die Judicature Acts, 1873/1875, beseitigten endgültig die alten Aktionsformen und die Trennung der Common-Law-Gerichte von den Equitygerichten. Dabei wurde bestimmt, daß die in Equity ausgebildeten Rechtssätze denen des Common Law vorzugehen hätten[221]). Damit war das Hindernis einer allgemeinen Anerkennung von Rechten Dritter aus obligatorischen Verträgen beseitigt[222]). Trotzdem hat sie sich kaum durchgesetzt, ja im Gegenteil, die Regel der Equity ist durch die in Assumpsit ausgebildeten Lehren des Common Law in den Hintergrund gedrängt worden. 1861 hatte die Queen's Bench Division mit Nachdruck ausgesprochen[223]), daß für einen Stranger to the Consideration keine Ansprüche begründet werden könnten. Dieser Satz wurde nicht mehr als eine Eigentümlichkeit der Action of Assumpsit aufgefaßt, sondern als materiellrechtliche Regel eines allgemeinen Vertragsrechts, wobei noch die weitere Erwägung mitspielte, daß vertragliche Rechte überhaupt nur für denjenigen be-

---

[219]) So Colyear v. Mulgrave (1836) 2 Keen 81: Sohn verspricht dem Vater an dessen uneheliche Tochter eine Geldsumme zu zahlen. Lord Langdale erklärt, hier sei noch kein Trust begründet, sondern nur eine Verpflichtung zur Bestellung eines Trust. Vgl. Cleaver v. Mutual Reserve Assn. (1892) 1 Q. B. 147; Re Engelbach's Estate [1924] 2 Ch. 348. In beiden Fällen, in denen es sich um Lebensversicherungen handelte, war aus besonderen Gründen der Married Women's Property Act, 1882, nicht anwendbar und in beiden Fällen wurde ausgesprochen, außerhalb dieses Gesetzes könne es an bloßen Forderungen keinen Trust geben.

[220]) U. U. allerdings mit umgekehrtem Ergebnis, z. B. bei der kumulativen Schuldübernahme. Vgl. o. S. 112/113.

[221]) Judicature Act, 1873, s. 25; nunmehr Supreme Court of Judicature Act, 1925, s. 44.

[222]) Vgl. Drummie v. Davis (1899) 1 Irish Ch. 176.

[223]) Tweddle v. Atkinson, 1 B. & S. 393.

gründet werden könnten, der selbst als Partei am Vertragsschluß beteiligt war, nicht auch für einen Stranger to the Contract[224]). Beide Erwägungen finden sich in der Oberhausentscheidung Dunlop Tyre Co. v. Selfridge[225]), die heute als autoritatives Präjudiz für die behauptete Unmöglichkeit eines berechtigenden Vertrages zugunsten eines Dritten gilt. Anson[226]) bemerkt, einstmals seien in gewissen Fällen Ansprüche Dritter anerkannt worden, aber, unter Berufung auf den Dunlopfall meint er, dies gelte nun nicht mehr. Diese Bemerkung ist offenbar unrichtig. Denn vier Jahre nach dem Dunlopfall hat das Oberhaus, zum Teil in der gleichen Besetzung, unter Anwendung der treuhandrechtlichen Konstruktion dem Anspruch eines Dritten stattgegeben[227]): ein Reeder verpflichtete sich in einem Chartervertrag dem Charterer gegenüber zur Zahlung der Schiffsmäklerprovision. Der Klage des Mäklers gegen den Reeder wird stattgegeben. Dabei bedient sich das Oberhaus neben der treuhandrechtlichen Konstruktion noch eines anderen eigenartigen Weges. An Fälle anknüpfend, in denen der Dritte als Streitgenosse des Promissars aufgetreten und der Beklagte zur Leistung an den Dritten verurteilt worden war, wird hier eine Streitgenossenschaft fingiert, obwohl der Promissar an dem Prozesse überhaupt nicht beteiligt ist. Die Erwägungen der Richter halten sich im Rahmen von Schiffsmaklerfällen und sie enthalten sich allgemeiner Ausführungen. Die Entscheidung zeigt aber doch, daß die angeblich aus dem Satze »Consideration must move from the Promisee« herzuleitende Unmöglichkeit eines berechtigenden Vertrages zugunsten Dritter in

---

[224]) So in Melhado v. Porto Alegre Ry. Co. (1874) L. R. 9 C. P. 503; Re Empress Engineering Co. (1880) 16 Ch. D. 125; Colyear v. Mulgrave (1836) 2 Keen 81 and Clitheroe v. Simpson (1879) L. R. 4 Ir. 59.

[225]) [1915] A. C. 847; 84 L. J. K. B. 1680; 113 L. T. R. 386; 31 T. L. R. 399: Dunlop hatte für seine Autoreifen Listenpreise festgesetzt. Die abnehmenden Grossisten mußten sich verpflichten, ihren Kunden, den Kleinhändlern, die Einhaltung dieser Preise aufzuerlegen. Der Grossist Dew verkaufte Reifen an den Detaillisten S. unter einer entsprechenden Klausel. Klage Dunlops gegen S. auf Schadenersatz wegen Nichteinhaltung der Listenpreise und auf Unterlassung wird abgewiesen. Die Richter erwägen zwei Möglichkeiten: entweder hat Dew die Klausel im eigenen Namen mit S. vereinbart, dann hat Dunlop keinen Anspruch, weil er nicht Vertragspartei ist; oder Dew hat als Vertreter Dunlops gehandelt, dann kann Dunlop keine Ansprüche geltend machen, weil von ihm keine Consideration ausgegangen ist.

[226]) S. 97.

[227]) Affréteurs Réunis, S. A. v. Walford [1919] A. C. 801; 88 L. J. K. B. 861; 121 L. T. R. 393; 35 T. L. R. 542; 24 Com. Cas. 268.

England keineswegs so feststeht, wie es den Lehrbüchern nach den Anschein hat. Nach wie vor kommen Fälle vor, in denen unmittelbare Ansprüche Dritter anerkannt werden. Allerdings besteht große Unsicherheit, die aber nicht so sehr in den Prinzipien begründet zu sein scheint, als in dem Gefühl, daß je nach den Tatbeständen unterschieden werden muß.

In den Vereinigten Staaten hat sich die Praxis über alle theoretischen Bedenken hinweggesetzt. Leading Case für die Anerkennung berechtigender Verträge zugunsten Dritter ist eine New Yorker Entscheidung von 1859[228]). 1876 hat sich das Oberste Bundesgericht dieser Praxis angeschlossen[229]). Seitdem hat sie sich, mit verschiedener Begründung, in den Gerichten aller Gliedstaaten durchgesetzt[230]). Aus dieser Praxis die Folgerung zu ziehen, daß der Satz »Consideration must move from the Promisee« unrichtig sei erscheint aber nicht begründet, denn Promissar ist eben nicht der Dritte, sondern der am Vertragsschluß beteiligte Versprechensempfänger.

B. I. In ihrer praktischen Tragweite reicht die Considerationlehre über das Gebiet der Begründung obligatorischer Verpflichtungen hinaus. Ihre Bedeutung für Verfügungen über Forderungsrechte ist bereits oben behandelt worden. Der Erlaß und die Stundung einer Forderung bedürfen, genau wie ihre Begründung, einer Consideration; unentgeltlicher Erlaß oder Stundung sind rechtlich unwirksam. Die Schwierigkeiten zu denen diese Auffassung beim Vergleich geführt hat, sind ebenfalls bereits dargestellt worden[231]).

II. Die Lehre vom »rechtlichen Grund«, von der Causa wurde für das deutsche bürgerliche Recht im Anschluß an das römische Condictionenrecht die Grundlage zum Aufbau der Ansprüche aus ungerechtfertigter Bereicherung. »Wer durch die Leistung eines anderen oder in sonstiger Weise auf dessen Kosten etwas ohne rechtlichen Grund erlangt, ist ihm zur Herausgabe verpflichtet. Diese Verpflichtung besteht auch dann, wenn der rechtliche Grund später wegfällt oder der mit einer Leistung nach dem

---

[228]) Lawrence v. Fox 20 N. Y. 268.

[229]) Hendrick v. Lindsay 93 U. S. 143.

[230]) Vgl. Williston, Contracts for the Benefit of a Third Person. 15 Harv. L. R. 767; — Page, I, 869ff.; Corbin. Contracts in the Benefit of Third Persons in the Federal Courts. 39 Yale Law Journ. 601ff.; Restatem. Sect. 133—147.

[231]) S. 61ff.

Inhalt des Rechtsgeschäftes bezweckte Erfolg nicht eintritt.« (BGB. § 812.)

Auch dem Common Law sind Bereicherungsansprüche selbstverständlich nicht fremd. Es verwendet aber keineswegs den Begriff der Consideration als die zentrale Grundlage ihres Aufbaues. Eine solche zentrale Grundlage fehlt vielmehr. Das Recht der Quasi Contracts mangelt des einheitlichen Aufbaues, es ist ein Bündel kasuistisch ausgebildeter Einzelansprüche[232]). Nur in einem dieser Ansprüche wird der Consideration-Begriff verwendet, in dem Falle der Unwirksamkeit oder der Nichterfüllung eines gegenseitigen Vertrags. Hier wird der Anspruch auf Rückgewähr der bereits erbrachten Leistung auf Failure of Consideration gegründet. In diesem Ausdruck erhält aber das Wort Consideration offenbar einen anderen Sinn. Während in der allgemeinen Consideration-Lehre des zweiseitigen Vertrags der Ausdruck das gültige Versprechen der Gegenleistung bedeutet, bezeichnet es hier ihre tatsächliche Erbringung. Das hat zu scharfer Kritik dieser Terminologie Anlaß gegeben[233]).

III. Daß das Wort Consideration auch im Sachenrecht gebraucht wird und dort, als Good Consideration, eine besondere, von seiner schuldrechtlichen Verwendung abweichende Bedeutung hat, wurde oben[234]) bereits dargelegt.

C. Dem Rechtsdenken eines Volkes von Kleinbürgern, Bauern und Kleinhändlern ist der allgemeine Gedanke rechtsgeschäftlicher Bindung wenig vertraut. Man stellt vielleicht Leistungen in Aussicht, aber man will nicht gebunden sein. Man braucht die Bindung auch nicht, denn man disponiert und kalkuliert nicht für die Zukunft — wenigstens außerhalb des engen Kreises der größeren Kaufleute und diese hatten ihr ständisches Sondergericht. Die einfache private Abrede, das gegebene Wort ist weder rechtlich bindend gemeint noch wird es als bindend genommen. Nur wenn es unter solchen Umständen gegeben war, daß der andere Teil zu Vermögensdispositionen veranlaßt wurde, führt es zur Klage wegen getäuschten Vertrauens. Das 15. Jahrhundert bringt eine neue Wirtschaftsgesinnung, »rechenhaftes Denken«, kaufmännische Kalkulation und Disposition treten in steigendem

---

232) Vgl. dazu: W. Friedmann »Die Bereicherungshaftung im angloamerikanischen Rechtskreis in Vergleichung mit dem deutschen bürgerlichen Recht«. 1930.

233) Vgl. unten S. 269f.

234) S. 74f.

Maße an die Stelle des mittelalterlichen Traditionalismus. Die wirtschaftsgeschichtliche Forschung streitet heute noch darüber, was diese neue Wirtschaftsgesinnung veranlaßt habe, sie ist darin einig, daß dieser Wandel der Gesinnung den Kapitalismus geschaffen hat. Grundlage der neuen wirtschaftlichen Kalkulation und Disposition ist die Erwartung, daß getroffene Abreden eingehalten und erfüllt werden. Dem Recht sind damit zwei Aufgaben gestellt: Die Abrede als solche muß bindend sein, und Ziel der Vertragsklage muß sein, den Gläubiger, der die Erfüllung der getroffenen Abrede zur Grundlage seiner geschäftlichen Dispositionen und Kalkulationen gemacht hat, so zu stellen, wie wenn die Abrede eingehalten worden wäre. Das Recht muß Ersatz des Erfüllungsschadens gewähren, nicht nur wie bisher des Vertrauensschadens.

Die zweite Aufgabe wird verhältnismäßig glatt gelöst. Der Wandel vollzieht sich wenig bewußt. Er mag damit zusammenhängen, daß in die Geschworenenbänke neben den Kleinbürgern und Bauern die Kaufleute eintreten.

Weniger glücklich ist die Lösung der ersten Aufgabe, vielleicht weil man sie klarer und bewußter erkennt. In der Übergangszeit des 15. und 16. Jahrh. ist mittelalterliches Denken und Fühlen noch zu mächtig, als daß es durch den Strom der neuen Ideen völlig verdrängt werden könnte. Der Gedanke, jegliche privata conventio als bindend, als rechtlich klagbar anzusehen, noch dazu vor dem Königsgericht, will noch nicht in die Köpfe. Man sucht nach einem Kriterium für die Ernstlichkeit des Verpflichtungswillens und man knüpft an das Moment an, das in der alten deliktischen Klage vorhanden sein mußte, wenn überhaupt ein Klagegrund da sein sollte: Wer selbst an den Gegner bereits etwas geleistet hat, der meint es mit seinem Versprechen ernst. So erscheint die bewirkte Gegenleistung in neuer Funktion: Sie ist nicht mehr der Vertrauensschaden, dessen Ersatz man verlangt, sondern sie ist das Indiz dafür, daß man ein gegebenes Versprechen auch wirklich ernst und bindend gemeint hat. Die Entwicklung des kapitalistischen Denkens führt zu der Erweiterung, daß auch das bloße Versprechen einer Gegenleistung ein genügendes Kriterium für den eigenen Verpflichtungswillen sei. Immer aber muß etwas vorhanden sein, um dessentwillen, in consideration of which, man sich durch ein eigenes Versprechen binden wollte. Wo dieses Kriterium fehlt, glaubt man nicht an die Ernstlichkeit des

Versprechens. Hier muß sie erst durch die feierliche Form der gesiegelten Urkunde dargetan werden.

Aber das Kriterium ist zu eng. Der immer stärker einsetzende Handel des erstarkenden kapitalistischen England kennt zahlreiche durchaus ernst gemeinte Geschäfte, bei denen das Kriterium fehlt, Geschäfte, die der Kaufmann zur Grundlage geschäftlicher Dispositionen macht, mit deren Erfüllung er rechnet. Die Rechtsprechung muß sich dem anpassen. Aber sie hat nicht mehr die Kraft, nun nach einem neuen Kriterium für die Ernstlichkeit des Verpflichtungswillens zu suchen[235]). Der alte Begriff bleibt, aber er muß immer weiter eingeschränkt und modifiziert, immer wieder gedreht und gewendet werden, bis ihm schließlich die Einheitlichkeit und Klarheit verlorengehen. In der heutigen Lage ist praktisch jedes ernstlich gemeinte Geschäft des kaufmännischen Verkehrs klagbar. Praktisch übriggeblieben ist nur etwas, das ähnlich in zahlreichen anderen Rechten erscheint, die besondere Formbedürftigkeit von Liberalitätsversprechen. Hier eine Form zu verlangen, hat auch heute noch seinen guten Sinn. Wer aus reiner Freigebigkeit etwas verspricht, will nicht mit gerichtlichen Klagen behelligt werden. Aus einem solchen Versprechen zu klagen, gilt nicht als anständig. Soll in besonderen Fällen nach dem Willen der Parteien eine andere Gestaltung Platz greifen, so müssen dafür besondere Voraussetzungen erfüllt werden und für die nachträgliche Beurteilung müssen besondere die Entscheidung erleichternde Kriterien aufgestellt werden.

Aber dieser Gedanke, dem allein die Considerationlehre praktisch noch dient, kommt in ihr nur unvollkommen zum Ausdruck. Der Begriff war eben zu anderen Zwecken und aus anderen Gedanken heraus entstanden. Er hat sich seinem Funktionswandel nur ungenügend angepaßt. Nicht nur die Schenkung bedarf im Common Law der besonderen Form der feierlichen Urkunde sondern jedes »unentgeltliche Geschäft« — dies wenigstens grundsätzlich; wie oben dargelegt, deckt sich der Begriff der Consideration mit dem der Entgeltlichkeit nicht einmal vollständig. So fallen unter die grundsätzlich formbedürftigen Geschäfte zahlreiche Rechtsgeschäfte, die keine Liberalität darstellen, sondern den Zwecken des regelmäßigen Wirtschafts- und Kreditverkehrs dienen. Das Erfordernis der Consideration ist zu einer Fessel des

---

[235]) Über den Rückgang der englischen Jurisprudenz im 17. u. 18. Jahrh. vgl. unten S. 133f.

wirtschaftlichen Verkehrs geworden, vor der man sich nach Möglichkeit zu befreien sucht. Angelsächsischer Konservativismus und angelsächsisches Präjudiziensystem hindern die formelle Beseitigung. Aber im stillen hat sich eine Denaturierung des Begriffes vollzogen, eine Ausweitung, die erlaubt schließlich eine Consideration überall da zu finden, wo man sie finden will — oder richtiger fast überall. Denn einzelne Fälle bleiben eben doch, in denen trotz aller noch so gekünstelter Versuche keine Consideration auffindbar ist. Solche Fälle sind allerdings heute Ausnahmen. Sie kommen wohl nur noch bei ungeschickter Formulierung des Rechtsgeschäftes vor. Bei geschickter Ausnutzung der zu Gebote stehenden Rechtsformen lassen sich all die Rechtsfolgen herbeiführen, denen dem ersten Anschein nach die Considerationlehre entgegensteht. So ist die Consideration zu einer Falle geworden, in der ungeschickte Parteien sich fangen oder ein Mittel, mit dem unredliche Schuldner lästig gewordenen Verpflichtungen sich zu entziehen suchen[236]).

Außer dem nur ungeschickt zum Ausdruck gekommenen Gedanken des Formerfordernisses für Liberalitätsversprechen enthält die Considerationlehre heute keinen rechtspolitisch berechtigten Gedanken mehr, insbesondere ist sie auch nicht geeignet dem staatlichen Richter gegen den Willen beider Parteien die Möglichkeit zu geben, die Hintergründe obligatorischer Verpflichtungen aufzudecken, denn mit Hilfe der Deed, des Wechsels, des IOU, des Account stated können einverständlich handelnde Parteien stets die Hintergründe ihrer Beziehungen dem Gerichte verbergen. Und daß der Richter bei solchen »abstrakten« Verpflichtungen auf Antrag der Partei in eine Prüfung der Hintergründe eintreten kann und muß, ist nicht eine Folge der besonderen englischen Considerationlehre sondern ein Ausdruck des universalen Rechtsgedankens, daß gesetzwidrige, sittenwidrige oder wucherische Verträge von staatlichen Gerichten nicht erzwungen werden.

Daß die Considerationlehre mit ihren geradezu als Glücksspiel zu betrachtenden Nichtigkeitsfolgen zu scharfer Kritik Anlaß gegeben hat, kann nicht Wunder nehmen. Schon Lord Mans-

---

[236]) Vgl. Lord Dunedin (Schotte!) in Dunlop Pneumatic Tyre Co. v. Selfridge [1915] A. C. 847 at p. 855: »Der vorliegende Fall ist meiner Ansicht nach geeignet jeden Rest von Neigung zu zerstören, den man für die Considerationlehre etwa noch gehabt haben sollte. Diese Lehre ermöglicht hier einem Schuldner sich von einem mit klarer Überlegung eingegangenen, durchaus anständigen Vertrage zu drücken, an dessen Durchführung die Gegenpartei ein berechtigtes Interesse hat.«

field sieht in ihr ein Hindernis des redlichen Handelsverkehrs, aber sein großer Versuch ihre verkehrsfeindlichen Wirkungen zu beseitigen, schlug fehl. So ragt die Consideration als Zeuge einer langen und verwickelten Rechtsgeschichte in das heutige Recht hinein; unlogisch, von Ausnahmen durchsetzt. Jenks nennt ihre Beibehaltung eine »purely native idiosincrasy«. Lorenzen[237]) und Walton[238]), zwei ausgezeichnete Kenner ausländischer Rechte, sind sich darüber einig, daß sowohl die Consideration wie die Cause im heutigen Recht nicht mehr am Platze sind. Sie beide befürworten, daß der erklärte ernstliche Wille der Parteien ausreichen müsse ein Schuldverhältnis mit erlaubtem Inhalt zu begründen, und der Historiker Holdsworth kommt am Schlusse seiner Darstellung der Considerationlehre[239]) zu dem Vorschlag, die ganze Doktrin radikal abzuschaffen, nach Vorbild des Civil Law jeden ernstgemeinten Vertrag als rechtsgültig zu betrachten und nur für Schenkungen oder bestimmte andere Rechtsgeschäfte Formvorschriften aufzustellen. Damit wäre ein Rechtszustand geschaffen, wie ihn Lord Mansfield, seiner Zeit vorauseilend, schon vor mehr als hundertfünfzig Jahren herbeiführen wollte.

Daß die Rechtsentwicklung diesen Weg geht, läßt sich nicht verkennen. Trotz formellen Festhaltens am Considerationbegriff macht sich die Praxis in steigendem Maße von ihm frei und die Anerkennung der rein formalen Consideration in der Rechtsprechung amerikanischer Gliedstaaten degradiert die Consideration zu einer offenbar überflüssigen Formalität. So ist die auch formelle Beseitigung des Begriffes wohl nur noch eine Frage der Zeit.

Der rechtsvergleichenden Wissenschaft ermöglicht die Considerationlehre einen Einblick in die Werkstatt der Rechtsbildung und Rechtsentwicklung. Für eine Rechtsvergleichung mit praktischen Zielen ist die Considerationlehre ohne Bedeutung. Gedanken, die der Fortbildung oder Vertiefung des eigenen heimischen Rechts dienen könnten, enthält sie nicht.

---

[237]) 28 Yale L. J. 621 ff. insbesondere 640—644, 646.

[238]) 41 L. Q. R. 306.

[239]) VIII, 47: »In fact, the doctrine of consideration in its present form is something of an anachronism.«

Zweiter Abschnitt.

Die Struktur des vertraglichen Schuldverhältnisses.

7. Kapitel.

Übersicht.

A. Unterschiede in der Struktur des vertraglichen Schuldverhältnisses.
- I. Die Struktur des vertraglichen Schuldverhältnisses im allgemeinen:
  - 1. im modernen deutschen Recht: Verbindung von Schuld, Einstandspflicht und Haftung;
  - 2. in älteren Rechten: Trennung von Schuld und Haftung.
- II. Der strukturelle Unterschied des Assumpsit-Anspruchs vom Vertrags-Anspruch des heutigen deutschen Rechts.
- III. Der strukturelle Unterschied des Assumpsit-Anspruchs von den übrigen englischen Vertragsklagen.

B. Die Entwicklung der vertraglichen Ansprüche des Common Law nach der inhaltlichen Seite.
- I. Die Ausbildung des einheitlichen Kontraktbegriffes bedeutet noch nicht die Vereinheitlichung der Lehre vom Inhalt der vertraglichen Verpflichtung.
- II. Die Darstellungen des Kontraktrechts im 17. und 18. Jahrhundert.
  - 1. Die Digests und Abridgements.
  - 2. Blackstone's Commentaries.
- III. Die Gründe für die Nicht-Vereinheitlichung der Lehre vom Inhalt der vertraglichen Verpflichtung.
  - 1. Das 17. und 18. Jahrhundert. Der Rückgang der Rechtswissenschaft.
  - 2. Das 19. Jahrhundert; allgemeiner Charakter seiner Reformen.

A. I. 1. »Kraft des Schuldverhältnisses ist der Gläubiger berechtigt, von dem Schuldner eine Leistung zu fordern.« In dieser Definition des deutschen BGB[1]), die als Korrelat des gläubigerischen Forderungsrechts die Pflicht des Schuldners zur Erbringung der Leistung in sich schließt, ist ein zweites, begriffswesentliches Moment als für die heutige Auffassung selbstverständlich nicht erwähnt, die staatliche Sanktion, die hinter

---

1) § 241, 1.

der Leistungspflicht stehend, ihr erst den Charakter als Rechtspflicht verleiht. Hinter das Leistensollen des Schuldners, hinter die »Schuld«, hinter die »konkrete Norm«, die die Leistung befiehlt, tritt der »zwingende Apparat«[2]), der sich auch gegen den Willen des Schuldners durchsetzt. Nach deutschem Recht, wie auch schon im Gemeinen Recht, zielt diese Sanktion auf die Durchführung der geschuldeten Leistung selbst. Die Macht der Tatsachen mag verhindern, daß sie dieses Ziel immer erreicht[3]), rechtspolitische Erwägungen können dazu führen, daß in gewissen Fällen der »zwingende Apparat« nicht oder nicht mit voller Kraft eingesetzt wird[4]). Aber diese Ausnahmen dürfen nicht verdunkeln, daß nach geltendem deutschen Recht der zwingende Apparat grundsätzlich zur Herbeiführung der geschuldeten Leistung eingreift. Er soll dem Gläubiger den Besitz der geschuldeten Sache oder Sachquantität, der geschuldeten Geldsumme, den Erwerb des geschuldeten Rechts, den Erfolg der geschuldeten Willenserklärung verschaffen. Das heutige deutsche Recht strebt an, dem Gläubiger Befriedigung seiner Forderung, ihm dasjenige zu verschaffen, was er kraft des Schuldverhältnisses »bekommen soll«, nicht nur einen Ersatz[5]). Das Schuldverhältnis des deutschen Rechts läßt einen Anspruch entstehen, der unmittelbar auf die Leistung zielt, der durch Verurteilungsklage mit anschließender Vollstreckung erzwingbar ist. Die rechtliche Sanktion besteht in einer Verurteilung mit Naturalvollstreckung[6]).

Die Klage auf die geschuldete Leistung ist aber nicht die

---

2) Ausdruck von G. Hartmann, Die Obligation. 1875. S. 118.

3) z. B. bei Unmöglichkeit der Leistung oder faktischer Unerzwingbarkeit.

4) Vgl. z. B. § 888 II ZPO.

5) Voraussetzung einer solchen Auffassung ist, daß als »Gegenstand« des Schuldverhältnisses nicht eine Handlung, eine Kraftanstrengung des Schuldners betrachtet wird, sondern die Herbeiführung eines Erfolges. Mit Recht wird dafür angeführt, daß nach ausdrücklicher gesetzlicher Vorschrift nicht nur der Schuldner erfüllen kann, sondern jeder Dritte (BGB § 267). Vgl. Franz Leonhard, Allg. Schuldrecht des BGB. 24; Siber, Rechtszwang im Schuldverhältnis 154.

6) Naturalvollstreckung liegt auch bei der Zwangsvollstreckung wegen Geldforderungen vor; denn auch hier und gerade hier erhält der Gläubiger das, was er kraft des Schuldverhältnisses erhalten soll, eine Geldsumme, die allerdings erst durch Verwertung anderer Vermögensstücke des Schuldners beschafft wird. Aber dies ist für den Gläubiger ebenso gleichgültig wie sonst der Umstand, auf welche Weise der Schuldner den geschuldeten Gegenstand sich beschafft.

einzige Form der staatlichen Sanktion des Schuldverhältnisses. Ist durch Nichterbringung, durch nicht richtige oder nicht rechtzeitige Erbringung der Leistung für den Gläubiger ein Schaden entstanden, so kann die Sanktion auch in der Entstehung einer »Ersatzverpflichtung« liegen, die ihrerseits dann wieder als echtes Schuldverhältnis der Leistungsklage mit anschließender Zwangsvollstreckung unterliegt.

So enthält das Schuldverhältnis drei Bestandteile: ein Leistensollen des Schuldners auf Grund konkreten, bei der Vertragsobligation dem Inhalt nach durch die Willensübereinstimmung der Parteien umschriebenen Rechtsbefehls, eine dem Gläubiger verliehene Macht über das Vermögen des Schuldners oder auch über den Schuldner selbst (Beugehaft § 888 I ZPO!), die sich in der Zwangsvollstreckung äußert, schließlich die Androhung der ihrerseits wieder klag- und vollstreckbaren Ersatzverpflichtung[7]).

2. Die rechtsgeschichtliche Forschung, zunächst auf germanistischem, dann auch auf anderen Gebieten, hat gezeigt, daß diese Struktur des Schuldverhältnisses nicht allgemein gültig ist. Von Amira[8]) hat für das nordgermanische Obligationenrecht bewiesen, daß dort die Sanktion der Schuld in anderer Weise erfolgte: Die »Schuld« ist ein bloßes »Bekommensollen« des Gläubigers, der Rechtszwang, der zwingende Apparat ist nicht auf ihre Durchsetzung eingestellt. Die Schuld ist unerzwingbar. Aber neben sie tritt als selbständiges Rechtsinstitut die »Haftung«, — eine Person oder eine Sache wird zum Pfand eingesetzt, ist verstrickt und der Gläubiger kann bei Nichterfüllung der Schuld auf das Haftungsobjekt seinen »Zugriff« nehmen. Die Haftung ist ein Einstehen, der Zugriff auf den Haftungsgegenstand ist nicht Befriedigung der Schuld, verschafft nicht Erfüllung, sondern Genugtuung. Die haftende Person verfällt dem Gläubiger, sie wird friedlos oder gerät in Schuldknechtschaft oder der Gläubiger kann auf ihr Vermögen seinen Zugriff nehmen. Bei Sachhaftung verfällt die Sache dem Gläubiger. Die Haftung ist eine Garantie der Schuld, die Obligation ist eine »Gebundenheit«, eine »Gefahr«, eine »Bürgschaft«. Diese Trennung von Schuld und Haftung ist von anderen für

---

[7]) Siber 253ff.

[8]) Nordgermanisches Obligationenrecht I (1882) 27ff., insbesondere 71ff., II (1895) 163ff.

das ältere deutsche Recht[9]), für das altgriechische[10]) und altbabylonische Recht[11]) nachgewiesen worden und die Vermutung, daß sie auch im ältesten römischen Recht vorhanden war, ist mit guten Gründen aufgestellt worden[12]). Im späteren römischen Recht allerdings sind Schuld und Haftung zusammengewachsen, derart, daß jede Schuld regelmäßig die persönliche Haftung des Schuldners nach sich zieht, ja, diese Verbindung ist so eng, daß das gesamte, Schuld und Haftung in sich vereinigende Schuldverhältnis von der Haftung her seinen Namen erhält, obligatio, Bindung, Gebundenheit. Diese entwickelte romanistische Obligation stellt die oben dargestellte Figur des Schuldverhältnisses dar, in dem Schuld, Haftung und Ersatzverpflichtung verbunden sind[12a]).

II. Einen anderen, dritten Typ stellt die Obligation der englischen Action of Assumpsit dar. Im simple contract verspricht der Promittent eine Leistung, er begründet eine Schuld. Aber — und hier liegt der wesentliche Unterschied zur Obligation des Gemeinen und des heutigen deutschen Rechts — diese Schuld ist nicht klagbar, sie kann nicht Gegenstand der Verurteilung und noch weniger der Vollstreckung sein. Gegenstand gerichtlicher Tätigkeit kann ausschließlich die Ersatzverbindlichkeit werden, die bei »Verletzung der Schuld«, bei »Vertragsbruch«, Breach of Contract, entsteht. Wesentlich ist: Die »Schuld« ist nicht nur nicht vollstreckbar, sie ist auch nicht klagbar. Hier liegt der Unterschied zu dem römischen Satze: omnis condemnatio est pecuniaria. Gegenstand des römischen Prozesses ist die Schuld. »Si paret Nm. Nm. Ao. Ao. dare facere oportere. . .« Nur die Verurteilung geht auf Geld, weil das Vollstreckungsverfahren die Möglichkeit der Durchsetzung von Ansprüchen an-

---

[9]) Puntschart, Schuldvertrag und Treugelöbnis des Sächsischen Rechts im Mittelalter. 1896; Otto Gierke, Schuld und Haftung im älteren deutschen Recht. 1910.

[10]) J. Partsch, Griechisches Bürgschaftsrecht. I. 1909.

[11]) Koschaker, Babylonisch-Assyrisches Bürgschaftsrecht. 1911.

[12]) E. Rabel, Grundzüge des römischen Privatrechts in Holtzendorff-Kohlers Enzyklopädie I, 453.

[12a]) Die Bedeutung der Haftung im Begriffe der römischen obligatio hat schon 1874 von Brinz (Grünh. Z. I 11ff.) nachdrücklich betont. Er hat aber noch nicht Schuld und Haftung geschieden, sondern dem Charakter des entwickelten römischen Rechts zufolge Schuld und Haftung als Einheit betrachtet derart, daß bei ihm die Schuld als qualifizierte Form der Haftung erscheint. Die Haftung ist das noch »unentschiedene Müssen«, die Schuld das »entschiedene«.

derer Art noch nicht kennt. In Assumpsit ist die »Schuld« nicht klagbar. Das zeigt sich am schlagendsten darin, daß auch Geldschulden, solange sie nicht die Form der Debt annehmen, was bei Leistungsaustauschverträgen grundsätzlich erst nach vollzogenem Leistungsaustausch geschieht, nicht klagbar sind. Der Verkäufer kann, solange nicht infolge Übertragung des Eigentums an der Kaufsache eine Debt entstanden ist, nicht auf den Kaufpreis klagen, sondern nur auf Schadensersatz wegen Nichtzahlung. Ebenso kann aus der Anleihezeichnung nicht auf Zahlung der gezeichneten Summe geklagt werden, sondern nur auf Schadenersatz wegen Nichtzahlung, was praktisch auf eine Unklagbarkeit hinauslaufen kann[13]).

Gegenstand des Anspruchs in Assumpsit ist nicht die Schuld, sondern nur der Ersatzanspruch, ist nur, wenn man so sagen will, die Haftung. Bei einer solchen Ausdrucksweise muß man sich aber klar sein, daß unter Haftung etwas anderes verstanden wird als das bloße Einstehen, das »dem Zugriff des Gläubigers Unterliegen« im Sinne der Amiraschen Schuld-Haftungslehre. Mit Recht hat Siber diese mehrdeutige Verwendung des Wortes »Haftung« getadelt[14]), und mit Recht weist Franz Leonhard darauf hin, daß praktisch die Versuche einer Übertragung dieser Lehre auf das geltende deutsche Recht[15]) keine Erklärung des Aufbaus und der Struktur des Schuldverhältnisses geben, sondern sich im wesentlichen mit den Fällen der Vollstreckung in andere Gegenstände als diejenigen beschäftigen, die nach dem Inhalt des Schuldverhältnisses dem Gläubiger zu liefern waren[16]). In der Tat hat die Schuld-Haftungslehre Wesentliches geleistet zur Erklärung der Fälle einer »Haftung ohne Schuld« (Grundschuld!) und der »gegenständlich beschränkten Haftung« (z. B. mit dem Schiffsvermögen). Den Unterschied zwischen der Struktur des Schuldverhältnisses nach deutschem BGB. und der englischen Action of Assumpsit kann sie nur erklären, wenn mit dem Worte Haftung der Sinn der Ersatzverbindlichkeit, der Einstandspflicht, verbunden wird.

---

13) Vgl. den lehrreichen Fall The South African Territories, Ltd. v. Wallington [1898] A. C. 309 H. L.

14) in Planck's Kommentar zum BGB. Recht der Schuldverhältnisse, Allg. Teil, 4. A. 1914 S. 18/19.

15) Vgl. O. Schreiber, Schuld und Haftung als Begriffe der privatrechtlichen Dogmatik, 1. Bd. 1914; v. Schwerin, Schuld und Haftung im geltenden Recht. 1911.

16) Allgemeines Schuldrecht des BGB. 1929 S. 29ff.

Infolge ihres Ursprungs als Deliktsklage ist die Action of Assumpsit auf nichts anderes gerichtet als auf Schadenersatz[17]). Die »Schuld«, die »Leistung« erscheint nur als der durch Nicht-

[17]) In diesem Aufbau ähnelt die Obligation aus Assumpsit der Vertragsobligation, wie Schlossmann (Der Vertrag. 1876) sie konstruieren wollte. In seiner Kritik der überkommenen Rechtsbegriffe, die er für verfehlt und unnütz erklärt, will er ein neues System aufbauen, das unmittelbar auf die Verkehrsbedürfnisse und das »Rechtsgefühl« als Quelle zurückgehen soll. Diesem Rechtsgefühl entnimmt er als Grundlage des Vermögensrechts den allgemeinen Satz, daß die schuldhafte Verletzung eines Vermögens einen Ausgleich verlange. Die Nichterfüllung eines Versprechens bedeute eine Vermögensverletzung, denn die Erwartung einer versprochenen Leistung sei bereits ein Vermögensaktivum. Die Erwartung, ein gegebenes Versprechen werde erfüllt werden, werde im geschäftlichen und verkehrsmäßigen Handeln bereits einkalkuliert. Dies sei eine rein tatsächliche Erscheinung. »In allen Fällen, wo jemand vernünftigerweise eine ihm versprochene Leistung als einen Bestandteil seines Vermögens ansieht, muß er die Täuschung seiner Erwartung als eine Verletzung empfinden: Die Kränkung, welche jemand dadurch erleidet, daß ein anderer ihm die Benutzung oder die Verwertung einer Sache durch Entziehung derselben unmöglich macht, ist, wirtschaftlich betrachtet, dieselbe, wie wenn ihm die versprochene Sache zu dem Zeitpunkt, da er sie zu erhalten hoffte, nicht gewährt wird.« (S. 310/11.)

Die Nichterfüllung eines Versprechens bedarf daher des Schadensersatzes und dieser besteht eben darin, daß die Leistung erbracht wird, oder auch darin, daß an ihrer Stelle Geld geleistet wird. Beides ist Schadenersatz. »Wenn jemand sagt: A hat dem B das Versprechen, ihm den fundus Cornelianus zu geben, erfüllt, — und ein anderer: A hat dem B den Schaden, welcher ihm durch die vergebliche Erwartung der zugesagten Tradition entstanden war, durch Vollziehung der Tradition ersetzt, so sagen beide dasselbe, nur daß der letztere noch näher die Funktion angibt, welche die Leistung in bezug auf den Vermögensstand des Empfängers verrichtet.«

Für Schlossmann ist also jede »Erfüllung« eines Versprechens Schadenersatz und daher das Versprechen Quelle eines Schadenersatzanspruches. Insoweit würde seine Auffassung der Action of Assumpsit entsprechen. Ein wesentlicher Unterschied liegt aber darin, daß er unter dem Namen »Schadenersatz« die versprochene Leistung gewähren will, während in Assumpsit als »Schadenersatz« nur ein »Ersatz« dieser Leistung bei ihrem Ausbleiben gewährt wird. Die Ausführungen Schlossmanns beabsichtigen eine andere Systematik als die hergebrachte des Gemeinen Rechts. Praktisch würde ihre Annahme in der Ausgestaltung der Vertragsobligation nichts ändern. Der Gläubiger könnte auf die versprochene Leistung klagen, nur daß sie statt Leistung Schadenersatz hieße. In Assumpsit kann er nicht auf die Leistung klagen, sondern nur auf das Geldinteresse. Schlossmanns Auffassung kommt der Action of Assumpsit nahe. Aber dadurch, daß er den Schadenersatzbegriff in eigenartiger Weise umbiegend doch wieder zum Leistungsanspruch kommt, entfernt er sich wieder davon.

erbringung eine Garantie auslösende Anlaß. Der Schuldner verspricht zwar eine Leistung, aber mit diesem Versprechen, mit dieser Leistung beschäftigt sich das Common Law in den Assumpsit-Fällen nicht. Gegenstand der Actio und damit einer Rechtspflicht ist nur das weitere Versprechen einer Garantie, eines Schadenersatzes, für den Fall, daß die in Aussicht gestellte Leistung nicht erbracht wird[18]).

III. Assumpsit unterscheidet sich auch von der Struktur des Schuldverhältnisses in den anderen der Durchsetzung vertraglicher Ansprüche dienenden Aktionen des Common Law.

1. Zunächst von der Action of Covenant. Hier ist Gegenstand des gerichtlichen Verfahrens im Anfangsstadium die »Schuld«. Der Writ befiehlt dem Schuldner die Leistung[19]). Erst in der weiteren Durchführung verwandelt sich das Verfahren in eine Klage auf Schadenersatz. Hier besteht eine Parallele mit dem römischen Grundsatz der condemnatio pecuniaria. Die »Schuld« gewährt ein Klagerecht, nur die Durchführung des Verfahrens ist mangelhaft und auf die Ersatzverbindlichkeit beschränkt.

2. Größer ist der Unterschied zwischen Assumpsit und Debt. Unter dem Hereinspielen sachenrechtlicher Gedanken erscheint Debt als die Klage, in welcher der Gläubiger eine ihm gehörige Geldsumme vom Schuldner herausverlangt. Klage und Urteil richten sich auf diese Summe, die Vollstreckung verschafft sie dem Gläubiger[20]). So ist die Debt keine Klage auf Schadenersatz, sondern eine Klage auf Schuld, eine Aktionsform, die spezifische Erfüllung der Schuld gewährt[21]).

Aber dieser Gedanke der spezifischen Erfüllung ist at law eben auf den Fall der Debt beschränkt, d. h. auf die ziffernmäßig

---

[18]) Mit dieser Feststellung soll keineswegs zu der Frage Stellung genommen werden, ob eine unklagbare und unvollstreckbare Schuld Gegenstand einer »Rechtspflicht« sein kann. Diese Fragestellung, deren Beantwortung nicht so sehr von einer rechtsphilosophischen Stellungnahme abhängt als davon, ob man an das Schuldverhältnis von der materiellrechtlichen oder von der prozessualen Rechtsbetrachtungsweise herangeht (im Sinne von James Goldschmidt, Der Prozeß als Rechtslage), erscheint für die hier beabsichtigte Untersuchung der Struktur der englischen Vertragsobligation nicht fruchtbar.

[19]) Siehe oben S. 21 f.

[20]) auf dem Umweg der Verwertung anderer Vermögensstücke. Vgl. darüber oben S. 123 Anmerkung 6.

[21]) und ebenso die sie praktisch vertretende Action of Indebitatus Assumpsit.

fest umschriebene Geldschuld, die grundsätzlich nur durch Formalakt oder re begründet werden kann, nicht auch durch bloßen Consens.

3. Den Gedanken der spezifischen Erfüllung zu erweitern und von Geldleistungen auf Sachleistungen auszudehnen, blieb der Equity vorbehalten, die in dem Rechtsinstitut der Specific Performance die Naturalerfüllung von Ansprüchen jeglicher Art zu erzwingen versucht. Aber dieser Rechtsbehelf bleibt eine Ausnahme und auch er kann die spezifische Erfüllung nur anstreben, nicht auch unter allen Umständen durchführen; denn das Vollstreckungssystem der Equity arbeitet nur mit indirektem Zwange, mit Beugehaft oder Strafen für den Fall, daß der Schuldner die gebotene Naturalerfüllung nicht erbringt[22]).

B. I. Mit dem Ende des 16. Jahrhunderts stehen diese verschiedenen Aktionen und Klagemöglichkeiten mit ihren verschiedenen Voraussetzungen und Verfahrensarten klar nebeneinander. At law ist jede Actio ein deutlich umschriebenes selbständiges Gebilde und wiederum selbständig steht daneben, für gewisse Ausnahmefälle, das Rechtsinstitut der Specific Performance in Equity. Das 17. und 18. Jahrhundert bringen die Verallgemeinerung des Kontraktbegriffes. Die Fälle, die Anlaß zur Entstehung eines Anspruchs aus einer der erwähnten Aktionsarten geben können, werden unter dem Namen Contracts zusammengefaßt und für die Entstehung solcher Ansprüche bildete sich die geschilderte einheitliche Lehre, die ihren Mittelpunkt in dem Begriffe der Consideration findet.

Aber — und dies ist wesentlich — die Zusammenfassung geschieht nur für die »Entstehung« der Ansprüche. Im Inhalt bleiben sie getrennt. Prozessual bleibt das Aktionensystem bis zur Mitte des 19. Jahrhunderts erhalten und damit bleiben auch im wesentlichen die alten Aktionsformen, nicht unverändert selbstverständlich, aber in ihren Grundzügen, und ihre Wirkungen zeigen sich noch im heutigen Recht, nicht nur in unwesentlichen Einzelheiten, sondern in den Grundlagen, in der Struktur der vertraglichen Obligation, wie sie sich im heutigen anglo-amerikanischen Rechte darstellt. Noch heute ist die Struktur der Vertragsobligation des anglo-amerikanischen Rechts nicht einheitlich, noch heute sind die Unterschiede zwischen Assumpsit und Debt,

---

[22]) Im modernen engl. Prozeß besteht allerdings nunmehr auch die Möglichkeit der zwangsweisen Vollstreckung von Ansprüchen auf Herausgabe von Sachen.

zwischen Law und Equity vorhanden. In welcher Weise, mit welchen Folgen, soll im folgenden gezeigt werden.

II. 1. Die Tatsache, daß unter dem neuen einheitlichen Begriff Contract nur die Lehre von der Entstehung der vertraglichen Obligation betrachtet wird, nicht auch ihr Inhalt, findet ihren Ausdruck in der Zweiteilung, die das Recht der obligatorischen Verträge in den Enzyklopädien und Darstellungen des 17. und 18. Jahrhunderts findet und die noch in den modernen Lehrbüchern, wenn auch nicht mehr so betont, zu bemerken ist. Unter der Rubrik »Contract« wird nur das Zustandekommen der obligatorischen Bindung betrachtet, ihr Inhalt dagegen wird nach wie vor unter den alten aktionsrechtlichen Kategorien von Assumpsit, Covenant, Debt, Detinue, Specific Performance behandelt, so in Sheppard's Actions on the Case (1675), in Blount's Law Dictionary von 1717, in Viner's großem Werk von 1745 — 1746, in Jacob's New Law Dictionary von 1750, in Comyn's Digest von 1764, und, was den Stand der Auffassungen am Ende des 18. Jahrhunderts am klarsten wiedergibt und die Praxis des 19. Jahrhunderts am nachhaltigsten beeinflußt, in Blackstone's Commentaries, deren Darstellung als Summa der gesamten Entwicklung des Common Law bis zu den großen Reformen des 19. Jahrhunderts betrachtet werden kann.

2. Blackstone behandelt die obligatorischen Verträge unter den Arten des Eigentumserwerbs (im 2. Buch des Werkes)[23]. Demgemäß werden Grundstücksgeschäfte an anderer Stelle behandelt (Buch 2 Kapitel 13—15) als die Verträge über bewegliche Gegenstände (Buch 2 Kapitel 30). Dieses letztere Kapitel behandelt aber im wesentlichen nur den Abschluß der Verträge, also insbes. die Lehren vom Agreement und von der Consideration, sowie die Klassifizierung der Verträge je nach ihrem Objekt. Das macht natürlich ein gewisses Eingehen auf den Gegenstand der versprochenen Leistungen unumgänglich, aber ex professo wird der Inhalt der vertraglichen Bindung und insbes. die Art und Weise ihrer Durchsetzung an anderer Stelle behandelt, im dritten Buch des Werkes, das von den Private Wrongs(!) handelt und der Erörterung der einzelnen Aktionen gewidmet ist. Dabei werden nicht nur Gegenstände behandelt, die nach der heutigen Systematik zum Zivilprozeßrecht gehören, sondern auch wichtige Teile des materiellen Rechts, insbes. das gesamte Recht der Un-

---

[23]) Vgl. die Systematik des französischen Code civil!

erlaubten Handlungen (Torts). Diese Systematik bringt die Auffassung der Zeit schlagend zum Ausdruck. Das Denken in materiellrechtlichen Formen, das im Vertragsrecht wie in anderen Materien im 16. Jahrhundert beginnt, verdrängt das Denken in den alten aktionsrechtlichen Kategorien keineswegs, es tritt daneben und die gesamte Rechtssystematik leidet unter dem eigenartigen Zwiespalt dieser Betrachtungsweisen, die beide, von heterogenen Kategorien ausgehend, die gleichen Gegenstände unter verschiedenen Gesichtspunkten sehen. Für das Vertragsrecht führt dieser Zwiespalt der Systematik zu der erwähnten Trennung des obligatorischen Vertrages und seines Inhalts, zur Beibehaltung der historisch begründeten Betrachtung der Vertragsverletzung, des Breach of Contract, als Unrecht, Wrong.

»Da alle wrongs einfach als Vorenthaltung eines Rechts betrachtet werden können, so ist der einzige natürliche Rechtsbehelf gegen jegliche Art von Unrecht, den Verletzten in den Genuß desjenigen Rechts zu setzen, das ihm vorenthalten wird. Das kann durch eine tatsächliche Übergabe oder Rückgabe des Streitgegenstandes an den rechtmäßigen Eigentümer geschehen, so z. B. wenn der Beklagte rechtswidrig in ein Grundstück eingedrungen ist oder bewegliche Sachen rechtswidrig zurückbehält. Wo dies nicht möglich oder kein angemessener Rechtsbehelf ist, kann der Rechtsbehelf darin liegen, daß man dem Verletzten eine Geldentschädigung für seinen Schaden gewährt wie z. B. bei Körperverletzung, Vertragsbruch usw.... Das Mittel, womit dies geschieht, sind die verschiedenen Suits and Actions, die im Mirror (of Justices)[24]) (c. 2 § 1) erklärt werden als »The lawful demands of one's rights« oder, wie Bracton und Fleta es in den Worten Justinians (Inst. 4. 6. pr.) ausdrücken, als »ius prosequendi in iudicio quod alicui debetur«[25]).

In der folgenden Darstellung werden die Aktionen nach den Arten des Unrechts gruppiert, denen abzuhelfen sie bestimmt sind. Blackstone unterscheidet also Injuries to the rights of persons und Injuries to the rights of property. Diese letztere Gruppe wird wiederum eingeteilt in Injuries to real property und Injuries to personal property und in letzteren erscheinen die der Durchführung obligatorischer Verträge dienenden Aktionen unter dem Untertitel der Injuries to personal property

---

24) Einem Rechtsbuch von etwa 1290. Vgl. darüber Holdsw. II, 327 ff.
25) Buch 3 Kapitel 8 (1. Aufl. Seite 116).

in Action, nachdem zuvor die Injuries to personal property in Possession behandelt worden sind.

Diese Gliederung entspricht der im zweiten Buch (Right of Things) vorgenommenen Einteilung aller Vermögensrechte in Rights in Possession und Rights in Action. Bei den ersteren, wie Eigentum, Dienstbarkeiten sind Recht und Innehabung des Gegenstandes vereinigt, bei den letzteren besteht nur ein gegen einen anderen gerichteter Anspruch auf Herstellung der Innehabung. Sie sind also obligatorische Rechte »or such rights as are founded on, and arise from contracts« und zwar sowohl von express contracts wie von implied contracts. Unter diesem letzteren Ausdruck werden quasikontraktliche Ansprüche verschiedener Art, insbes. Bereicherungsansprüche verstanden. Die express contracts umfassen drei verschiedene Arten: Debts, covenants, and promises[26]).

»Der rechtlich anerkannte Begriff der Debt ist »a sum of money due by certain and express agreement« wie z. B. aus einem Schuldschein, aus einem gezogenen oder eigenen Wechsel, aus einem special bargain (Blackstone meint damit den durch Lieferung der Sache einseitig erfüllten Kauf) oder eine Forderung auf Mietzins. Voraussetzung ist, daß die Summe unveränderlich feststeht, und daß zu ihrer Bestimmung keinerlei Kalkulation erforderlich ist. Die Nichtzahlung ist ein Unrecht, wofür das angemessene Remedy eine Action of Debt ist (Fitzherbert. Natura Brevium 119) um die Erfüllung des Vertrages zu erzwingen und die geschuldete Summe einzuziehen. Dies ist der kürzeste und sicherste Rechtsbehelf, besonders wenn sich die Summe aus einer gesiegelten Urkunde ergibt. Ebenso geht gegen mich eine Action of Debt, wenn ich mündlich vereinbare, jemandem eine bestimmte Geldsumme für eine bestimmte Warenmenge zu zahlen und wenn ich die Erfüllung unterlasse; denn auch dies ist ein determinate contract. Wenn ich aber einen nicht ziffernmäßig bestimmten Preis vereinbare, so bin ich nicht in einer Action of Debt klagbar, sondern in einer Action on the case, je nach der Natur meines Vertrages[27]).

»Ein Covenant, d. h. ein in einer gesiegelten Urkunde enthaltenes Versprechen, eine bestimmte Handlung vorzunehmen oder zu unterlassen, ist eine andere Art von express contract, dessen Verletzung oder Bruch ein ziviles Unrecht ist... Der

[26]) Buch 3 Kapitel 9, S. 153ff.

[27]) Vgl. oben S. 22ff.

Rechtsbehelf dafür ist ein Writ of Covenant (Fitzherbert, Natura Brevium 145), der den Sheriff anweist, den Beklagten aufzufordern, entweder den mit dem Kläger abgeschlossenen Covenant, dessen Gegenstand im einzelnen nicht genannt wird, einzuhalten oder seine Gründe für das Gegenteil darzulegen. Wenn der Beklagte sich weiterhin weigert oder wenn der Covenant bereits derart verletzt ist, daß er nicht mehr spezifisch erfüllt werden kann, dann werden im darauffolgenden Verfahren der Covenant, der Vertragsbruch und der Schaden im einzelnen auseinandergesetzt, worauf die Jury den Schadenersatz festsetzt für das Unrecht, das der Kläger durch den Vertragsbruch des Beklagten erlitten hat...

»Ein Promise ist seiner Natur nach ein mündlicher Covenant, dem, um genau das gleiche zu sein wie ein Covenant, nichts weiter fehlt als die Formalitäten der Schriftlichkeit und Siegelung... Der Rechtsbehelf ist allerdings nicht ganz genau der gleiche. Anstatt einer Action of Covenant ist hier nur eine Action on the Case gegeben aus dem Assumpsit oder Undertaking des Beklagten; die Unterlassung seiner Erfüllung ist das dem Kläger angetane Unrecht, wofür die Jury den Schadenersatz zu schätzen und festzusetzen hat.«

Blackstone's Ausführungen sind hier wörtlich wiedergegeben, weil sie in prägnanter Weise zeigen, daß gegen Ende des 18. Jahrhunderts die Vereinigung der alten Aktionen und der Ersatz des aktionsrechtlichen Denkens durch neue materiellrechtlich gefaßte Begriffe noch nicht erfolgt sind. Sie zeigen weiter, wie die Rechtsbehelfe inhaltlich verschieden ausgestaltet sind.

III. 1. Die gedankliche Vereinheitlichung und materiellrechtliche Erfassung der Lehre vom Zustandekommen der vertraglichen Verpflichtung war im wesentlichen mit Edward Coke's Wirken um die Wende des 16. zum 17. Jahrhundert abgeschlossen. Nunmehr hätte der gleiche Prozeß für die Auffassung des Inhalts der vertraglichen Verpflichtung einsetzen können. Aber, das Common Law des 17. und 18. Jahrhunderts war nicht mehr elastisch genug, dies durchzuführen. Das bis dahin noch lockere Präjudiziensystem ist starr geworden und die Juristen der nunmehr ans Werk tretenden Generationen sind zu wenig beweglich, als daß sie die alten, ausgefahrenen Geleise verlassen könnten. Mit dem Ende des 16. Jahrhunderts hat die Entwicklung des Common Law einen Höhepunkt gefunden. Das 17. Jahrhundert ist von politischen und religiösen Kämpfen erfüllt und die Verfassungsfragen nehmen alle juristischen Kräfte in Anspruch. Für die Fortbildung privatrechtlicher Begriffe und Theorien bleibt wenig Zeit und Muße. Die erfolgreichen Versuche einer Erneuerung des Absolutismus durch Karl II. und noch mehr die erfolglosen Bemühungen Jakob's II., die politische Entwicklung Englands um zwei Jahrhunderte zurückzuschrauben, bringen die Richter und damit die gesamte Juristenschaft in Abhängigkeit von der Krone, die die besten Qualitäten zerstört. Die Richter, von denen die Fortbildung des Rechts ausgehen soll, werden aus Juristen zu Hofleuten und willfährigen Werkzeugen der Politik der Stuarts. Das Revolution Settlement von 1689 bringt mit dem Grundsatz der Inamovibilität der Richter die moralische Reinigung. Während bis dahin ein Mann von der Geradheit, Lauterkeit und Unbeugsamkeit Matthew Hale's[28]) eine Ausnahme gewesen war, wird mit dem Amtsantritt Lord Holt's als Chief Justice (1691)[29]) der persönlich unantastbare, lautere Richter wieder zur Regel. Aber das wissenschaftliche juristische Niveau hebt sich kaum. Das 18. Jahrhundert ist für England eine Zeit der Ruhe und der Saturiertheit und, abgesehen von der Mathematik, des wissenschaftlichen Stillstands. Quieta non movere wird zum politischen Grundsatz der Whigs, die unter den ersten beiden hannoveranischen Königen fast unbestritten das Land beherrschen, aber diese Herrschaft nur aufrecht erhalten können auf Grund eines stillschweigenden Kompromisses mit den toristischen Squires und dem Klerus der High Church, die im ruhigen Genuß ihrer alten Rechte und Privilegien nicht gestört werden. Die Zeit ist nicht angetan nach Reformen, die Dinge gehen ihren gewohnten Gang und die Rechtsprechung hält sich an die ausgefahrenen Geleise hergebrachter Routine[30]). Mit dem allgemeinen Rückgang der Wissenschaft — an den Universitäten schlafen nicht nur die Examina, sondern auch die Vorlesungen ein — geht der Rückgang der juristischen Ausbildung Hand in Hand.

Bis etwa 1600 liegt sie durchweg in den Händen der Inns of Court, die regelmäßige Kurse und Vorlesungen abhalten und in einem geregelten schulmäßigen Betrieb ein verhältnismäßig

---

28) Birkenhead, Fourteen English Judges (1926) S. 52ff.; Holdsw. VI, S. 574ff.

29) Über ihn vgl. Birkenhead a. a. O. S. 99ff.; Holdsw. VI, 576ff.

30) Vgl. dazu Trevelyan, History of England, 6. Aufl., S. 505ff.

hohes Niveau aufrecht erhalten. Etwa um 1600 hört diese Methode auf, Vorlesungen finden nicht mehr statt, dem jungen Juristen bleibt überlassen, wie er sich seine Vorbildung erwerben will. Der Eintritt in die praktische Lehre bei einem Barrister wird zur Regel, die Theorie tritt zurück, von Systematik ist keine Rede mehr, die Ausbildung wird banausisch rein aufs Praktische gestellt. Die Literatur der Zeit ist ein deutlicher Spiegel, sie ist »reich an Quantität, gering an Qualität«[31]). Im wesentlichen besteht sie aus unsystematischen, mechanischen Zusammenstellungen von Entscheidungen. Nur wenige einzelne Juristen ragen aus diesem Niveau hervor. Der Lord-Kanzler Nottingham, der »Vater der modernen Equity« (1621—1682), Sir Matthew Hale, Lord Holt und vor allem Lord Mansfield.

Aber diese Männer sind Ausnahmen. Die Durchschnittsjuristen der Zeit halten am Überkommenen fest, ja sie verstärken es durch Überbetonung der Formen und Formalitäten, die, in der Barockzeit schließlich Gefahr laufen, als Schnörkel das Recht zu überwuchern.

2. Blackstone's Commentaries leiten zwar einen neuen Stil der literarischen Darstellung des Common Law ein, aber sie bedeuten weder selbst eine Fortbildung des Rechtes noch regen sie eine solche an. Die politischen Bedrängnisse des amerikanischen Unabhängigkeitskrieges und die infolge der Jacobinerfurcht einsetzende politische Reaktion verhindern für ein weiteres halbes Jahrhundert jeden Fortschritt. Der Grundton von Blackstone's Werk ist kritiklose Bewunderung des Common Law, in ihm wird der Hort der politischen Freiheit des Engländers erblickt, die ja auch zu Blackstone's Zeiten sicherlich größer war als in irgend einem anderen Lande der Welt. Er sieht das Common Law als ein großes, wundervolles Gebäude, an dem die Weisheit der Jahrhunderte gearbeitet hat um es zu seiner Vollendung zu bringen und die Bewunderung für die Vollkommenheit des Ganzen übertragen er, und mehr noch seine Nachfolger, auf jede kleinste Einzelheit. So ist die in ihrem Rechtsleben durch die hochkonservative Persönlichkeit Lord Eldon's beherrschte Zeit nicht zu Reformen und Weiterbildungen angetan. Der Strukturwandel im sozialen Aufbau des Landes infolge der Industrial Revolution, das Erwachen neuer sozialer Schichten rufen zwar Kritiker auf den Plan, die wie Jeremy

[31]) Holdsw. VI, 613.

Bentham die Mißbräuche und Alterserscheinungen, die sich infolge des beinahe zweihundertjährigen Stillstandes überall in der Rechtspflege eingeschlichen haben, unermüdlich brandmarken, aber erst der politische Umschwung der dreißiger Jahre des 19. Jahrhunderts, die Ablösung der Toryregierung durch die verjüngten Whigs, vermag das Eis zu brechen. Nunmehr beginnt die Flut der Reformen in unaufhaltsamem bis heute noch nicht abgeschlossenem Strome. Parlamentarische Untersuchungskommissionen füllen Bände mit ihren Verhandlungen und Untersuchungen, die Jahresbände des Gesetzblattes schwellen zu nie gesehenem Umfange an. Kein Gebiet des Rechtslebens bleibt von dieser Bewegung verschont. Die Common Law Procedure Acts von 1852, 1854 und 1860, die Judicature Acts von 1873 und 1875 bringen den Bruch mit dem Aktionensystem und dem prozessualen Dualismus von Law und Equity. Die alten Common Law-Gerichte werden mit dem Equity-Gericht der Chancery und mit den Sondergerichten für Ehe-, Erbschafts- und Seesachen zu einem einheitlichen High Court vereinigt, der Law und Equity gleichmäßig handhabt. Das Prozeßverfahren wird weitgehend geändert. An Stelle der verschiedenen Verfahrensnormen für jede einzelne Actio tritt eine in den neuen Rules of Court kodifizierte einheitliche Zivilprozeßordnung. Das materielle Recht zahlreicher wichtiger Materien wird in Konsolidationsgesetzen zusammengefaßt, die nicht nur den Stoff sichten, Unklarheiten lösen, Streitfragen entscheiden, sondern auch häufig weitgehende Änderungen des materiellen Rechts bringen.

Hand in Hand mit diesem Wiedererwachen des praktischen Rechtslebens aus der Erstarrung der Tradition geht die Wiederaufnahme des Rechtsunterrichts durch die Inns of Court[32]) und

[32]) 1833 beschließt der Inner Temple die Einrichtung von Vorlesungen über Common Law, Equity, Jurisprudence und International Law. Der (fakultative) Besuch dieser Vorlesungen ist aber so schwach, daß sie schon nach zwei Jahren wieder aufgegeben werden. 1845 beschließt der Middle Temple, nachdem 1834 bereits ein mißlungener Versuch vorangegangen war, die Einrichtung von Vorlesungen über Jurisprudence und Civil Law (d. h. Römisches Recht) (Report of the Committee on Legal Education, 1845). 1846 wird die Frage der juristischen Vorbildung im Unterhaus diskutiert und 1852 nehmen die vier Inns of Court durch Einsetzung eines Council of Legal Education die Frage gemeinsam in die Hand. Die Vorlesungen, deren Besuch zunächst immer noch fakultativ bleibt, umfassen Real Property, Jurisprudence, Civil Law, Verfassungsrecht, Rechtsgeschichte, Equity. Nach dem gegenwärtigen Lehrplan von 1927 sind Vorlesungsgegenstände: Römisches Recht, Jurisprudence, Völkerrecht, Inter-

ein Aufblühen der Rechtswissenschaft, die, wenigstens in ihrer historischen Richtung, mit der um etwa die gleiche Zeit einsetzenden jungen amerikanischen Rechtswissenschaft enge Fühlung hält und auch in ihrer Dogmatik nicht völlig unbeeinfluß davon bleibt. Bentham's Einfluß hat eine neue rechtsphilosophische Schule begründet[33]). Die historischen Arbeiten von Ames in den Vereinigten Staaten und von Maitland in England begründen die hohe Blüte einer neuen historischen Forschung, die in Holdsworth's monumentaler History of English Law einen Höhepunkt findet und in Sir Frederick Pollock die Brücke zum geltenden Recht schlägt[34]). Der moderne Stil systematischer Darstellung, eingeleitet durch Blackstone, bringt ungezählte Lehr- und Handbücher für die verschiedensten Rechtsgebiete, die allerdings, von Ausnahmen abgesehen, in der wissenschaftlich-dogmatischen Erfassung des Stoffes nicht sehr tief gehen und sich meist mit der Wiedergabe der in den Präjudizien niedergelegten Rechtssätze begnügen.

Die Prozeßreformen bringen die endgültige Befreiung des materiellen Rechts aus den Fesseln des Aktionensystems. Aber dieses System hat zu lange das Rechtsdenken beherrscht, als daß seine Folgen heute schon überwunden sein könnten. Mit den alten Aktionsformen sind nicht auch die unter ihrer Herrschaft ergangenen Präjudizien und die daraus abgeleiteten Rechtssätze verschwunden. Das Präjudiziensystem erhält diese Rechtssätze am Leben und damit auch die durch das alte Aktionensystem bedingte Verschiedenheit in der inhaltlichen Behandlung der Verpflichtungen aus obligatorischen Verträgen. Die Actions of Debt, Covenant, Assumpsit sind mit den Common Law Procedure Acts und mit den Judicature Acts verschwunden, nicht auch die in ihren Bahnen entwickelten Sätze des materiellen Rechts. Ob der

---

nationales Privatrecht; Verfassungsrecht und Rechtsgeschichte; englisches Zivil- und Strafrecht; Equity. Gegenstände der Schlußprüfung sind: Römisches Recht, Rechtsgeschichte, Strafrecht und Strafprozeß, Common Law, Equity, Zivilprozeß und Evidence, Real Property und Conveyancing. Statt des letzteren kann auch römisch-holländisches Recht oder Hindu- oder mohammedanisches Recht gewählt werden.

Vgl. auch P. A. Smith, A History of Education for the English Bar. 1860.

33) Vgl. unten S. 236ff.

34) Über die Geschichte und Entwicklung der angloamerikanischen historischen Rechtswissenschaft: W. S. Holdsworth, The Historians of Anglo-American Law. New York 1928.

Kläger Erfüllung seines Vertrages oder nur Schadenersatz wegen Vertragsbruchs verlangen kann, hängt immer noch davon ab, unter welcher Aktionsform die Klage im alten Pleading-System anzubringen gewesen wäre.

Freilich hatte der Umstand, daß in der Praxis die Action of Assumpsit die größte Rolle spielte, zur natürlichen Folge, daß die in ihr ausgebildeten Rechtssätze eine überragende Bedeutung erlangten und auf andere Actionen übertragen wurden. Aber auch das Umgekehrte war der Fall. Eine dogmatische Betrachtung des geltenden Rechtes wird zeigen, in welchen Punkten heute eine einheitliche Betrachtung am Platze ist, welche Verschiedenheiten noch bestehen und wie sie sich auswirken.

8. Kapitel.

Specific Performance.

A. Der Writ of Mandamus.
B. Inhalt des Vertragsanspruchs in Equity: Erfüllung der versprochenen Leistung.
  I. Allgemeiner Charakter der Equityrechtsprechung.
  II. Specific Performance. Begriff.
  III. Anwendungsfälle der Specific Performance.
    1. Geschäfte über Grundstücke.
    2. Geschäfte anderer Art.
  IV. Voraussetzungen der Specific Performance.
  V. Das Synallagma. Verurteilung zur Leistung »Zug um Zug«.

A. Von dem Grundsatz, daß aus obligatorischen Verträgen grundsätzlich kein anderer Anspruch gewährt wird, als derjenige auf Schadenersatz, ist das Common Law auch dann nicht abgewichen, als ihm nach Überwindung der prozessualen Schwierigkeiten der Frühzeit die Möglichkeit einer Erzwingung auch anderer Leistungen offenstand. In dem Prerogative Writ of Mandamus hat das Common Law ein Mittel entwickelt, Leistungen irgendwelcher Art zu erzwingen, allerdings nicht unmittelbar, sondern durch Androhung von Geld- oder Gefängnisstrafen für den Fall der Nichterfüllung des gerichtlichen Leistungsbefehls. Dieser Writ wird aber ausschließlich zur Erzwingung öffentlich-rechtlicher Pflichten benützt, insbes. gegen Beamte oder Selbstverwaltungskörper, die in der Erfüllung ihrer öffentlichen Pflichten säumig sind. Im Laufe der Reformgesetzgebung des 19. Jahrhunderts wurde durch den Common Law Procedure Act, 1854, Sect. 68 (nunmehr ersetzt durch R. S. C. O. 53) neben diesen Rechtsbehelf des Verfassungs- und Verwaltungsrechts ein neuer Statutory Writ of Mandamus gestellt, durch den einem Privaten die Möglichkeit eröffnet wurde, in einer Action at Law dem Beklagten die Erfüllung einer Pflicht anbefehlen zu lassen, an deren Erfüllung er, der Kläger, persönlich interessiert ist. Dem Wortlaute nach hätten die Common Law Gerichte diese Neuerung sehr wohl dazu benützen können, die Einhaltung privatrechtlicher Verträge auf diese Weise zu erzwingen. Die Gerichte haben diesen Weg nicht eingeschlagen und sie haben der neuen Bestimmung die einschränkende Auslegung gegeben, daß der neue Statutory Writ of Mandamus nur dann eingreifen könne, wenn es sich um die Erfüllung einer im allgemeinen Interesse der Öffentlichkeit gelegenen Pflicht des Beklagten handle. Der privatrechtliche Vertrag wurde als Rechtsgrund eines Anspruchs auf Erfüllung nach wie vor nicht anerkannt, der Rechtsgrund des neuen Rechtsbehelfs wurde ausschließlich in öffentlich-rechtlichen Momenten gesehen[35]) und die Auslegung, die die Gerichte dieser Bestimmung gaben, ließ sie nur als eine Erweiterung und prozessuale Erleichterung des alten Prerogative Writ erscheinen. Eine andere Auslegung hätte eine tiefgreifende materiell-rechtliche Änderung des gesamten Systems des Vertragsrechts bedeutet, vor der die Gerichte begreiflicherweise zurückschreckten. Nach wie vor ist also daran festzuhalten, daß at law, von der Debt abgesehen, kein Anspruch auf Erfüllung besteht, sondern nur ein Anspruch auf Schadenersatz wegen Nichterfüllung.

B. I. Wir haben gesehen, daß die Equity-Praxis der Kanzler bereits vor den Common Law Gerichten die bindende Kraft privater Verträge anerkannte und, dem Vorbild der kirchlichen Gerichte folgend, unter dem Gesichtspunkt des breach of faith die Durchführung obligatorischer Verträge erzwang. Romanistisch-kanonistischen Gedankengängen folgend, ist für den Kanzler die Auffassung selbstverständlich, daß Inhalt der vertraglich übernommenen Verpflichtung die Erbringung der versprochenen Leistung ist. Zwar steht auch dem Kanzler und seinem späteren Court of Chancery keine andere Möglichkeit zur Verfügung als die des indirekten Erfüllungszwanges. Aber, anders als in der

---

[35]) Benson v. Paull, 6 El. & Bl. 273; Norris v. The Irish Land Co., 8 El. & Bl. 512; Davies v. Gas Light Co. [1909] 1 Ch. 708 (C. A.). Siehe auch die Anmerkungen zu Order 53 in Annual Practice und Yearly Practice.

Common Law Action of Covenant besteht dieser in Equity nicht in einer Verurteilung zu Schadenersatz, denn ursprünglich kann der Kanzler, der ja kein Gericht ist, überhaupt nicht zu Leistungen irgendwelcher Art »verurteilen«, also auch nicht zu Schadenersatz. Aber er kann unter Anwendung der ihm zustehenden Königsgewalt den Schuldner durch Androhung von Geld- oder Gefängnisstrafen zur Leistung veranlassen, er kann ihm »sub poena« die Leistung anbefehlen. Kommt der Schuldner dem Befehl nicht nach, so tritt die Strafdrohung in Kraft.

In den Konflikten der Tudorzeit, die aus der konkurrierenden Gerichtsbarkeit der Common Law Gerichte und des Court of Chancery entstehen, spielt die Frage der Vertragsgerichtsbarkeit eine wesentliche Rolle[36]). Die im 17. Jahrhundert schließlich gefundene Lösung drängt die Equitygerichtsbarkeit des Kanzlers in eine subsidiäre Stellung. Wie die Equity im 14. Jahrhundert entstanden war, um Lücken des Common Law auszufüllen, wird sie nunmehr endgültig auf solche Fälle beschränkt, in denen entweder die Anwendung des erstarrten Common Law zu Härten und Ungerechtigkeiten führen würde, oder in denen das Common Law keinen angemessenen Rechtsbehelf gewähren kann. Aus diesem allgemeinen Grundsatz ergibt sich für das Vertragsrecht die Regel, daß die Equity-Gerichte den ihnen eigentümlichen Rechtsbehelf der Specific Performance zwar weiterhin handhaben, ihn aber nur in den Ausnahmefällen anwenden können, wo die at Law allein mögliche Gewährung von Schadenersatz für den Gläubiger kein ausreichender Rechtsbehelf ist. Stellt sich, wie in aller Regel, Schadenersatz als angemessener Rechtsbehelf dar, so ist die Gerichtsbarkeit der Equity ausgeschlossen.

Die Judicature Acts von 1873/75 bringen die Verschmelzung der Law- und Equity-Gerichte. Die neuen einheitlichen Gerichte, der Supreme Court und später daneben die County Courts können sowohl die Rechtsbehelfe des Common Law wie die der Equity gewähren. Aber, die Voraussetzungen, unter denen diese Rechtsbehelfe eingreifen, bleiben unverändert und so behält die Specific Performance nach wie vor ihren Ausnahmecharakter und eine Verurteilung zu Specific Performance kann nur ergehen, wenn der Schadenersatzanspruch des Common Law kein »adäquates remedy« wäre[37]).

---

36) Vgl. oben S. 41.

37) Zur Specific Performance im heutigen Recht: Edw. Fry, A Treatise

II. Die Specific Performance eines obligatorischen Vertrages ist von anderen, ähnlichen Rechtsbehelfen zu unterscheiden. Das mangelhafte Vollstreckungsrecht des Common Law wurde nicht nur in der Erzwingung obligatorischer Verträge nachteilig empfunden, sondern noch mehr bei dinglichen Ansprüchen. Die der Durchführung des dinglichen Anspruchs auf Herausgabe beweglicher Sachen dienende Action of Detinue geht zwar auf Herausgabe der Sache, aber im Urteil wird dem Beklagten stets die Möglichkeit offengehalten, anstatt die Sache herauszugeben, ihren im Urteil ziffernmäßig bestimmten Wert zu bezahlen, und nur die letztere Alternative ist durch Zwangsvollstreckung durchführbar. Sobald die Equity mit Hilfe der Subpoena einen Rechtsbehelf ausgebildet hatte, einen Beklagten zur Herausgabe einer individuell bestimmten Sache zu veranlassen, war es selbstverständlich, daß dieser Rechtsbehelf auch zur Erzwingung dinglicher Ansprüche verwendet wurde und zwar nicht nur bei beweglichen Sachen, sondern auch bei Grundstücken. Hier hatte zwar das Common Law in den alten Real Actions und in der Action of Covenant Real Möglichkeiten der Vollstreckung in das Grundstück selbst ausgebildet. Allein, die Prozeßformen dieser alten Aktionen waren so schwerfällig, daß auch hier die einfacheren Rechtsbehelfe der Equity bevorzugt wurden. Die Reformgesetzgebung des 19. Jahrhunderts hat sie aus den engen Schranken, in denen die Equity sie hielt, herausgelöst, so daß der Eigentümer einer unbeweglichen oder beweglichen Sache jederzeit die Naturalherausgabe durchsetzen kann (Common Law Procedure Act, 1854, Sect. 78; nunmehr Writ of Possession bei Grundstücken nach R. S. C. O. 47, Writ of Delivery bei beweglichen Sachen O. 48). Es empfiehlt sich, diese Fälle von der Specific Performance eines obligatorischen Vertrages zu unterscheiden und sie als Specific Relief zu bezeichnen[38]).

---

on the Specific Performance of Contracts. 6. Aufl. von G. Northcote, 1921; Halsbury 27 S. 1ff.; Strahan, Digest of Equity, 5. Aufl. 1928, S. 443ff.; A. M. Wilshere, Principles of Equity. 2. Aufl. 1929. 406ff. Snell's Principles of Equity, 20. Auflage 1929, 523ff.; für Amerika siehe insb. Pomeroy, Spec. Perf. of Contr. 3. Aufl. 1926, sowie Williston III, S. 2517; vgl. auch Maitland 237ff. und Barda, L'Exécution spécifique des Contrats. Paris 1928.

[38]) Fry, Spec. Perf. 17, drückt den Unterschied dahin aus, daß von Specific Performance im eigentlichen Sinne nur bei executory contracts gesprochen werden könne, nicht auch bei executed contracts. Mit dieser Ausdrucksweise weicht er vom üblichen Sprachgebrauch ab, der unter executory contract einen Vertrag versteht, bei dem beide Teile noch nicht

III. 1. Hauptanwendungsfälle der Specific Performance sind Kauf- und Pacht-(Miet)Verträge (Leases) über Grundstücke. Hier wird generell und ohne Prüfung der Umstände des Einzelfalles angenommen, daß Schadenersatz wegen Nichterfüllung für den Käufer kein angemessener Rechtsbehelf ist. Dieser Satz folgt einmal aus der allgemeinen Erwägung, daß ein Grundstück als Grundlage der Wirtschaft oder als Wohnstätte seinen besonderen, durch Geld nicht abgeltbaren Individualwert besitze. Daneben spielt die Erwägung herein, daß die Grundsätze der Schadensberechnung des Common Law gerade hier zu besonders unbefriedigenden Ergebnissen führen. Das Common Law berechnet grundsätzlich den Schadenersatz nach der Methode der Differenztheorie. Die Berechnung nach der Austauschtheorie muß ihm ja notwendig fremd sein, weil es keinen Anspruch auf Leistung kennt. Die Schwierigkeit der Feststellung des Marktwertes eines Grundstückes hat at law dazu geführt, daß für Grundstücksgeschäfte — und zwar sowohl für den Kauf wie für die Miete und Pacht — der in Slade's Case sanktionierte Übergang vom Ersatz des negativen zu dem des positiven Interesses nicht voll mitgemacht wurde. Von gewissen Ausnahmen abgesehen, kann der Käufer (oder Pächter) grundsätzlich, wenn der Verkäufer (oder Verpächter) den Vertrag nicht erfüllt, nur Ersatz seiner Auslagen verlangen, nicht auch das positive Interesse, die Wertdifferenz[39]). In den häufigen Fällen, in denen der Vertrag deshalb nicht erfüllt werden kann, weil der Verkäufer selbst keinen fehlerlosen Titel hat, was bei den verwickelten Verhältnissen des englischen Bodenrechtes nicht allzu selten ist, kann der Käufer at law über seine Auslagen hinaus keinen Schadenersatz erlangen. Die Equity hilft hier dem Käufer, indem sie ihm durch Specific Performance das Grundstück verschafft und ihm erlaubt, für den infolge des Rechtsmangels verursach-

---

erfüllt haben, während der executed contract soweit abgewickelt ist, daß nur noch für eine Partei eine ziffernmäßig bestimmte Geldleistung übrig bleibt (z. B. ein durch Lieferung der Ware erfüllter Kreditkauf). Fry versteht dagegen hier unter executory contract einen Vertrag, bei dem das Eigentum an der zu übertragenden Sache übergegangen ist, der Besitz aber noch nicht. Klagt der Käufer auf Besitzübergabe, so macht er nicht mehr seinen obligatorischen Anspruch geltend, sondern sein dingliches Recht (vgl. in diesem Sinne am. Un. S. A. Sect. 66). Barda, a. a. O. S. 56/57 scheint diesen Sinn der Ausführungen Fry's mißverstanden zu haben.

[39]) Mayne, Damages, 10. Aufl., S. 195; Maitland 238.

ten Minderwert einen entsprechenden Betrag vom Kaufpreise abzuziehen[40]).

Ihrem Charakter als Billigkeitsrechtsprechung entsprechend, hat die Equity den Grundsatz entwickelt, daß sie nicht einseitig für eine Partei eingreifen kann. Gewährt sie dem Käufer eines Grundstücks durch Specific Performance ihre Hilfe, so leiht sie sie auch dem Verkäufer. Das scheint auf den ersten Blick ohne besondere praktische Bedeutung zu sein, denn der Anspruch des Verkäufers geht auf den Kaufpreis, auf Geld, und ein solcher Anspruch scheint at law ohne weiteres durchführbar. Aber der Anspruch auf den Kaufpreis entsteht grundsätzlich erst dann, wenn der Verkäufer seinerseits den Vertrag erfüllt hat. Der Kaufpreisanspruch ist eine Debt und als solche kann er, wenigstens der Regel nach, nicht durch bloßen Konsens, sondern nur re begründet werden. Der Verkäufer wäre also auf einen Schadenersatzanspruch wegen Nichtabnahme und Nichtzahlung angewiesen und für dessen Berechnung ergeben sich die nämlichen Schwierigkeiten wie im Falle der Nichterfüllung des Verkäufers. Hierzu kommt weiter, daß at law der Käufer (oder Pächter) niemals zur Abnahme des Grundstücks gezwungen werden kann. Für den Verkäufer kann es aber von großem Interesse sein, das Grundstück mit den darauf ruhenden Lasten, Unterhaltungskosten usw. los zu werden. Aus diesen Erwägungen gewährt die Equity den Rechtsbehelf der Specific Performance, gerichtet auf Abnahme des Grundstücks und Zahlung des Kaufpreises, auch dem Verkäufer (oder Verpächter).

2. Während bei Grundstückskauf und Grundstückspacht die Specific Performance ganz allgemein gewährt wird, wird sie bei Verträgen anderer Art als außerordentlicher Rechtsbehelf nur dann gewährt, wenn unter Berücksichtigung aller Umstände des Einzelfalles der at law nach der Differenztheorie berechnete Schadenersatz unzulänglich erscheint. Bei Kaufverträgen über bewegliche Sachen greift demgemäß die Specific Performance nur dann ein, wenn es sich um Sachen von besonderem individuellem Werte handelt, z. B. um Erbstücke, Familienbilder, Altertümer oder andere Gegenstände, denen ein besonderer Affektionswert zukommt, oder um Gegenstände, die im Handel nicht zu haben sind[41]). Diese Rechtslage ist für den Kauf beweglicher Sachen

---

[40]) Day v. Singleton [1899] 2 Ch. 320; Williams v. Glenton, L. R. 1 Ch. App. 200; Mayne on Damages 96ff.

[41]) Doch ist auch bei solchen Gegenständen die Praxis zurückhaltend.

gesetzlich fixiert[42]). Die gesetzliche, den üblichen Definitionen entsprechende Formulierung stellt die Gewährung der Specific Performance in das Ermessen des Gerichtes (may, if it thinks fit). Dies bedeutet nicht ein Abstellen auf die Willkür des Richters. Vielmehr soll nur angedeutet werden, daß die Bedingungen, unter denen spezifische Erfüllung gewährt wird, infolge des Billigkeitscharakters des Equityrechtes nicht in starre Regeln fixiert werden sollen. Wo eine anerkannte Voraussetzung der Specific Performance vorliegt, muß sie vom Gericht angeordnet werden[43])[44]).

IV. 1. Allgemeine Voraussetzung der Specific Performance ist, daß ein gültiger Vertrag vorliegt. Die Equity legt dafür, nachdem sie im 15. Jahrhundert eigene Wege gegangen war[45]), die gleichen Kriterien zugrunde wie das Common Law. In einem Punkte geht sie aber über die Anforderungen des Common Law hinaus, in einem anderen bleibt sie dahinter zurück. Ein in Form einer gesiegelten Urkunde (Deed) abgeschlossener Vertrag bedarf zur Geltendmachung at law keiner Consideration. Die Equity versagt einem unentgeltlichen Vertrage die Durchführung in Specific Performance, auch wenn er in einer Deed beurkundet ist. Der Rechtsbehelf wird nur gewährt, wenn er gegenüber beiden Seiten möglich ist. Das wäre beim unentgeltlichen Vertrage nicht der Fall.

Umgekehrt, auf Grund des Statute of Frauds, Sect. 4, ist at law ein Kauf- oder Pachtvertrag über ein Grundstück unklagbar, wenn nicht über die Verpflichtung ein »Memorandum in Writing« aufgenommen ist. Im Grundstücksverkehr hat dies zu ähnlichen Schwierigkeiten geführt wie in Deutschland der § 313 BGB. Hat auf Grund eines nur mündlich abgeschlossenen Kaufvertrages der Verkäufer zwar den Besitz übertragen, nicht aber

---

So wurde z. B. in Cohen v. Roche [1927] 1 K. B. 169, Z. f. ausl. u. int. Privatr. II. 237 die Spec. Perf. verweigert, weil die gekauften antiken Möbel nicht zum eigenen Gebrauch des Käufers, sondern zur Weiterveräußerung bestimmt waren. Über die amerikanische Praxis vgl. die Anm. zu Un. S. A. Sect. 68 in 1 U. S. A. 394.

[42]) Englischer S. G. A. Sect 52; Un. Sales Act, Sect 68.

[43]) Fry, a. a. O. 19 und die dort zitierten Fälle.

[44]) Die Specific Perf. ist nicht notwendig auf unvertretbare Sachen beschränkt. Werden vertretbare Sachen nicht als Genus-, sondern als Speziesachen erworben, so kann unter Umst. Spec. Perf. eingreifen, z. B. bei Aktien, die an der Börse nicht zu haben sind. Vgl. Re Schwabacher, Stern v. Schwabacher, 96 L. T. 399. S. auch Michigan Sugar Co. v. Falkenhagen (1928) 243 Mich. 698, 220 N. W. 760.

[45]) Vgl. oben S. 40.

auch die Auflassung (Conveyance) vorgenommen, so kann at law keine Partei wegen irgendeines Vertragsbruches Schadenersatzansprüche geltend machen[46]). Die Equity betrachtet in solchen Fällen den Formmangel als geheilt, und gewährt beiden Teilen Specific Performance[47]). Diese sog. Lehre von der Part Performance wird damit begründet, daß das Formerfordernis des Statute of Frauds nicht die Gültigkeit des Vertrages, sondern nur seine Beweisbarkeit und damit seine Klagbarkeit betreffe und die Equity betrachtet die Besitzübertragung als ein der Schriftform gleichwertiges Indiz für die Ernstlichkeit des Vertragswillens der Parteien[48])[49]).

2. Die Specific Performance wird nicht gewährt, wenn die Durchführung des Vertrages aus besonderen Gründen der Billigkeit nicht entspräche, insbes. wenn der Vertrag durch Betrug (fraud), arglistige oder unbeabsichtigte Täuschung (misrepresentation) oder auf Grund eines Irrtums (mistake) zustande gekommen ist. Die über diese Fälle zuerst in Equity im Zusammenhang mit der Lehre von der Specific Performance ausgearbeiteten Rechtssätze sind allmählich in das Common Law eingedrungen und haben allgemeine Bedeutung erlangt. Auf ihren Inhalt kann in diesem Zusammenhange nicht eingegangen werden[50]).

3. Specific Performance wird nur angeordnet, wenn die Durchführung praktisch möglich ist. Aus diesem Gesichtspunkte

---

[46]) Vgl. Lavery v. Pursell, 58 L. T. Rep. 846, 39 Ch. Div. 508.

[47]) Während nach BGB. der Formmangel des obligatorischen Vertrages erst durch Auflassung und Eintragung im Grundbuch geheilt wird, tritt also nach englischem Recht die Heilung bereits durch die Besitzüberlassung ein.

[48]) Maitland 241. Siehe auch Restatement Entwurf Sect. 194: »Wenn in Ausführung eines mündlichen Vertrages über ein Recht an einem Grundstück (Bemerkung des Verfassers: dazu gehört auch das Eigentum) der Käufer mit Zustimmung des Verkäufers

a) von dem Grundstück Besitz ergreift, oder
b) geldwerte Verbesserungen darauf macht, oder
c) in dem im Zeitpunkt des Geschäfts bereits bestehenden Besitz verbleibt und den Kaufpreis ganz oder teilweise bezahlt,

so kann der Käufer oder der Verkäufer spezifische Erfüllung des Vertrages verlangen.«

[49]) Auch der Gedanke taucht auf, daß nach der Besitzübertragung zwischen den Parteien keine res integra mehr bestehe. Vgl. Lord Blackburn in Maddison v. Alderson, L. R. 8 A. C. 467, at p. 489.

[50]) Vgl. darüber Anson 151ff., Pollock 476ff., Williston III. 2645ff., Maitland 245.

wird die Specific Performance bei Verträgen verweigert, deren Durchführung das Gericht nicht überwachen kann, was z. B. bei Verträgen auf fortdauernde Leistungen der Fall wäre[51]), oder bei Verträgen, deren Ausführung nicht im voraus in allen Einzelheiten fixiert werden kann, wie z. B. bei Bau- und Gebäudereparaturverträgen[52]).

4. Die Specific Performance wird ferner nicht gewährt, wenn sie in den besonderen Umständen des Falles nutzlos wäre. So wird sie z. B. nicht gegeben zur Erzwingung des Beitritts zu einer Handelsgesellschaft, wenn der Beklagte nach freiem Ermessen sofort wieder austreten könnte[53]).

5. Aus dem Gesichtspunkt, daß »die erzwungene Durchführung eines Vertrages schlechter sein kann als seine Nichterfüllung«, wird die Specific Performance bei Verträgen auf persönliche Dienstleistungen versagt[54]).

6. Erst recht ausgeschlossen ist die Anordnung der Specific Performance einer unmöglichen Leistung. Hat der Schuldner die Unmöglichkeit dargetan, so muß der Antrag auf Specific Performance zurückgewiesen werden, gleichgültig, wodurch die Unmöglichkeit verursacht ist. Ob der Gläubiger at law Schadenersatz verlangen kann, ist natürlich eine ganz andere Frage.

V. Wir haben gesehen, daß aus dem Grundsatze heraus »Equity muß vollkommene Gerechtigkeit tun« (Equity must do complete justice«), die Equity die spezifische Erfüllung nur einseitig verpflichtender Verträge nicht gewährt. Eine Consideration ist unerläßliche Voraussetzung. Die Equity geht hier aber noch über das Common Law hinaus. Ein Versprechen kann rechtsgültig und demgemäß Consideration für ein Gegenleistungsversprechen sein, auch wenn die versprochene Leistung von Anfang an unmöglich ist. Denn es kann sehr wohl sein, daß aus einem solchen Versprechen auf Schadenersatz geklagt

---

[51]) Dominion Coal Co. v. Dominion Iron & Steel Co. [1909] A. C. 293: Vertrag auf Überlassung der gesamten fortdauernden Ausbeute eines Bergwerks.

[52]) Z. B. Moseley v. Virgin, 3 Ves. 184. Einfache Bauverträge, deren Inhalt klar fixiert erscheint, können ausnahmsweise durch Spec. Perf. durchgeführt werden.

[53]) Sheffield Gas Consumers' Co. v. Harrison, 17 Beav. 294.

[54]) Fry 50. Rigby v. Connol, 14 Ch. D. at p. 487; Agentur- und Kommissionsverträge: Brett v. East India & London Shipping Co., 2 H. & M. 404; Chinnock v. Sainsbury, 30 L. J. Ch. 409.

werden kann[55]). In Equity muß die Specific Performance unter allen Umständen verweigert werden, wenn die versprochene Gegenleistung von Anfang an unmöglich ist. In einem solchen Falle würde die mutuality of remedy fehlen.

Der gleiche Gesichtspunkt greift auch durch, wenn die Unmöglichkeit erst nach Vertragsschluß eingetreten ist. Wer selbst außerstande ist, seine eigene Leistung zu erbringen, kann nicht Specific Performance der Gegenleistung verlangen.

Der Gedanke des funktionellen Synallagmas wurde, wie noch zu zeigen sein wird, at law nur langsam und unter Schwierigkeiten entwickelt. Die Erkenntnis der gegenseitigen Abhängigkeit von Leistung und Gegenleistung, die für die Entstehung der Verpflichtung, als genetisches Synallagma, in der Considerationlehre so früh und konsequent durchgeführt worden war, mußte für die Abwicklung des Vertrages viel umständlicher ausgebildet werden. Lange Zeit wurden at law die beiderseitig übernommenen Verpflichtungen als voneinander unabhängig behandelt, soferne nicht die Abhängigkeit ausdrücklich vereinbart war. Es bedurfte erst verwickelter Regeln über die Frage, in welchen Fällen derartige Klauseln als stillschweigend vereinbart anzunehmen seien, bis die gegenseitige Abhängigkeit als allgemein dem Parteiwillen entsprechend erkannt wurde. Soweit allerdings das Common Law die funktionelle Abhängigkeit anerkannte, legte es ihr die schärfsten Wirkungen bei. Der geringste Verstoß in der eigenen Leistung, die Nichteinhaltung der kleinsten Nebenabrede oder Gewährleistung hinderte die Geltendmachung der eigenen Ansprüche. So wenigstens die rigorosen Regeln des alten Common Law, die heute natürlich abgeschliffen und gemildert sind. Aber ursprünglich mußte auch hier, wie bei so vielen Härten des Common Law, die Equity korrigierend eingreifen. Sie stellte zum ersten Male den Unterschied zwischen wesentlichen und unwesentlichen Vertragsbestandteilen auf. Nur die Verletzung einer Abrede der ersteren Art begründet das Recht zur Verweigerung der Gegenleistung. Die Verletzung einer bloßen Nebenabrede gibt dem Gläubiger nur einen Anspruch auf Schadenausgleich durch Minderung der eigenen Leistung. Da das Hauptgebiet der Specific Performance die Grundstücksgeschäfte waren und blieben, wurden diese Regeln im einzelnen hier entwickelt

55) Vgl. u. S. 183ff. Im Regelfalle wird allerdings auch at law das Versprechen einer anfänglich unmöglichen Leistung unter dem Gesichtspunkte des Irrtums als nichtig betrachtet.

und ausgebaut, wobei die Frage der Quantitäts- und Rechtsmängel die Hauptrolle spielt. Ist der Mangel in der Quantität oder im Rechtstitel oder eventuell auch in der Qualität des Grundstückes nur gering, so hat der Käufer es abzunehmen, er kann aber den Minderwert vom Kaufpreis abziehen. Ist der Mangel wesentlich, ist z. B. das verkaufte Grundstück anstatt Freehold ein Copyholdgrundstück, so kann der Käufer die Abnahme ablehnen und dann at law seinen Schadenersatzanspruch geltend machen[56]).

Die Auffassung, daß Equity in jedem Falle »vollständige Gerechtigkeit« anzustreben habe, führt also zu einem voll ausgebildeten Systeme eines funktionellen Synallagmas, das in seiner praktischen Tragweite noch verstärkt wird durch die Möglichkeit es auch prozessual zu verwirklichen. Im Prozeßrecht des Common Law kann ein Urteil grundsätzlich nur auf unbedingte Leistung oder auf Klagabweisung ergehen, ein bedingtes Urteil ist ihm unbekannt. Anders in Equity. Das Decree in Specific Performance kann mit seiner Strafandrohung sehr wohl auch eine Leistung sanktionieren, die nur unter der Bedingung der Erbringung der Gegenleistung zu erfolgen hat. Damit ist die Möglichkeit einer Verurteilung »zur Leistung Zug um Zug«, wie nach § 320 BGB., §§ 726 II, 756 ZPO. eröffnet.

9. Kapitel.

Der Vertragsbruch.

(Breach of Contract, Warranty).

I. Kein Unterschied zwischen den verschiedenen Arten von Vertragsbruch.
II. Schadenersatz als allgemeine Folge des Vertragsbruchs. Nominal Damages.
III. Kein Unterschied, auf welche Art von Versprechen der Vertragsbruch sich bezieht. Warranty.
IV. Delikt oder Garantieversprechen?

Aus den Darlegungen über die Specific Performance ergibt sich, daß die Equity zum Ausgangspunkte ihrer Regeln die im Vertrag versprochene Leistung nimmt. Der Inhalt der Leistung entscheidet über die Frage, ob Specific Performance überhaupt gewährt werden kann; aus der Auffassung, daß Gegenstand des Schuldverhältnisses die Leistung ist, ergeben sich die Sätze über Unmöglichkeit, über Mangelhaftigkeit der Leistung und über das

---

56) Maitland 245.

Synallagma. Dagegen ist at law Ausgangspunkt der Betrachtung nicht die Schuld, sondern die Schuldverletzung, der Vertragsbruch. Der Tatbestand, der den Anspruch aus Assumpsit und damit aus dem heutigen Kontrakt begründet, ist der Schaden, den der Kläger dadurch erleidet, daß der Beklagte ein Versprechen gebrochen hat.

I. Aus dieser Auffassung folgt, daß grundsätzlich kein Unterschied besteht, welcher Art der Versprechensbruch ist. Die Schadenersatzpflicht aus Breach of Contract[57]) tritt ein, wenn die zugesagte, die versprochene Leistung überhaupt nicht oder nicht zur richtigen Zeit oder nicht unter den richtigen Modalitäten erbracht wird oder wenn der Schuldner seiner Vertragspflicht in irgend einer sonstigen Weise zuwiderhandelt[58]). Daraus ergibt sich zunächst, daß das Common Law in der Behandlung der Obligationsfolgen eine andere Systematik haben muß als eine Rechtsordnung, die, wie das deutsche BGB, von der Verpflichtung zur Leistung ausgeht. Die vom deutschen Gesetzgeber aufgestellten Kategorien der Unmöglichkeit und des Verzuges und die daneben von der Praxis entwickelte Sammelkategorie der positiven Vertragsverletzung kommen für das Common Law bei seinem grundsätzlich anderen Ausgangspunkte nicht in Frage.

Der Fundamentalsatz des Common Law kann daher folgendermaßen formuliert werden: Der Abschluß eines rechtlich bindenden Vertrages hat zur Folge, daß jeglicher Bruch eines in dem Vertrage enthaltenen Versprechens dem Versprechensempfänger einen Anspruch auf Schadenersatz gibt.

II. Inhalt des Anspruches ist Ersatz des dem Versprechensempfänger infolge des Vertragsbruches entstandenen Schadens, bei dessen Berechnung im wesentlichen nach generellen, typischen Maßstäben verfahren wird[59]). Die Entstehung eines nach-

---

[57]) Richtiger wäre wohl statt von Breach of Contract von Breach of Promise zu sprechen. Aber dieser Ausdruck hat in der englischen Rechtssprache eine engere Bedeutung. Er bezeichnet den Bruch eines Versprechens ganz bestimmter Art, nämlich des Heiratsversprechens, den Verlöbnisbruch.

[58]) Vgl. Restatem. Entw. Sect 304. »Breach of Contract Defined. — A breach of contract is a non-performance of any contractual duty of immediate performance. A breach may be total or partial, and may take place by failure to perform acts promised, by prevention or hindrance, or by repudiation«.

[59]) So ist im Kaufrecht die abstrakte Schadensberechnung die Regel. S. G. A. Sect. 51 (3), 53 (3), Un. S. A. Sect. 64 (3), 69 (7). Über die Begrenzung des ersatzfähigen Schadens s. unten S. 159.

weisbaren Schadens ist aber keine unerläßliche Voraussetzung für die Entstehung eines Anspruches aus Vertragsverletzung. Der Vertragsbruch ist Verletzung eines Rechts des Gläubigers, der Schuld, die, wie im Common Law jede Verletzung eines Rechts, mindestens einen Anspruch auf nominellen Schadenersatz gibt. mindestens einen Anspruch auf nominellen Schadenersatz gibt[60]). Grundlage dieses Anspruchs ist die Tatsache der Rechtsverletzung für sich allein, daß irgend ein Vermögensverlust oder eine sonstige Schädigung entstanden seien, ist nicht erforderlich[61]). Die Anerkennung eines solchen Anspruchs war im System des Common Law aus praktischen Gründen wegen des Fehlens des Leistungsanspruchs unumgänglich. Er ersetzt auch die erst in

---

[60]) Restatem. Entw. Sect. 319: »Nomineller Schadenersatz. — Wenn ein Klagerecht wegen Vertragsbruchs besteht, aber durch den Vertragsbruch kein Schaden verursacht wurde oder der verursachte Schaden unwesentlich oder nicht so nachgewiesen ist, daß »entschädigender Schadenersatz« (compensatory damages) gewährt werden kann, so ergeht das Urteil auf nominellen Schadenersatz, d. h. eine kleine Summe, die ohne Hinblick auf die Verletzung festgesetzt wird.«

[61]) »Nominal damages« is a technical phrase, which means that you have negatived anything like real damage, but that you are affirming by your nominal damages, that there is an infraction of a legal right, which, though it gives you no right to any real damages at all, yet gives you a right to the verdict or judgment because your legal right has been infringed«. Lord Halsbury, L. C., in The Mediana [1900] A. C. 113.

Als englischer leading case gilt Lord Holt's Entscheidung in Ashby v. White, 2 Ld. Raym. 938, 950ff., 958 (Verletzung des Wahlrechts durch ungerechtfertigte Zurückweisung des Klägers von der Wahl durch den Wahlleiter), als amerikanischer die Entscheidung Story's in Webb v. Portland Mfg. Co., 3 Sumn. 189. »Actual, perceptible damage is not indispensible as the foundation of an action. The law tolerates no further inquiry than whether there has been the violation of a right. If so, the party injured is entitled to maintain his action for nominal damages in vindication of his right, if no other damages are fit and proper to remunerate him ... The principles laid down by Lord Holt (sc. in Ashby v. White) are so strongly commended, not only by authority, but by the common sense and common justice of mankind, that they seem absolutely, in a judicial view, incontrovertible.... The very violation imports damage«.

Vgl. auch Troy Laundry Machinery Co. v. Dolph, 138 U. S. 617. »The damages which the law infers from the infraction of a legal right are absolute; they cannot be controverted; they are the necessary consequence. The act complained of may produce no actual injury; it may be in fact beneficial, by adding to the value of the property or by averting a loss which would otherwise have happened, yet it will be equally true, in law and in fact, that it was in itself injurious if violative of a legal right.«

neuerer Zeit und auch nur in Ansätzen vorhandene Feststellungsklage. Vielfach stellt der als nomineller Schadensersatz gewährte Betrag eine ganz geringfügige Summe dar, eine Art Anerkenntnisgebühr, »a sum of money that can be spoken of, but has no existence in point of quantity«[62]). In England beträgt der »nominelle Schadensersatz« in der Regel 40 Schilling. In seiner rechtspolitischen Funktion als Mittel der Verhütung von Rechtsverletzungen nähert sich das Institut dem verwandten der sog. »punitive damages«, der »Strafentschädigung«. Gleichzeitig spielt auch das Moment herein, dem Verletzten eine Genugtuung für die Verletzung seines Rechts zu gewähren, so daß also auch ein enger Zusammenhang mit dem Ersatz immateriellen Schadens besteht. Terminologisch werden denn auch diese Rechtsinstitute nicht immer scharf auseinandergehalten, so daß der Ausdruck »nomineller Schadensersatz« nicht selten zur Bezeichnung des Ersatzes immateriellen Schadens verwendet wird, der im Common Law, insbesondere in den Ver. Staaten, in gewissem Umfange ersatzfähig ist[63]). Schließlich spricht man von »nominal damages«

---

[62]) Sutherland, A Treatise on the Law of Damages. 4 th. ed. p. 31.

[63]) Für England vgl. Lord Halsbury, L. C., in The Mediana [1900] A. C. 113: »The whole region of inquiry into damages is one of extreme difficulty. You very often cannot even lay down any principle upon which you can give damages; nevertheless, it is remitted to the jury, to consider what compensation in money shall be given for what is a wrongful act. Take the most familiar and ordinary case: How is anybody to measure pain and suffering in moneys counted? Nobody can suggest that you can by any arithmetical calculation establish what is the exact amount of money which would represent such a thing as the pain and suffering which a person has undergone by reason of an accident. In truth, I think it would be very arguable to say that a person would be entitled to no damages for such things. What manly mind cares about pain and suffering that is past? But nevertheless the law recognises that as a topic upon which damages may be given.«

Für die Ver. Staaten s. Restatm. Entw. Sect. 332. »Schadenersatz für seelisches Leiden (Mental Suffering). — In Klagen wegen Vertragsbruchs wird für seelisches Leiden kein Ersatz gewährt, es sei denn, es handle sich um einen leichtfertigen (wanton), rücksichtslosen (reckless) Vertragsbruch, der eine körperliche Verletzung verursacht hat, oder um den Bruch eines Vertrages, der auf eine Leistung gerichtet war, die der Art war, daß der Schuldner bei Abschluß des Vertrages wissen mußte, ein Bruch werde zu seelischen Leiden aus anderen Gründen als wegen reinen Geldverlustes führen.«

Beispiel: Emmke v. De Silva, 293 F. 17 (1923, C. C. A.): Weiblicher Hotelgast wird grundlos der Unsittlichkeit beschuldigt und aus dem Hotel gewiesen.

auch noch in der weiteren Bedeutung eines nur überschlägig berechneten Schadens, für den kein genauer ziffernmäßiger Nachweis verlangt wird, insbesondere, wenn bei Sachverhalten bestimmter Art die Entstehung eines Vermögensschadens generell vermutet wird. Terminologisch wird dieser Fall wieder mit der abstrakten Methode der allgemeinen Schadensberechnung zusammengebracht. Sowohl der bloß vermutete wie der abstrakt berechnete Schaden werden als »general damages« bezeichnet im Gegensatz zu den konkret berechneten special damages[64]). Hauptfälle dieser Art liegen im Deliktsrecht, z. B. die Beleidigung durch Gebrauch ganz bestimmter Ausdrücke, words actionable per se, wie etwa die Behauptung, der Kläger leide an einer ansteckenden Krankheit, oder eine Frau führe einen unsittlichen Lebenswandel. Ferner bei Freiheitsberaubung, aber auch insbesondere die Nichteinlösung eines Schecks durch einen Bankier, der ausreichende Deckung in Händen hat[65]).

Dem nominellen Schadenersatz in manchen Beziehungen ähnlich, aber gleichfalls begrifflich von ihm zu scheiden, ist der Fall des derisorischen Schadenersatzes, der sog. contemptuos damages. Wie die general damages hängt er mit dem weitgehenden Ermessen des Gerichts und insbesondere der Jury in Schadenersatzprozessen zusammen. Erscheint ein Schadenersatzanspruch zwar rechtlich begründet aber als moralisch anrüchig, so kann es vorkommen, daß der Gläubiger mit einem rein nomi-

---

Thomason v. Hacknay & Moale Co., 159 N.C. 299, 74 S.E. 1022: Photograph soll ein Bild des verstorbenen Kindes des Klägers vergrößern; er verliert das Negativ.

Wright v. Beardsley (1907) 46 Wash. 16, 89 Pac. 172: Unwürdige Ausführung eines Begräbnisses.

Bes. umstritten ist die Frage, ob bei Verzögerung in der Beförderung von Telegrammen Entschädigung für immateriellen Schaden gewährt werden kann. Der Anspruch wird in der Mehrzahl der Staaten abgelehnt; in einer Minderheit ist er dagegen anerkannt, daher sog. Texas-Rule. Vgl. z. B.:

Western Union Telegraph Co. v. Cunningham, 99 Ala. 314, 14 So. 579 (1892). Kläger versäumt inf. Verzögerung des Telegramms das Begräbnis eines nahen Angehörigen.

[64]) »General damages«, as I understand the term, are such as the law will presume to be the direct natural or probable consequence of the act complained of; »Special damages« on the other hand, are such as the law will not infer from the nature of the act«. Lord Macnaghten in Ströms Bruks Akt. v. Hutchison [1905] A. C. 515. Vgl. auch S. G. A. Sect. 54, Un. S. A. Sect. 70, im Gegensatz zu S. G. A. Sect. 51 (3), Un. S. A. Sect. 67 (3).

[65]) Marzetti v. Williams, 1 B. & Ad. 415.

nellen Ersatz abgespeist wird, womöglich noch unter Auferlegung der gesamten Prozeßkosten[66]). Hauptanwendungsgebiet sind Beleidigungsprozesse, im Vertragsrecht spielt der Fall kaum eine Rolle.

Dagegen ist der Anspruch auf nominellen Schadenersatz im eigentlichen Sinn im Vertragsrecht nicht bedeutungslos, dient er doch als Mittel zur Erhaltung der Vertragstreue[67]). Dann wird er auch verwendet, um zu verhüten, daß ein Vertragsgläubiger, dem im Prozesse der Nachweis eines ziffermaßig nachweisbaren Schadens mißlingt, die Prozeßkosten zu tragen hat. In diesem Sinne nennt sie Maule, J. in Beaumont v. Greathead[68]) »a mere peg on which to hang costs«[69]).

---

[66]) So z. B. Martin v. Benson [1927] 1 K. B. 771, Rabels Z. 3, 139 (Beleidigung).

[67]) Beispiele: beim Kauf beweglicher Sachen berechnet sich der normale Schadenersatzanspruch des Käufers wegen Nichtlieferung der Ware grundsätzlich als Unterschied zwischen dem Marktpreis im Zeitpunkt der Fälligkeit und dem Vertragspreis. Ist ersterer höher oder gleich, so erhält der Käufer wenigstens nominellen Schadenersatz: Valpy v. Oakeley (1851) 16 Q. B. 941, Erie Natural Gas Co. v. Carroll [1911] A. C. 105, P. C.; Weld v. Tiles (1918) 229 Mass. 179, 118 N. E. 303; L. & M. Rubber Co. v. Kalter (1918) 172 N. Y. S. 486; New Richmond Roller Mills Co. v. Arnquist (1919) 170 Wis. 130, 174 N. W. 557.

Kommissionär verpflichtet sich, Papiere eines Kunden nicht zu verkaufen; Zuwiderhandlung, aber zu günstigem Kurs. Hall v. Paine 224 Mass. 62, 112 N. E. 153.

Verpflichtung zur Bestellung eines Wegerechts; Nichterfüllung, Gläubiger benützt aber tatsächlich das Grundstück: Gates v. Detroit Ry. Co. 147 Mich. 523, 111 N. W. 101.

Schuldner hat die Sorge für die Versicherung der Gebäude des Klägers übernommen; Nichterfüllung, Kläger hat aber selbst anderweitig günstig versichert. Lancaster Mills v. Cotton-Press Co. 89 Tenn. 1, 14 S. W. 317.

Werkvertrag: Unternehmer führt das übernommene Werk nicht zu Ende; der vom Auftraggeber angenommene Ersatzmann arbeitet billiger: Warre v. Calvert (1837) A. & E. 143. Fertigstellung nicht zur vereinbarten Zeit; kein Schaden nachgewiesen: Malloy v. Lincoln Cotton Mills, 132 N. C. 432, 43 S. E. 951.

[68]) (1846) 2 C. B. 494.

[69]) Charakteristische Fälle für diese Art der Verwendung:

England: West v. Houghton (1879) 4 C. P. D. 197: Kläger hat den Beklagten mit der Vertilgung von Kaninchen auf seinem (des Klägers) Grundstück beauftragt. Beklagter führt diesen Auftrag so schlecht aus, daß die Kaninchen auf dem Grundstück eines Nachbarn beträchtlichen Schaden anrichten. Da aber der Kläger diesen Schaden weder zu ersetzen verpflichtet ist, noch ihn tatsächlich ersetzt, erzielt er nur eine Verurteilung des Beklagten zu nominellem Schadenersatz und den Prozeßkosten.

III. Der Anspruch auf Schadenersatz ist der allgemeine Rechtsbehelf aus Breach of Contract. So wenig es grundsätzlich darauf ankommt, welcher Art die Vertragsverletzung ist, ob Nichterfüllung, zu späte Erfüllung, Erfüllung unter unrichtigen Modalitäten, so wenig kommt es grundsätzlich auch darauf an, welcher Art das gebrochene Versprechen ist. Das Versprechen kann sich ebenso gut auf eine zu erbringende Leistung wie auf die Garantie eines Zustandes beziehen, sei es eines gegenwärtigen, im Zeitpunkte des Vertragschlusses obwaltenden, sei es eines in einem künftigen Zeitpunkt gegebenen. Eine Rechtsordnung, die, wie das BGB, in der Regelung der Vertragsfolgen von der Leistungspflicht ausgeht, und nicht, wie das Common Law, vom Versprechensbruch, muß grundsätzlich Ansprüche auf die Gewährleistung eines Zustandes von Ansprüchen auf Leistungen unterscheiden. Im letzteren Falle ist Gegenstand der Obligation ein Tun oder Unterlassen des Schuldners, im ersteren Falle eine Schadenersatzpflicht, wenn der garantierte Zustand in dem vereinbarten Zeitpunkte nicht gegeben ist[70]). Für das Common

---

Ver. Staaten: Radloff v. Haase, 196 Ill. 365, 63 N. E. 729: Verkäufer einer Bäckerei verpflichtet sich fünf Jahre lang innerhalb eines bestimmten Bezirkes keine Bäckerei aufzumachen. Zuwiderhandlung, aus der aber kein aktueller Schaden für den Kläger entsteht, da er sein Geschäft bereits wieder aufgegeben hatte. Untergericht weist Klage ab; Supreme Court of Illinois hebt auf: »The trial court erred in directing the jury to find a verdict for the appellee. The contract was legal, and the evidence tended to establish a breach of it. Appellant was entitled to have his case submitted to the jury and if they found a breach, appellant was entitled to nominal damages at least, which would carry costs.«

Van Schoick v. van Schoick, 76 N. J. L. 242; 69 Atl. 1080: Beklagte hatte sich verpflichtet auf Lebenszeit bei der Klägerin in Kost und Logis zu wohnen gegen wöchentliche Zahlungen von bestimmter Höhe. Nach kurzer Zeit zieht sie aus. Gegen die Klage wegen Vertragsbruches wendet sie ein, die Klägerin habe keinen Schaden erlitten. Demgegenüber erklärt das Gericht: »The demurrer to these counts seems us to be frivolous. They show a valid contract, and its breach by the defendant. At common law the breach of a contract is, per se, a legal injury from which some damage will be inferred. In the absence of proof of actual damage arising from such breach, the plaintiff is entitled to nominal damages. And this common law rule remains in full force in this state. Golden v. Knapp, 41 N. J. L. 215; Furniture Co. v. Board of Education, 58 N. J. L. 646; 35 Atl. 397.«

[70]) Vgl. Restatement Sect. 2. »Promise Defined. —

1. A promise is an undertaking, however expressed, either that something shall happen, or that something shall not happen, in the future.

2. Words which in terms promise the happening or failure to hap-

Law ist daher eine Sonderbehandlung der Kaufmängelhaftung nicht nötig, die Mängelhaftung ist in ihrem Wesen nichts anderes als jeder andere obligatorische Anspruch aus Vertragsbruch, ein Anspruch aus Garantie; die Mängelansprüche sind geradezu der Mustertyp der Vertragshaftung nach Common Law überhaupt.

Die Garantie für Rechtsmängel wie für Sachmängel war im Common Law der königlichen Gerichte lange Zeit kein selbstverständlicher Bestandteil eines Kauf- oder ähnlichen Vertrages. Die warranty bedurfte der besonderen Vereinbarung[71]). Für den Kauf von Grundstücken gilt dies grundsätzlich noch heute. Der Käufer kann Schadenersatz nur soweit verlangen, als der Verkäufer für den rechtlichen oder tatsächlichen Zustand des Grundstückes ausdrücklich eine Gewähr übernommen hat. Dies gilt allerdings nur at law. In Equity kann der Käufer gegenüber der Specific Performance-Klage des Verkäufers im Wege der Einrede auch bei nicht ausdrücklich garantierten Mängeln den Kaufpreis mindern, bei wesentlichen Mängeln Abweisung der Klage erreichen[72]). Wir werden sehen, daß er auch at law bei wesentlichen Mängeln Abnahme und Zahlung verweigern kann[73]). Einen Schadenersatzanspruch at law hat er aber nur dann, wenn der Verkäufer eine ausdrückliche Garantie übernommen hat[74]).

pen of something not within human control, or the existence or non-existence of a present or past state of facts, are to be interpreted as a promise or undertaking to be answerable for such proximate damage as may be caused by the failure to happen or the happening of the specified event, or by the existence or non-existence of the asserted state of facts.«

[71]) Dem Geiste des mittelalterlichen Rechts Englands allerdings war der Grundsatz Caveat emptor fremd, daß er beim Übergang der Gerichtsbarkeit in Contract-Sachen an die königlichen Gerichte seinen Einzug in das Common Law hielt, verdankt er dem damals beginnenden frühkapitalistischen Liberalismus. Vgl. die lebensvolle Darstellung von W. H. Hamilton in 40 Yale L. J. (1931) 1133.

[72]) Vgl. Sims v. Marryat (1851) 17 Q. B. 281, 291 (Rechtsmangel); Jones v. Bright (1829) 5 Bing. 533, 544 (Sachmangel).

[73]) S. 199 ff.

[74]) Flureau v. Thornhill (1776) 2 Wm. Bl. 1078, 96 E. R. 635. Auf Grund des Kaufvertrags ist der Käufer verpflichtet in die Auflassungsurkunde (conveyance) die traditionellen Garantien für seine eigene Verfügungsberechtigung gegen Entwehrung und für Freiheit von Lasten aufzunehmen (vgl. T. C. Williams, Contract of Sale of Land (1930) S. 48—49). Die Haftung tritt nur ein, wenn diese Klauseln in die Auflassung aufgenommen sind. Nach sect. 76 des Law of Property Act, 1925, wird dies aber dadurch bewirkt, daß in jeder Auflassungsurkunde die in der Schedula II des Gesetzes ausführlich formulierten Garantieklauseln als enthalten gelten. Mit dieser typisch englischen Gesetzestechnik wird

Anders beim Kauf beweglicher Sachen. Hier wurden seit etwa dem 17. Jahrhundert Garantien in steigendem Maße in den Vertrag hineininterpretiert. Seit der Mitte des 19. Jahrhunderts gilt der Inhalt der typischen, früher ausdrücklich übernommenen Garantien ohne weiteres als stillschweigend vereinbart. Der Sale of Goods Act und der Uniform Sales Act haben im wesentlichen diesen durch die Rechtsprechung geschaffenen Zustand durch kasuistische Aufzählung der Haftungsfälle kodifiziert.

Diese Andeutungen über die Mängelhaftung müssen hier genügen. Sie sollen nur zeigen, daß prinzipiell kein Unterschied besteht in der rechtlichen Betrachtung der Haftung für »Leistungen« und der Garantie für »Zustände«. Daß der Sale of Goods Act in der Überschrift zu Sect. 12 von Implied »Undertaking« — das ist das englische Wort für Assumpsit — as to title, etc. spricht, ist ebenso typisch wie daß in Sect. 11 Abreden irgendwelcher Art Warranties genannt werden[75]). In keinem Falle ist

---

die Haftung für Rechtsmängel zum objektiven Rechtssatz erhoben, ohne daß doch formell mit ihrer Zurückführung auf den Parteiwillen gebrochen würde.

Über Sachmängel vgl. Lawrence v. Hull (1924) 41 T. L. R. 75.

[75]) S. G. A. sect. 12 (Un. S. A. sect. 13): »Ein Kaufvertrag enthält, sofern sich nicht aus den Umständen etwas Abweichendes ergibt

1. eine stillschweigende Bedingung auf seiten des Käufers, daß er im Falle eines durch Übereignung vollzogenen Vertrages zur Veräußerung der Ware berechtigt ist und im Falle eines noch nicht durch Übereignung vollzogenen Vertrages, daß er in dem Zeitpunkt, in dem das Eigentum übergehen soll, zur Übereignung berechtigt sein wird (sog. warranty of title),
2. eine stillschweigende Garantie, daß der Käufer den ungestörten Genuß der Ware haben und genießen soll (sog. warranty of quiet enjoyment),
3. eine stillschweigende Garantie, daß die Ware frei ist von irgendwelchen belastenden Rechten Dritter, die dem Käufer im Zeitpunkt des Vertragsschlusses nicht mitgeteilt oder nicht bekannt sind.«

Sect. 13 (Un. S. A. sect. 14). »Ein Kauf von Waren nach Beschreibung (sale by description) enthält die stillschweigende Bedingung, daß die Waren der Beschreibung entsprechen; geschieht der Kauf sowohl nach Probe wie nach Beschreibung, so genügt es nicht, daß die gelieferte Partie der Probe entspricht, wenn sie nicht gleichzeitig auch der Beschreibung entspricht.«

Sect. 14 (Un. S. A. sect. 15). »Abgesehen von den Bestimmungen dieses Gesetzes oder anderer einschlägiger Gesetze bestehen bezüglich der Qualität kaufweise gelieferter Waren oder hinsichtlich ihrer Verwendungsfähigkeit für einen bestimmten Zweck nur die folgenden stillschweigenden Bedingungen oder Garantien:

Inhalt der vertraglich übernommenen Verpflichtung irgend etwas anderes als die Zahlung von Schadenersatz für den Fall der Nichterfüllung des zugesagten Versprechens[76]).

1. Läßt der Käufer ausdrücklich oder stillschweigend den Verkäufer den besonderen Zweck, für den die Waren benötigt sind, wissen, und zwar derart, daß sich ergibt, daß der Käufer auf die Geschicklichkeit oder auf das Urteil des Verkäufers vertraut, und gehören die Waren zu einer Gattung, die der Verkäufer im regelmäßigen Gange seines Geschäfts liefert — sei es als Hersteller oder nicht — so besteht eine stillschweigende Bedingung, daß die Waren für diesen Zweck angemessen geeignet sind. Der Verkauf eines bestimmten Artikels unter seinem Patent oder sonstigen Handelsnamen enthält jedoch keine stillschweigende Bedingung bezüglich seiner Verwendungsfähigkeit zu einem bestimmten Zweck.
2. Werden Waren nach Beschreibung von einem Händler gekauft, der in Waren dieser Gattung handelt, — sei es als Hersteller oder nicht —, so besteht eine stillschweigende Bedingung, daß die Waren von handelsüblicher Qualität sind. Hat jedoch der Käufer die Waren besichtigt, so besteht keine stillschweigende Bedingung hinsichtlich solcher Mängel, die eine solche Besichtigung hätte aufdecken sollen.
3. Durch Handelsbrauch kann eine stillschweigende Garantie oder Bedingung bezüglich der Qualität oder der Eignung zu einem bestimmten Zweck hinzugefügt werden.
4. Eine ausdrückliche Garantie oder Bedingung hebt eine nach diesem Gesetz in dem Vertrag stillschweigend enthaltene Bedingung nur auf, wenn sie damit unvereinbar ist.«

Sect. 15 (Un. S. A. sect. 16) »...

2. Beim Kauf nach Probe besteht
   a) eine stillschweigende Bedingung, daß die gelieferte Partie der Probe entspricht,
   b) ...
   c) eine stillschweigende Bedingung, daß die Waren frei von Fehlern sind, die sie handelsuntauglich machen würden und die bei angemessener Prüfung der Probe nicht zum Vorschein kommen.«

Bezüglich der Rechtsmängelhaftung herrscht in den Gebieten, in denen das Common Law nicht kodifiziert ist, also insbesondere in den amerikanischen Gliedstaaten, die den Un. S. A. nicht angenommen haben, Unklarheit, ob die stillschweigend übernommene Garantie eine warranty of title oder eine warranty of quiet enjoyment ist, oder ob sie, wie in der gesetzlichen Kodifikation, sich auf beides erstreckt. Über die Folgen, die sich jeweils ergeben, vgl. John Wolff, Die Haftung des Verkäufers einer fremden beweglichen Sache nach dem Recht der Vereinigten Staaten von Amerika. 1930.

[76]) Sir John Salmond (in Salmond-Winfield. Principles of the Law of Contracts, 1927) will die beiden Gruppen von »Untertakings« in »Promises« — Versprechen einer Leistung — und »Warranties« — Garantie eines Zustands — scheiden. Er muß aber zugeben, daß sachliche Unterschiede nicht bestehen (S. 30ff.).

IV. Diese Gestaltung gibt der vertraglichen Verpflichtung at law — vom Ausnahmefall der Debt abgesehen — den Charakter eines Garantieversprechens. Der Schuldner verspricht nicht eine Leistung, er übernimmt nur die Garantie für ihre Erbringung, indem er für den Fall der Nichterbringung Schadenersatz verspricht.

Historischer Ausgangspunkt dieser Gestaltung ist die Entstehung des Assumpsitanspruchs als Deliktsklage und der Deliktscharakter zeigt sich auch noch deutlich in dem Rechtsinstitut der nominal damages. Die Umbildung in ein Garantieversprechen dagegen tritt zutage in der Art und Weise, in der der Ersatz wirklich erlittenen Schadens, die actual damages, begrenzt wird.

Nach den Grundsätzen des Deliktrechts haftet der Schuldner für den Schaden der eine natural and probable consequence seiner unerlaubten Handlung bildet. Bis vor kurzem wurde darunter allgemein derjenige Schaden verstanden, »den eine Person von durchschnittlichen Fähigkeiten und Kenntnissen in gleicher Lage wie der Täter und unter gleichen Beobachtungsmöglichkeiten als wahrscheinliche Folge der Handlung hätte voraussehen können«[77]). Das ist eine Formulierung, die der deutschen Lehre vom adäquaten Kausalzusammenhang recht nahe kommt. Außerdem ist der Täter haftbar für jeden Schaden, den er im Zeitpunkte der unerlaubten Handlung tatsächlich vorhergesehen hat. In der neueren Rechtstheorie, insbesondere in der amerikanischen, ist diese Lehre vielfach angegriffen worden, da sie den Fahrlässigkeitsbegriff mit dem Kausalitätsbegriff vermenge[78]). Den Kritikern ist es bisher aber nicht gelungen, eine brauchbare neue Formel aufzustellen. Die meisten der neuen Formulierungen treten in einer Form auf, die in Deutschland als Lehre von der Unterbrechung des Kausalzusammenhangs zu bezeichnen wäre: Der Ersatzpflichtige haftet für den verursachten Schaden soweit, als nicht ein neues unabhängiges Ereignis die Kausalkette zerreißt[79]). In die Rechtsprechung haben diese Erörterungen eine große Unsicherheit getragen. Während sich einzelne Gerichte

[77]) Pollock on Torts. 13. Aufl. 29.

[78]) So insbesondere Beven, Principles of the Law of Negligence. London 1889. Bohlen, Studies in the Law of Torts (1926) 1ff., Street I. 101ff., dann vor allem Jeremiah Smith, 25 Harv. L. Rev. (1911/12) S. 103, sowie Beale, 33 Harv. L. R. 633.

[79]) Typisch z. B. die Darstellung bei Throckmorton-Cooley, Law of Torts, 1930, S. 49ff.

den Kritikern angeschlossen haben[80]), halten andere nach wie vor an der alten Foreseeability Rule fest[81]).

Für das Vertragsrecht gilt eine andere Methode der Schadensberechnung: Der vertragsuntreue Schuldner haftet nur für solchen Schaden, den er bei Abschluß des Vertrags als etwa mögliche (probable) Folge eines Vertragsbruchs vorauszusehen Anlaß hatte. Ist der eingetretene Schaden derart, daß er bei gewöhnlichem Lauf der Dinge auf den Vertragsbruch folgt, so war für den Schuldner genügender Anlaß vorhanden, ihn vorauszusehen; andernfalls muß im einzelnen nachgewiesen werden, daß der Schuldner Anlaß hatte, die besondern Umstände zu kennen, um den Schaden vorauszusehen[82]).

Während also aus Delikt der Schuldner den verursachten Schaden schlechthin zu ersetzen hat, den er bei Begehung des Delikts hätte voraussehen können, kommt es bei der Begrenzung des vertraglichen Schadens nicht darauf an, welche Folgen seines Vertragsbruchs für den Schuldner im Zeitpunkt der Begehung dieses Vertragsbruchs erkennbar waren, sondern darauf, mit welchen Folgen eines etwaigen Vertragsbruchs er im Zeitpunkt des Vertragsabschlusses zu rechnen hatte. Mit andern Worten: Er haftet für solchen Schaden und nur für solchen, dessen Risiko er übernommen, dessen Ersatz er garantiert hat, wobei das Risiko desjenigen Schadens generell als übernommen gilt, der sich typischer-, normalerweise als Verletzung eines Vertrages der in Frage stehenden Art darstellt. Soll für weiteren Schaden gehaftet werden, so müssen dem Schuldner schon bei Vertragsschluß die Umstände bekannt gewesen sein, aus denen ein solcher Schaden entstehen konnte[83]), wobei es einer aus-

---

[80]) So der englische C. A. in der in ihrer Tragweite höchst umstrittenen Entscheidung in Re Polemis [1921] 3 K. B. 560. Vgl. dazu Pollock, Law of Torts 13. Aufl. S. 35ff., Salmond-Winfield 506. Goodhart, Essays in Jurisprudence (1931) S. 110ff.

[81]) So der Appellhof des Staates New York unter dem Vorsitz des Oberrichters Cardozo in O'Neill v. City of Port Jervis, 171 N. E. 694, 253 N. Y. 423 (1930).

[82]) Sog. Rule in Hadley v. Baxendale (1854) 9 Ex. 341. In der Formulierung des Restatement-Entwurfs sect. 321.

[83]) Welche Umstände bei einem vertragschließenden Schuldner als bekannt vorauszusetzen sind, ist im einzelnen oft streitig. So ist z. B. in England ungeklärt, ob bei einem Verkäufer von Waren generell die Kenntnis angenommen werden kann, daß sein Käufer die Waren weiterverkaufen will. Die Oberhausentscheidung Williams v. Agius [1914] A. C. 510, hat dies selbst für den Fall vereint, daß der Käufer Kaufmann ist. Die

drücklichen Übernahme des Risikos für diesen Saden allerdings nicht bedarf. Schließt jemand in Kenntnis solcher besonderen Umstände einen Vertrag, so hat er eben das entsprechende Risiko übernommen[84]). Mit diesen Lösungen ist die Folgerung aus der Wandlung des Assumpsitanspruchs aus einer Deliktsklage zu einem Anspruch aus Garantieversprechen gezogen.

10. Kapitel.

Leistungshindernisse, insbesondere zufällige Unmöglichkeit der Erfüllung.

(Impossibility of Performance, Frustration of Contract.)

A. Das Common Law bis zur Mitte des 19. Jahrhunderts.
- I. Regel: In Assumpsit haftet der Schuldner unbedingt, sofern er nicht die Haftung für bestimmte Risiken ausdrücklich ausgeschlossen hat.
- II. Ausnahmen:
  1. Die Bond.
  2. Bailments.
  3. Verträge auf persönliche Leistungen.
  4. Frustration of Contract.

B. Die Entwicklung der modernen Unmöglichkeitslehre im Anschluß an Lord Blackburn's Entscheidung in Taylor v. Caldwell.
- I. Nachträgliche tatsächliche Unmöglichkeit.
  1. Taylor v. Caldwell.
  2. Untergang der die Vertragsgrundlage bildenden körperlichen Sache.
  3. Verträge auf persönliche Leistungen.
  4. Frustration of Contract.
  5. Die Clausula-Lehre der Coronation- und War-Cases.
- II. Nachträgliche juristische Unmöglichkeit.
- III. Die anfängliche Unmöglichkeit.

C. Die moderne Unmöglichkeitslehre: Überblick.

Das in einem formlosen Vertrag geleistete Versprechen, zu dessen rechtlicher Durchsetzung die Action of Assumpsit dient,

---

Oberhausentscheidung Hall v. Pim (1928) 33 Com. Cas. 324, Z. ausl. int. Privatr. 3, 123 hat es in einem besonders gelagerten Fall bejaht. Die Tragweite dieser Entscheidung ist aber umstritten. Vgl. James Finlay v. N. V. Kwik Hoo Tong [1929] 1 K. B. 400, C. A., Z. ausl. int. Privatr. 4, 372. Über den Stand der Frage in den Vereinigten Staaten vgl. die zahlreichen in 1 U. L. A. 385 zitierten Entscheidungen.

[84]) Hammond v. Bussey (1887) 20 Q. B. D. 79, Chalmers, Sale of Goods Act 10. Aufl. S. 135 gegen Maine, On Damages 10. Aufl. S. 36. Vgl. auch British Columbia Saw Mill Co. v. Nettleship (1868) L. R. 3 C. P. 499.

ist ein Garantieversprechen. Das in der Action of Covenant klagbare Versprechen aus Formalkontrakt wird ihm in seiner rechtlichen Behandlung angeglichen. Aus dieser Auffassung des Vertrages als Garantieversprechen ergibt sich die Behandlung der Leistungshindernisse im Common Law. Man fragt, in welchem Umfang der Schuldner die versprochene Leistung garantiert habe. Ist die Garantie uneingeschränkt derart übernommen, daß der Schuldner für die Leistung unter allen Umständen einstehen will, oder ist sie nur unter Einschränkungen übernommen derart, daß für den Fall bestimmter Leistungshindernisse die Garantie ausgeschlossen sein soll?

A. I. Im Ausgangspunkt der Lehre steht die starre Auffassung, daß im Zweifel die Garantie uneingeschränkt übernommen ist. Will der Schuldner bestimmte Leistungshindernisse von seiner Garantie ausnehmen, will er sich für solche Ereignisse freizeichnen, so muß dies ausdrücklich vereinbart sein. Eine stillschweigende Einschränkung der Garantie wird nicht angenommen.

Hat der Schuldner die ausdrückliche Freizeichnung unterlassen, so hat er es seiner eigenen »Torheit« (»Folie«) zuzuschreiben, wenn er für die Nichterfüllung einzustehen hat. Typisch ist ein Fall aus dem Jahre 1468[85]), wo der Beklagte in einer bond sich einem Schiedsverfahren unterworfen und für den Fall der Nichterfüllung des Schiedsspruchs eine Vertragsstrafe versprochen hatte. Das Schiedsverfahren war vor sich gegangen, ohne daß der Beklagte etwas davon erfahren hatte, und der Schiedsspruch hatte ihm auferlegt, am 4. März eine bestimmte Summe zu zahlen. Von diesem Schiedsspruch bekam er erst einen Monat später Kenntnis. Streitig war, ob die Nichtkenntnis ihn von der Zahlung der Vertragsstrafe befreie. Von den Anwälten des Klägers wird immer wieder ausgeführt, der Beklagte hätte in den Vertrag die Klausel aufnehmen können, daß bei Nichtkenntnis seine Haftung nicht eintrete. Habe er eine solche Schutzklausel unterlassen, so habe er seine Verpflichtung seiner eigenen »folie« zuzuschreiben. Auf dem gleichen Gedanken beruht der allgemein als Leading case anerkannte Fall Paradine v. Jane[86]). Ein Pächter hatte »unternommen«, an dem gepachteten Gebäude alle erforderlichen Reparaturen vornehmen zu lassen. Im Verlauf der englischen Revolutionskriege wurde der

[85]) Y. B. 8 Edw. 4. fol. 1.

[86]) (1647) Aleyn 26, 82 E. R. 897.

Pächter aus seinem Besitz vertrieben. Er wird dennoch zum Schadenersatz wegen Nichtvornahme der Reparaturen verurteilt. Sein Einwand, die Erfüllung der Reparaturpflicht sei ihm infolge der feindlichen Besetzung des Gutes unmöglich geworden, wurde mit der folgenden, klassisch gewordenen, in allen späteren Entscheidungen immer wiederkehrenden Begründung abgelehnt: Wird die Erfüllung einer unmittelbar durch die Rechtsordnung begründeten Pflicht oder Last durch ein unvermeidbares Ereignis ohne Verschulden der Partei verhindert, so ist sie entschuldigt. Wenn aber jemand sich bedingungslos verpflichtet, eine im Zeitpunkt der Verpflichtung mögliche Handlung auszuführen, so wird er von der Erfüllung der Verpflichtung nicht entschuldigt, denn er hätte sich ja durch entsprechende Vertragsklauseln schützen können[87])[88])[89]).

II. Diese, im Wesen der Action of Assumpsit gegründete Auffassung steht im Mittelpunkt der späteren Entwicklung. Paradine v. Jane wird der Leading Case für das Gesamtgebiet des Law of Contract[90]). Aber diese Entwicklung wird durch Momente beeinflußt, die in anderen Aktionen oder auf Grund besonderer Tatbestände herausgearbeitet wurden. Vier besondere Fälle sind es, die den aus Assumpsit stammenden Kern der Unmöglichkeitslehre beeinflußt und abgewandelt haben:

1. Die auf der alten Vertragsform der gesiegelten Urkunde (Covenant) beruhende besondere Vertragsform der Bond.
2. Die auf zeitweiligen Besitz einer fremden beweglichen Sache gerichteten Bailment-Verträge.
3. Verträge auf persönliche Dienstleistungen.
4. Die seerechtliche Lehre von der Commercial Frustration.

1. Das 12. Jahrhundert hatte in der Action of Covenant einen Rechtsbehelf ausgebildet, der sehr wohl zu einem allge-

[87]) »When the party by his own contract creates a duty or charge upon himself, he is bound to make it good, if he may, notwithstanding any accident by inevitable necessity, because he might have provided against it by his contract.«

[88]) Ähnlich Taylor's Case von 1584: Beförderung von Äpfeln über die Themse; infolge eines Sturmes sinkt das Boot; Frachtführer haftet auf Schadenersatz aus seinem Assumpsit »by which he had subjected himself to all Adventures« (Viner Abr. 5. 236).

[89]) Über die Strenge der Haftung beim Erfüllungsverzug vgl. E. Heymann, Das Verschulden beim Erfüllungsverzug.

[90]) Vgl. 2 Williams' Saunders 422 n. 2; siehe auch Hadley v. Clarke 8 T. R. 259; Atkinson v. Ritchie, 10 East 530; Spence v. Chodwick, 10 Q. B. 517.

meinen Vertragsbegriff hätte führen können. Allein, diese Aktionsform, deren Writ den Beklagten auffordert, die mit dem Kläger abgeschlossene Vereinbarung zu halten, erlangte nach einem ersten Anlauf keine schöpferische Bedeutung. Der Grund liegt einmal darin, daß vom 13. Jahrhundert an feststeht, daß der Writ of Covenant nur gebracht werden kann, wenn eine gesiegelte Urkunde vorliegt, dann in den Unvollkommenheiten des Prozeßverfahrens at Law, das keine Möglichkeiten kennt, den Beklagten zu einer anderen Leistung als zur Zahlung von Geld zu zwingen. So nimmt das Urteil, trotz des anders gefaßten Writs, die Form einer Verurteilung zu Schadenersatz an. Schließlich spielt eine wesentliche Rolle, daß jedesmal dann, wenn der Anspruch auf eine ziffernmäßig bestimmte Geldsumme lautet, die Action of Covenant überhaupt nicht möglich ist, daß vielmehr in einem solchen Falle die Action of Debt allein angebracht ist, auch dann, wenn der Anspruch auf einer Deed beruht. Die eigentliche Action of Covenant wird der Action of Assumpsit ähnlich, die Aufforderung, die Vereinbarung zu erfüllen, wird bedeutungslos, die rechtliche Behandlung folgt den in Assumpsit zu entwickelnden Lehren. Eine Sonderbehandlung findet die unter Deed eingegangene Verpflichtung nur in der besonderen Vertragsform der Bond (im eigentlichen Sinn, auch Double-bond genannt, zum Unterschied von der Single bond, dem unter Deed eingegangenen einfachen Schuldversprechen).

In einer Bond, die immer eine gesiegelte Urkunde, Deed, ist, verspricht der Schuldner dem Gläubiger zu einem bestimmten zukünftigen Zeitpunkt eine bestimmte Geldsumme zu bezahlen. Dieses, Obligation genannte Versprechen ist dadurch auflösend bedingt, daß in einem bestimmten Zeitpunkt eine bestimmte Leistung, z. B. Bau eines Hauses, Zahlung einer Geldsumme erbracht wird, sog. Condition. Dem Zweck des Rechtsgeschäfts nach bildet die in der Condition genannte Leistung die eigentliche Schuld, die Obligation ist nichts weiter als eine Vertragsstrafe, die, wenn in der Condition die Zahlung einer Geldsumme steht, im allgemeinen die doppelte Summe beträgt. Wird die Obligation nicht durch Erbringung der Condition aufgelöst, so ist sie mit der Action of Debt einklagbar.

Diese Vertragsform erfreut sich vom dreizehnten bis siebzehnten Jahrhundert großer Beliebtheit, kann sie doch der Sicherung von Leistungen der verschiedensten Art dienstbar gemacht und außerordentlich wirkungsvoll ausgestaltet werden.

Das Common Law nimmt die Bond in ihrer wörtlichen Bedeutung. Wird die Condition nicht zur gehörigen Zeit oder am gehörigen Ort erbracht, so wird die Obligation sofort und in voller Höhe fällig.

Dieser starre Standpunkt wird in Equity nach zwei Richtungen gemildert. Dem Schuldner wird die Möglichkeit eröffnet, den Verfall der Obligation durch nachträgliche Leistung der Condition zuzüglich Schadenersatz abzuwenden, sodann wird dem Gläubiger überhaupt verboten mehr zu verlangen als den Betrag seines tatsächlich erlittenen Schadens. Die Festsetzung einer Obligation, die, wenn sie der Sicherung einer Geldleistung dienen soll, üblicherweise das Doppelte beträgt, wird damit illusorisch gemacht.

In Equity wird das Geschäft nach seinem wirtschaftlichen Inhalte betrachtet. Die Condition wird so behandelt, als ob sie die vertraglich versprochene Leistung wäre. In den ersten Jahren des 17. Jahrhunderts werden diese Grundsätze durch die Gesetzgebung auch auf das Common Law übertragen[91]). Damit wird die Bond, trotzdem sie ihre Form beibehält, ihrem Wesen nach verändert. Die Condition wird zum Gegenstand des Schuldverhältnisses, die Obligation wird bedeutungslos. Der Gläubiger kann auf sie nur dann zurückgreifen, wenn sie sich nach Absicht der Parteien als liquidierter Schadenersatz darstellt; ist sie dagegen als Vertragsstrafe, Penalty, gedacht, so ist sie nichtig. Aus dieser Entwicklung erklärt sich der Grundsatz des modernen englischen Rechts, daß die Vereinbarung einer Vertragsstrafe ungültig ist, daß der Gläubiger nie mehr verlangen kann als den tatsächlich erlittenen Schaden, und daß höchstens beim Vertragsschluß eine bestimmte Summe im voraus als Schadenersatz liquidiert werden kann[92]). Ob die Bestimmung einer solchen Geldsumme ein nichtiges Strafversprechen oder eine gültige Vereinbarung liquidierten Schadenersatzes darstellt, ist jeweils allen Umständen des Einzelfalles zu entnehmen[93]).

Die Bond ist für die Entwicklung des Law of Contract nach zwei Richtungen bedeutungsvoll. Ihre durch das Auseinandergehen von Form und Inhalt bedingte zwiespältige Behandlung ist

---

91) 8 u. 9 William 3 c. 11. s. 8; 4 u. 5 Anne c. 16. s. 12, 13.

92) Anson 325.

93) Strickland v. Willams [1899] 1 Q. B. 382; Pye v. British Automobile Syndicate [1926] 1 K. B. 425; Webster v. Bosanquet [1912] A. C. 394 und zahlreiche Einzelfälle bei Anson, l. c.

eine der Ursachen der zwiespältigen Behandlung der englischen Unmöglichkeitslehre, die an ihr zum erstenmal entwickelt wird, und ihre eigenartige rechtliche Konstruktion bedingt für lange Zeit die merkwürdige systematische Stellung wesentlicher Grundfragen des Obligationenrechts, die, da sie an der Condition of Bond entwickelt werden, in den Rechtstraktaten des siebzehnten und achtzehnten Jahrhunderts, den Abridgments, unter dem Schlagwort »Condition« behandelt werden[94]), eine systematische Stellung, die noch lange Zeit hindurch nachwirkt.

Drei Fälle erregen im siebzehnten Jahrhundert die Aufmerksamkeit; die Condition einer Bond ist unerlaubt, sie ist von Anfang an unmöglich oder sie wird nachträglich unmöglich.

Der erste Fall bietet die geringsten Schwierigkeiten. Die Rechtsordnung und die Gerichte dürfen nicht dazu benutzt werden, die Erfüllung einer verbotenen oder einer unsittlichen Handlung, sei es auch nur indirekt, zu erzwingen. So nehmen die Gerichte keinen Anstand in derartigen Fällen nicht nur die Condition, sondern auch die ganze Urkunde für nichtig zu erklären[95]). Unter diesem Gesichtspunkt wird schon sehr früh der Rechtssatz von der Ungültigkeit unbeschränkter oder zu weit gefaßter Konkurrenzklauseln (Covenants in restraint of trade) entwickelt, wie überhaupt von der Ungültigkeit vertraglicher Bindungen, die gegen die Public Policy verstoßen[96]).

Schwieriger war die Behandlung der Unmöglichkeitsfälle. Der Gesichtspunkt, daß verbotene oder unsittliche Handlungen nicht erzwungen werden dürften, auch nicht indirekt, erlaubte bei den Illegality-Fällen eine einheitliche Betrachtung des Rechtsgeschäfts. Bei den Unmöglichkeitsfällen war dies nicht ohne weiteres möglich. War die Handlung, durch deren Eintritt die Obligation auflösend bedingt war, nicht möglich, so mußte grundsätzlich die Obligation in Kraft bleiben. Für den Fall der anfänglichen Unmöglichkeit der Bedingung wurde dies auch strikt durchgeführt. Coke, Litt. 206b, gibt als Schulbeispiel den Fall, daß der Schuldner einer Bond sich zu einer Leistung verpflichtet unter der auflösenden Bedingung, daß er innerhalb von drei Stunden von St. Peter in Westminster nach St. Peter in Rom

---

94) So Sheppard, Touchstone; Viner Abr.; Roll Abr.; Bacon Abr.; Comyn Digest.

95) Dive v. Manningham (1550) 1 Plowden 60; Walker v. Perkins 3 Burr. 1568; Coke, Litt. 206b.

96) Vgl. die ausführliche Darstellung bei Holdsw. VIII, 56ff.

gehe. »The condition is void and impossible, and the obligation standeth good«, oder der Schuldner verpflichtet sich zu einer Leistung unter der auflösenden Bedingung seiner Ehefrau ein Grundstück aufzulassen, was juristisch unmöglich ist; auch hier ist die Bedingung nichtig, die Obligation gültig[97]). Diese der Form des Rechtsgeschäfts entsprechende Behandlung wird bei nachträglichem Unmöglichwerden der Bedingung nicht durchgeführt. Beruht die nachträgliche Unmöglichkeit der Condition auf der eigenen Handlung des Gläubigers oder auf Act of God, so wird der Schuldner von der Obligation frei. So Coke, Litt. 206a und sein Bericht über Laughter's Case 5 Co. Rep. 22a (1596). Die Entscheidung dieses Falles wird damit begründet, daß die Bedingung einer Bond zum Vorteil des Schuldners bestimmt sei; entfalle die Möglichkeit ihres Eintritts, so dürfe dies dem Schuldner nicht zum Schaden gereichen. Diese, dem Aufbau des Rechtsgeschäfts widersprechende Regel geht jedenfalls auf Edward Coke zurück. Aus der Zeit vor ihm fehlen einschlägige Präjudizien. In allen obligationenrechtlichen Fragen ist Coke stark von Bracton beeinflußt, den er bei seinen rechtshistorischen Arbeiten aus dem Dunkel der Vergessenheit wieder hervorzieht und dessen Lehrsätze er unkritisch für altes englisches Recht hält, ohne sich ihres romanistischen Charakters bewußt zu sein. So werden gerade, absurd genug, durch Edward Coke's großes Werk, das dem Kampf gegen das von den Stuarts begünstigte römische Recht und der Verherrlichung und Festigung des eigenen, heimischen Common Law zuliebe unternommen ist, fremde, romanistische Rechtsgedanken neu eingeführt, die Bracton als Recht seiner Zeit ausgegeben hatte, um die Lücke, die das Common Law dieser Zeit bot, zu füllen.

Die von Coke entwickelten Sätze werden für das Recht der Bond allgemein anerkannt[98]). Sie bleiben aber auf diese Vertragsform beschränkt, die mit der Entwicklung der Action of Assumpsit und der darin begründeten Erleichterung obligatorischer Verträge, sowie mit der geschilderten Abschwächung ihrer Wirkungen durch die Chancery immer mehr an Bedeutung verliert.

2. Lord Holt's berühmte Entscheidung in Coggs v. Ber-

---

[97]) Coke, Litt l. c.

[98]) Shepperd, Touchstone 372; Rolle, Abr. I, 449b, 451; Williams, Saund. 238; Brown v. Mayor of London (1862) 13 C. B. N. S. 828; 31 L. J. C. P. 280.

nard[99]), die in der Considerationlehre im Anschluß an die ältesten Assumpsitfälle die Haftung aus unentgeltlichen Bailments und Undertakings begründete[100]), ist auch für die Unmöglichkeitslehre von wesentlicher Bedeutung. Der Tatbestand sei hier kurz wiederholt.

Der Beklagte hatte für den Kläger die Beförderung von Branntweinfässern von einem Lagerkeller in Holborn nach einem Lagerkeller in St. Clement Danes übernommen. Ein Faß wurde fahrlässigerweise beschädigt, so daß es auslief. Der Kläger verlangt Schadenersatz. Der Fall ähnelt in seinem Tatbestand den typischen Fällen der alten Action of Detinue sur Bailment, aber, wie oben gezeigt, kann der Bailor mit dieser Klage nur die Herausgabe der Sache oder Wertersatz erlangen, nicht auch Schadenersatz wegen Beschädigung. Ansprüche der letzteren Art bilden den Inhalt derjenigen Fälle, von denen die Assumpsit-Klage ihren Ausgang nimmt, der Fälle, in denen der Kläger dadurch zu Schaden gekommen ist, daß er dem Beklagten eine Sache übergeben hat, mit der dieser in bestimmter Weise zu verfahren »unternommen hatte«[101]).

In Detinue behält der Bailor seinen Anspruch gegen den Bailee auch dann, wenn diesem die Sache durch die Handlung eines Dritten, z. B. durch Raub oder Diebstahl, abhanden gekommen ist. Der Bailee haftet absolut ohne Möglichkeit der Entlastung[102]). Dies ist die notwendige Konsequenz des alten, gemein-germanischen Grundsatzes »Hand wahre Hand«. Eine spätere Zeit wollte die Grundlage des ihr historisch unverständlich gewordenen Satzes darin sehen, daß der Bailee seinerseits gegen den Dritten mit Diebstahlsklage oder einem ähnlichen Rechtsbehelf vorgehen könne[103]). Aus solchen Erwägungen wird die Haftung des Bailee für die Fälle ausgeschlossen, in denen ihm kein Anspruch gegen einen Dritten zusteht, wenn also der Verlust der Sache eingetreten ist durch Act of God or the King's Enemies[104]).

---

[99]) 2 Ld. Raym, 909. Vgl. E. Heymann 332f. 334ff.

[100]) S. oben S. 94ff.

[101]) Vgl. oben S. 25ff.

[102]) Glanvil X, 13 »Sin autem res ipsa interierit vel perdita fuerit, quocumque modo in custodia tua, omni modo teneris ad rationabile pretium mihi restituendum«.

[103]) So recht deutlich z. B. 1601 Southcot v. Bennet, Cro. Eliz. 815, 4 Co. Rep. 83b.

[104]) So 1451 Y. B. 33 Hen. VI. pl. 3; vgl. Holmes, Common Law 176 Holsw. III, 343; Doctor and Student Chap. 33.

Eine noch mildere Auffassung von der Haftung des Bailee hatte Bracton vertreten. Die Darstellung, die er vom Recht der Bailments gibt[105]), ist in Terminologie und Inhalt romanistisch. So unterscheidet er zwischen Vorsatz, grober und leichter Fahrlässigkeit. Er spricht vom »diligens pater-familias« und von der »diligentia quam suis«, er stuft die Haftung ab, je nachdem ob die Gebrauchsüberlassung den Interessen des Bailor oder des Bailee dient, ob sie gegen Entgelt erfolgt oder nicht, alles Unterscheidungen und Begriffe, die dem unentwickelten heimischen Recht fremd sind. Bracton's Ausführungen haben in den Year Books vorübergehende Spuren hinterlassen, so wird 1299 einem Bailee erlaubt, gegen eine Action of Detinue den Einwand zu erheben, die Sache sei ihm geraubt worden[106]). Der Einwand des Diebstahls wird zugelassen 1355 in 29 Ass. 163 pl. 28 und 1432 in Y. B. 10 Hen. VI. Mich. pl. 69[107]). Aber diese Ansätze dringen nicht durch und in seinem Report über Southcote's Case[108]), kann Coke feststellen, daß der Bailee absolut haftet, ohne Möglichkeit des Einwands des Diebstahls, gemildert nur durch die erwähnten Fälle des Act of God or the King's Enemies, in denen der Bailee gegen keinen Dritten Rückgriff nehmen kann.

Dieser Fall betraf eine Klage aus Detinue, aber bezeichnenderweise ist die Terminologie derart, als ob es sich um eine Action of Assumpsit handelte. Der Beklagte hatte die Verwahrung von Sachen des Klägers übernommen. Sie waren ihm abhanden gekommen und er wendete ein, er hafte nicht, da er nicht ausdrücklich »unternommen habe, to keep the goods safely and surely«. Demgegenüber spricht das Gericht aus, jede Verabredung to keep the goods enthalte stillschweigend, das »Unternehmen« to keep them safely. Wie in Slade's Case in jede Debt, so wird hier in jedes Detinue sur Bailment ein Assumpsit hineingedeutet und damit die Bahn zum allgemeinen Ersatz der älteren Klage durch die jüngere auch auf diesem Gebiete eröffnet.

Während so für Detinue die absolute Haftung klargestellt war, schien in den älteren Assumpsit-Fällen der Beklagte nur dann haftbar zu sein, wenn er sein »Unternehmen« nachlässig, ungeschickt ausgeführt hatte. Solche Erwägungen finden sich schon in dem ältesten Assumpsit-Fall des Fährmanns, der für den

---

105) F. 62 b. 99.
106) Brinkburn, Cartulary, zit. bei Pollock und Maitland II, 170.
107) Holdsw. III, 341.
108) 4 Co. Rep. 83b.

Verlust des Pferdes, das er über den Fluß zu setzen »unternommen« hatte, deswegen haftet, weil er das Boot überlastet hat[109]). Ähnliche Anklänge finden sich in anderen Assumpsit-Fällen, in denen die Haftung darauf gegründet wird, daß der Beklagte sein »Unternehmen« negligently and unskilfully ausgeführt habe. Sobald allerdings Assumpsit aus einer Deliktsklage zu einer Garantieklage aus Vertrag wird und mit Detinue zu einer einheitlichen Klage aus dem materiellrechtlichen Begriff des Bailment verschmilzt, geht das Bewußtsein für diesen Grund der Haftung verloren. Wenn 1628 in Williams v. Lloyd[110]), in Assumpsit der Einwand zugelassen wird, das in Verwahrung gegebene Pferd sei ohne Verschulden des Verwahrers gestorben, so beziehen sich die Richter zur Begründung dieser Entscheidung auf — die Bibel[111]) und auf Bracton[112])! Und nur der Berichterstatter Jones fügt hinzu, das Gericht hätte sich auch auf den Fährmannfall beziehen können.

Auch Lord Holt ist, als er in Coggs v. Bernard die Gelegenheit zur Klärung der reichlich unübersichtlich gewordenen Rechtslage ergreift, über die historische Entwicklung nicht mehr im klaren. Die Verschmelzung der alten Aktionen ist schon so weit vorgeschritten, daß er die Präjudizien nicht mehr nach Detinue- und Assumpsitfällen unterscheidet. Bailment ist für ihn ein materiellrechtlicher Begriff, den er glaubt einheitlich auch in den alten Präjudizien und Rechtsbüchern finden zu können. Southcote's Case von 1601, in dem die alte, absolute Detinuehaftung erneut bestätigt worden war, scheint ihm von Coke nicht korrekt berichtet zu sein. Er glaubt dem Falle, wie er ihn auslegt, den Grundsatz der Verschuldenshaftung entnehmen zu kön-

---

109) 22 Ass. Pl. 41 f. 94.

»Action sur le Case. J. de B. se plaint p. bill que G. de F. certain jour et an a B. sur Humbre avoit empri a carrier la jument pri etc. en son batew oustre le river de Humbre safe et saine, la ou fist le dit G. surcharge son batew dautres chivals, per quel surcharge le jument perist, a tort et damage etc.

Richm., Judg. de la bill que en supp-(osant) en nous nul tort, eins prouve que il averoit acction per breve pervoiy de covenant ou per voye de trespass, per que etc.

Banke, Il semble que vous lui fistes trespass quand vous surchargez le batew, per que sa jument perist, etc. per que rendu.

Richm., de rien culpable, prist daverrer une bill etc.«

110) W. Jones 179.

111) Exod. 22 vers. 10.

112) Lib. 2 Fol. 80.

nen, der ihm — in ganz naturrechtlichen Gedankengängen — gerechter und angemessener erscheint, und die Bestätigung seiner Ansicht entnimmt er Bracton. »This Bracton I have cited is, I confess, an old author, but in this his doctrine is agreeable to reason, and to what the law is in other countries. The civil law is so, as you have it in Justinian's Inst. Lib. 3, Tit 15«[113]). Er übernimmt Bracton's romanistische Auffassung und Begriffe, denen er, nach jahrhundertlangem Schlafe zu einer Wiederauferstehung verhilft. Die Wiedererweckung Bractons durch Coke trägt ihre Früchte und wendet sich mit Begriffen des von im so gehaßten Civil Law gegen den von ihm selbst gebilligten alten Satz des Common Law von der absoluten Haftung des Bailee.

Ganz romanistisch unterscheidet Holt sechs Arten von Bailments:

1. Depositum:

Hier ist zu unterscheiden zwischen entgeltlicher und unentgeltlicher Verwahrung. Bei ersterer haftet der Verwahrer für jedes Verschulden, aber auch nur für dieses. Bei der unentgeltlichen Verwahrung ist die Haftung beschränkt auf diligentia quam suis. »Wer einem nachlässigen Freunde etwas anvertraut, hat den Schaden sich selbst zuzuschreiben«. Bracton f. 99b. Dies sei nicht einmal dann anders, wenn der unentgeltliche Verwahrer ausdrücklich die »sichere, gute Verwahrung« übernommen habe. Zur Begründung bezieht sich Holt auf 3 Cro. 214. Aber dieser Fall betrifft etwas anderes, nämlich die Haftung für Rechtsmängel beim Grundstückskauf. Die aus einem Covenant for quiet enjoyment entspringende Haftung tritt nur dann ein, wenn der Käufer im Genuß des Grundstücks infolge eines Rechtsmangels gestört wird und selbstverständlich nicht auch dann, wenn eine Besitzstörung auf irgendwelchen anderen, vom Verkäufer unabhängigen Tatsachen beruht. Holt glaubt aber, dieses Präjudiz als Grundlage für seine Verschuldenshaftung heranziehen zu können.

2. Beim Commodatum wird ganz romanistisch die Haftung des Entleihers für äußerste Sorgfalt im Anschluß an Bracton auf die Erwägung gestützt, daß der Nutzen des Geschäftes ausschließlich dem Entleiher zugute komme.

3. Bei der Sachmiete wird, wiederum im Anschluß an Brac-

---

[113]) Coggs v. Bernard at p. 915.

ton (62b), wie im Civil Law, eine Haftung für jedes Verschulden statuiert.

4. Beim Pignus haftet der Pfandgläubiger wie bei Bracton (99b), solange er nicht bezüglich der Forderung im Annahmeverzug ist, nur für diligentia quam suis.

5. Beim entgeltlichen Geschäftsbesorgungs-, Werk- und insbesondere Beförderungs-Vertrag wird unterschieden, ob der Schuldner die Sache in Ausübung seines Gewerbes empfangen hat oder nicht. Nach alten Gewohnheiten haftet der Common Carrier, der Gastwirt, der Schiffskapitän, der Leichtermann, für jeden Zufall bis zur höheren Gewalt. Vgl. Mors v. Slue[114]): »And this is a politick establishment, founded upon the policy of the law, for the safety of all persons, the necessity of whose affairs oblige them to trust these sorts of persons, that they may be safe in their ways of dealing«. Wäre es nicht so, so könnten z. B. die Frachtführer alle Leute, die gezwungen sind, ihnen ihre Waren anzuvertrauen, schädigen, indem sie sich z. B. heimlich mit Dieben zusammentäten, »was nicht leicht nachweisbar wäre«. Abgesehen von diesen eine Monopolstellung einnehmenden Gewerbetreibenden, soll die Haftung auf die gewöhnliche Sorgfalt beschränkt sein.

6. Beim Mandatum schließlich, der unentgeltlichen Geschäftsbesorgung, soll die Haftung für anvertraute Sachen gleichfalls auf Verschulden beschränkt sein. Als Autoritäten werden zitiert: Bracton f. 100 und Vinnius zu Inst. III 27. »Außer bei Bracton finde ich in unserem Recht keine Bestätigung für diese Ansicht, aber er ist full authority und unterstützt durch good reason«.

Für die spätere Entwicklung am bedeutungsvollsten wurde der Fall Coggs v. Bernard durch seine Anwendung im Kaufrecht. Seit dem 15. Jahrhundert bewirkte der Kauf einer Speziessache im allgemeinen den Übergang des Eigentums unmittelbar mit Abschluß des obligatorischen Vertrages[115]). Wird die Sache dem Käufer nicht gleich übergeben, so erhält der Verkäufer die Rechtsstellung des Verwahrers einer fremden Sache, eines Bailee. Aus der Bailmentlehre Lord Holt's ergibt sich, daß der Verkäufer haftungsfrei ist, wenn die Sache nachweisbar ohne sein Verschulden bei ihm untergeht[116])[117]).

---

[114]) T. Raym. 220.

[115]) Vgl. oben S. 18.

[116]) Rugg v. Minett (1809) 11 East 210. Da infolge des Eigentums-

3. Daß aus einem Versprechen, das nur durch den Schuldner in eigener Person erfüllt werden kann, wenn die Ausführung durch den Tod des Versprechenden unmöglich geworden ist, nicht auf Schadenersatz geklagt werden kann, wird in einem Dictum von 1584[118]) schon als selbstverständlich ausgesprochen und 1641 in Sheppard's Touchstone wiederholt. In dem berühmten Falle Hall v. Wright[119]) wird in einem Dictum von Pollock, C. B. als ebenso selbstverständlich ausgesprochen, daß nicht nur der Tod, sondern auch Krankheit oder sonstige unverschuldete Hindernisse denjenigen befreien, der eine Leistung nur in eigener Person erbringen kann, z. B. einen Autor von seinen Verpflichtungen aus einem Verlagsvertrag oder einen Maler, der versprochen hat, ein Bild zu malen. Pollock, C. B. sieht den Grund dafür, daß in solchen Fällen der Dienstverpflichtete bzw. seine Erben entlastet werden, darin, daß der Vertrag eine stillschweigende (implied) Bedingung enthalte, die die Nichterfüllung im Falle des Todes oder des sonstigen Unfähigwerdens entschuldige[120]). Der historische Grund liegt wohl darin, daß die Verträge auf personal services von Alters her besonderen Regeln unterstehen. Das Verhältnis zwischen master und servant wurde

---

übergangs eine Debt entstanden ist (vgl. unten S. 222 ff.), muß der Käufer trotz der Befreiung des Verkäufers den Kaufpreis zahlen. Daraus ergibt sich eine Rechtslage wie nach dem römischen Satze »Periculum est emptoris«.

117) Die besondere Stellung der Bailments in der Consideration- und der Unmöglichkeitslehre hat zu einer besonderen literarischen Behandlung geführt, die eingeleitet wurde 1781 durch W. Jones (Essay on the law of Bailments). Die moderne Literatur beginnt mit dem berühmten amerikanischen Werk von Story (Commentaries on the Law of Bailments), 1832. In England siehe heute Edw. Beal, Law of Bailments, 1900; W. Wyatt-Paine, Law of Bailments; vgl. auch Street II 251 ff.

118) Hyde v. Dean of Windsor, Cro. Eliz. 552, 553, vgl. auch Sparrow v. Sowgate. W. Jones 29.

119) E. Bl. & E. 765, at p. 793 (1858).

120) Gegenstand der Entscheidung in Hall v. Wright war ein Verlöbnisvertrag. Der Mann war nach Eingehen des Verlöbnisses so schwer erkrankt, daß die Vollziehung der Ehe für ihn mit Lebensgefahr verbunden gewesen wäre. Die Mehrheit der Exchequer Chamber läßt gegenüber der Schadenersatzklage wegen Breach of promise diesen Einwand nicht durchgreifen, da die formelle Eheschließung, mit der der Frau die Standes- und Vermögensrechte verschafft werden könnten, immer noch möglich wäre. Die Entscheidung ist für England heute noch Leading Case. Die amerikanischen Gerichte haben sie nicht mitgemacht und lassen lebensgefährliche Erkrankung beim Verlöbnis als Entschuldigungsgrund durchgreifen. Pollock 320.

vom älteren Common Law nicht als obligationenrechtlich, sondern als personenrechtlich angesehen[121]).

4. Die vierte Ausnahme ist seerechtlichen Ursprungs. Sie ist mit der Lehre von den Bailments eng verknüpft, nach welcher bei Charter- und Frachtverträgen der Verfrachter als Bailee durch Act of God or the Kings Enemies' von der Haftung für Nichtausführen des Vertrages befreit wird. Demgemäß besteht z. B. keine Haftung, wenn der Kapitän die Reise unterläßt um ein Schiff vor der Gefahr der Aufbringung als Blockadebrecher zu bewahren[122]). Die Bedeutung dieser Fälle für die spätere Entwicklung liegt darin, daß die zunächst nur für die Dauer der Verhinderung wirkende Befreiung zur dauernden wird, wenn sie so lange währt, daß der Zweck der Reise verteilt wird (sog. Frustration of Adventure). In einem solchen Falle kann jede Partei den Vertrag als beendet behandeln[123]).

B. I. Die Verbindung der älteren Präjudizienketten und die Begründung der modernen Unmöglichkeitslehre knüpft sich an den Namen des Chief Justice Blackburn, eines Mannes, dessen Persönlichkeit der Lord Mansfield's nicht unähnlich ist. Wie letzterer ist er ein Kenner kontinentaler Rechte und mit gutem Verständnis für die praktischen Bedürfnisse der Wirtschaft führt er die ihm als richtig und vernünftig erscheinenden Rechtssätze durch, auch wenn sie sich mit der hergebrachten Tradition nicht immer vereinbaren lassen.

So gehört er zu den großen Richtern, deren Wirken dauernde Spuren in der Rechtsentwicklung hinterlassen hat. Seine manchmal stark im Geist kontinentalen theoretischen Rechtsdenkens gehaltenen Argumentationen muten allerdings oft recht unenglisch an.

1. Für seine Methode ist seine Entscheidung von 1863 in Taylor v. Caldwell[124]) typisch, dem Leading Case der moder-

---

[121]) Diese Auffassung wirkt heute noch nach. Der Dienstvertrag wird üblicherweise nicht in den Lehrbüchern des Obligationenrechts abgehandelt, sondern entweder in besonderen Werken (z. B. C. M. Smith, Master and Servant, 7. Aufl. 1922) oder in den Werken über Family oder Domestic Relations z. B. bei Eversley on Domestic Relations 4. Aufl. 1926 Vgl. auch die systematische Stellung in Blake Odgers' Common Law (3. A. 1927).

[122]) Pole v. Cetcowitch 9 C. B. N. S. 430 (1860); Parson's Maritime Law, Boston 1859. 1. Aufl. 276; Abbott. The Law relative to Merchant Shipping 1. Aufl. London 1802.

[123]) Geipel v. Smith, 7 Q. B. 404.

[124]) 3 B. & S. 826, 32 L. J. Q. B. 164, 8 L. T. R. 356.

nen Unmöglichkeitslehre. Der Kläger, ein Konzertunternehmer, hat den Konzertsaal des Beklagten zur Veranstaltung von vier Konzerten gemietet. Vor dem für das erste Konzert festgesetzten Tage brennt der Saal ohne Verschulden einer der Parteien ab. Der Kläger verlangt Schadenersatz für die Auslagen, die er zur Vorbereitung der Konzerte aufgewendet hat. Der Fall kam zur Entscheidung vor dem Court of Queen's Bench unter dem Vorsitz des Chief-Justice Cockburn. Das einstimmige Urteil des Gerichts wird durch Blackburn verkündet. In gleicher Besetzung entscheidet das Gericht eine Reihe weiterer Fälle, die für den Ausbau der Unmöglichkeitslehre von Bedeutung werden. Die entscheidende Stimme in all diesen Urteilen stammt von Blackburn, dem späteren Chief-Justice.

Da der Fall Taylor v. Caldwell unter keine der oben dargestellten Ausnahmen gehört, wäre nach der in Paradine v. Jane niedergelegten Regel der Beklagte zu verurteilen gewesen. Aber Blackburn löst die verschiedenen Ausnahmen aus ihrer Vereinzelung und leitet aus ihnen einen allgemeinen Satz ab, der die strenge Regel von Paradine v. Jane entscheidend verändert. Auf Grund dieses Präjudizes hatte die Praxis bisher stets daran festgehalten, daß eine Freizeichnung von bestimmten Risiken ausdrücklich erfolgen müsse. Soweit der Schuldner seine Haftung nicht ausdrücklich ausschließt, ist er haftbar. Blackburn verkehrt sie in ihr Gegenteil, indem er aus den bisher vereinzelten Ausnahmen folgenden Satz ableitet: »This rule (d. h. die nach Paradine v. Jane allgemeine Regel) is only applicable, when the contract is positive and absolute, and not subject to any condition either express or implied; and there are authorities which, as we think, establish the principle that where, from the nature of the contract, it appears that the party must from the beginning have known that it could not be fulfilled unless, when the time for the fulfilment of the contract arrived, some particular specified thing continued to exist, so that, when entering into the contract they must have contemplated such continued existence as to the foundation of what was to be done there, in the absence of any express or implied warranty that the thing shall exist, the contract is not to be construed as a positive contract but as subject to an implied condition that the parties shall be excused in case, before breach, performance become impossible from the perishing of the thing without the fault of the contractor.«

D. h. also, jedem Vertrag soll die stillschweigende Bedingung innewohnen, daß der Schuldner durch den zufälligen Untergang einer die Grundlage des Vertrages bildenden körperlichen Sache entschuldigt werde.

Zur Begründung dieses Satzes zieht Blackburn die alten Ausnahmefälle heran, die Verträge auf persönliche Dienstleistungen, die Fälle der Commercial Frustration und die Entlastung des Verkäufers einer Speziessache bei deren zufälligem Untergang, wobei ihm der Zusammenhang mit Lord Holt's Bailmentlehre nicht mehr lebendig ist. In all diesen Fällen sieht er eine Bestätigung des Satzes: »Impossibilium nulla obligatio«, den er durch Stellen aus den Digesten[125]) und aus Pothier[126]) belegt, — eine im englischen Recht erstaunliche Begründung. Das fühlt auch Blackburn selbst, indem er hinzufügt: »Though the civil law is not in itself an authority in an English case, it affords great assistance in investigating the principle on which the law is grounded«. Daß das englische Recht auf andere Grundsätze basiert sein könnte, kann sich der unter dem Einfluß der neuen englischen theoretischen Rechtswissenschaft[127]) stehende Richter nicht vorstellen.

2. Aus Taylor v. Caldwell ergab sich unmittelbar zunächst der Satz, daß ein Schuldner dann von der Haftung wegen Nichterfüllung der versprochenen Leistung frei ist, wenn die die Grundlage der Obligation bildende körperliche Sache ohne sein Verschulden untergeht. Dieser Satz bildet eine Erweiterung der alten Bailmentlehre, die nur dann eingreifen konnte, wenn die Sache nicht im Eigentum des Schuldners stand und die gewissermaßen als Anwendung des römischen Satzes erschien: Res perit domino suo. Beim Kauf wurde der Verkäufer durch zufälligen Untergang der Sache also nur dann befreit, wenn das Eigentum auf den Käufer übergegangen war. Auf Grund der Entscheidung Taylor v. Caldwell wurde nunmehr die Befreiung auch auf den zufälligen Untergang der Kaufsache vor Eigentumsübergang ausgedehnt. In Howell v. Coupland[128]) hatte sich der beklagte Verkäufer im März verpflichtet, dem Kläger im September 200 t Kartoffeln aus einem bestimmten Acker zu liefern. Infolge einer Kartoffelkrankheit ging die ganze Ernte zugrunde. Die

[125]) 45. 1. 33.
[126]) Oblig. 3e ptie. Chap. 6, art. 668.
[127]) Vgl. unten S. 236 ff.
[128]) (1874) L. R. Q. B. D. 462; (1876) 1 Q. B. D. 258.

Klage des Käufers auf Schadenersatz wegen Nichterfüllung wird abgewiesen. Vor 1863 wäre anders zu entscheiden gewesen.

Die neue Entscheidung wurde zur Grundlage der Sect. 7 des S. G. A.[129]), die bestimmt: »Goods perishing before sale but after agreement to sell: — Where there is an agreement to sell specific goods and subsequently the goods without any fault on the part of the seller or the buyer perish before the risk passes to the buyer, the agreement is thereby avoided.«

3. Die Reihe der Präjudizien in den Verträgen über personal services, die Blackburn mit zur Begründung seiner Entscheidung in Taylor v. Caldwell weitgehend herangezogen hatte, fand eben durch ihn in den nächsten Jahren eine Fortsetzung und Verstärkung. 1868 wurde in Boast v. Firth[130]) die Frage anhängig, die er in Taylor v. Caldwell beispielsweise als obiter angeführt hatte, nämlich die Frage, ob der Vater eines Lehrlings von seinen Verpflichtungen gegenüber dem Dienstherrn befreit werde, wenn der Lehrling erkrankt.

Die Frage wurde selbstverständlich durch den Court of Queen's Bench, der in ganz gleicher Besetzung tagte, bejaht. Ein Jahr später klagte ein Gutsherr gegen die Erben eines Gutsverwalters auf Schadenersatz wegen Nichterfüllung, die dadurch herbeigeführt war, daß der Verwalter gestorben war. Selbstverständlich wurde der Anspruch abgewiesen[131]). Weitere zwei Jahre später, 1871, klagte ein Konzertunternehmer gegen den Ehemann einer Pianistin, die wegen Erkrankung ein Konzert, zu dem sie sich verpflichtet hatte, nicht abhalten konnte. Die Schadenersatzklage des Unternehmers wurde abgewiesen[132]).

4. In der Frustration of Adventure-Lehre zeigen sich die praktischen Auswirkungen der Entscheidung Taylor v. Caldwell anläßlich der französischen Blockade der deutschen Häfen im Kriege von 1870/71. Der bereits erwähnte Fall Geipel v. Smith[133]) enthält die moderne Formulierung der Lehre, daß bei zeitweiliger Verhinderung der Ausführung eines Charter- oder Seefrachtvertrages beide Parteien den Vertrag als beendigt betrachten können, wenn die Behinderung solange dauert, daß der von den Parteien beabsichtigte Zweck des Geschäftes vereitelt

---

129) Ebenso Un. S. A. Sect. 8.

130) L. R. 4 C. P. 1.

131) Farrow v. Wilson, L. R. 4 C. P. 744.

132) Robinson v. Davison, 40 L. J. Ex. 172.

133) 7 Q. B. 404.

wird. In dem kurz darauf folgenden Falle Jackson v. Union Marine Ins. Co.[134]) und in der Oberhausentscheidung Dahl v. Nelson, Denkin & Co.[135]), dem eigentlichen Leading Case, erfolgte die Bestätigung dieser Lehre.

5. Die in Taylor v. Caldwell angefangene Verbindung der verschiedenen Präjudizketten zu einer einheitlichen Lehre geschah in den berühmten Coronation-Cases und in den durch den Weltkrieg veranlaßten Fällen. Führend sind die Entscheidungen des Court of Appeal in Krell v. Henry[136]) und Herne Bay Steam Boat Co. v. Hutton[137]). In beiden Fällen geht der Court of Appeal den von Blackburn gewiesenen Weg der implied condition. In Krell v. Henry war eine Etage vermietet worden, deren Fenster der Beklagte am Tage der Krönung König Eduard VII. gegen Entgelt Zuschauern untervermieten wollte. Infolge der Erkrankung des Königs wurde die Krönung abgesagt. Der Court of Appeal erklärte den Vertrag für aufgelöst (dissolved), weil das Stattfinden der Krönung eine implied condition des Vertrages gewesen sei, wie sich aus der objektiven Lage der Räume an der Straße des Krönungszuges und aus den ganzen Begleitumständen ergäbe. Anders in Herne Bay Steam Boat Co. v. Hutton, wo ein Unternehmer einen Dampfer gemietet hatte, der Zuschauer zur Flottenparade tragen sollte. Obwohl hier beiden Parteien bekannt war, daß die Miete des Dampfers nur diesem Zwecke dienen sollte, wird der Vertrag doch nicht für aufgelöst erklärt, denn objektiv sei es sehr wohl möglich gewesen, mit dem Dampfer an dem betreffenden Tage an die betreffende Stelle zu fahren. Der C. A. nahm eine implied condition nur für den Fall an, daß eine bestimmte Vertragsgrundlage sich aus objektiven äußeren Merkmalen des Sachverhalts ergebe, nicht auch dann, wenn sie lediglich aus den Parteiabsichten erhelle. Daß darin ein Widerspruch liegt, wird nicht bemerkt. Gerade wenn man die ganze Unmöglichkeitslehre auf die stillschweigende Parteiabsicht stützt, so darf man sie nicht von objektiven Merkmalen allein abhängig machen. Die Entscheidung zeigt, daß hier in Wahrheit unter dem Deckmantel der Vertragsauslegung neues objektives Recht sich bildet.

Die gekünstelte und in der Natur der Dinge keineswegs be-

---

[134]) 10 C. P. 125.
[135]) 1881. 6 A. C. 38.
[136]) [1903] 2 K. B. 740; 72 L. J. K. B. 794; 89 L. T. R. 328.
[137]) [1903] 2 K. B. 683; 72 L. J. K. B. 879; 89 L. T. R. 422.

gründete Unterscheidung zeigt aber auch die Unfertigkeit und Unsicherheit der Materie. Sie tritt in den durch den Weltkrieg verursachten Fällen zutage[138]).

Die Prajudiziengruppe des Falles Taylor v. Caldwell hatte die Befreiung des Schuldners für den Fall ausgesprochen, daß durch physischen Untergang einer körperlichen Sache, deren Existenz die notwendige Grundlage für die Erfüllung eines Vertrages bildet, die Erfüllung im strengen Sinn des Wortes unmöglich wird. In den Krönungsfällen war ausgesprochen worden, daß der Ausfall einer Sachlage, die — objektiv gesehen — die Grundlage des Vertragsverhältnisses bildet, zur Auflösung des Vertrages führt. In den durch den Krieg veranlaßten Fällen handelte es sich vornehmlich um zwei weitere Fragen, einmal darum, ob nur solche Ereignisse, die die Leistung physisch und wirklich unmöglich machen, den Schuldner befreien, oder ob schon eine mehr oder minder größere Beschwerlichkeit die Befreiung herbeiführe, sodann um die Frage, unter welchen Voraussetzungen eine ihrer Natur nach nur vorübergehende Unmöglichkeit der Erfüllung in ihrer befreienden Wirkung der dauernden Unmöglichkeit gleichzuachten sei.

In der ersten Frage zeigt die englische Rechtsprechung eine ähnliche Entwicklung wie die der übrigen Staaten: In den ersten Kriegsjahren herrscht eine strenge Auffassung, der Schuldner ist nur dann entlastet, wenn seine Leistung wirklich unmöglich ist, nicht aber dann, wenn sie für ihn lediglich beschwerlicher geworden ist, z. B. infolge von Preissteigerungen. So berechtigt die Steigerung der Kohlenpreise einen Kohlenhändler nicht, seine Lieferungen aus einem langfristigen Vertrag einzustellen[139]). Ein

---

[138]) Diese Fälle sind nicht so zahlreich, wie man, nach Erfahrungen anderer Länder, erwarten sollte. Ein vom Board of Trade einberufener Ausschuß, der 1918 über die wirtschaftliche und rechtliche Lage der Vorkriegsverträge zwischen englischen oder zwischen englischen und neutralen Parteien berichtete (Report of the Committee appointed by the Board of Trade to consider the position of British Manufacturers' & Merchants in respect of Pre- War Contracts. Cmd. 8975. L. 1918 [Vorsitzender des Ausschusses Lord Buckmaster]) kann auf Grund von Sachverständigenvernehmungen erklären, daß trotz der Unsicherheit der Rechtslage in der Praxis verhältnismäßig wenig Schwierigkeiten aufgetaucht seien. Die Parteien hätten sich fast immer auf einer vernünftigen geschäftlichen Basis gütlich geeinigt. Zur gerichtlichen Entscheidung seien fast nur Fälle gebracht worden, bei denen auf einer Seite Ausländer beteiligt gewesen seien oder Behörden, deren Beamte die Verantwortung für einen Vergleich gescheut hätten.

[139]) Instone and Co. v. Speeding Marshall & Co. (1915) 85 L. J. K. B. 1423, 114 L. T. 370, 32 T. L. R. 202.

Zinkhändler, der seine Ware bisher aus Deutschland bezogen hatte, ist durch wesentliche Preissteigerungen auf dem englischen Markt nicht befreit[140]). Dagegen ist der Weizenhändler, der in den Vertrag eine Freizeichnungsklausel für den Fall eines Ausfuhrverbots aufgenommen hatte, befreit, wenn die wichtigsten Weizenausfuhrländer eine Ausfuhrsperre erlassen haben[141]). Eine ähnliche Klausel, die Vertragsauflösung für den Fall vorsieht, daß »durch Krieg oder Verschiffungshindernisse die Erzausfuhr aus Portugal verhindert werden sollte«, wirkt aber nicht befreiend, wenn die Ausfuhr nicht verboten, sondern nur infolge erhöhter Frachten erschwert ist[142]).

In den späteren Kriegsjahren mehren sich die den Schuldnern günstigeren Entscheidungen: Ein Vertrag über Lieferung von Magnesiumchlorid enthält die Klausel: »Lieferung kann eingestellt werden bei Ereignissen, die außerhalb der Kontrolle des Verkäufers liegen, wie Krieg, durch die ein Mangel an Arbeitskräften, Feuerung, Rohmaterial oder ähnlichem hervorgerufen wird, wodurch die Herstellung oder Lieferung der Ware verhindert wird.« Der Verkäufer bezieht die Ware im wesentlichen aus Deutschland. Das Oberhaus läßt die Klausel eingreifen, da eine »wirkliche Warenknappheit bestehe«, erklärt aber ausdrücklich, eine Preissteigerung allein würde nicht genügen[143]).

Diese Tendenz gewinnt vor allem an Boden infolge der, die Stellung eines Leading Case einnehmenden Oberhausentscheidung in einem Bauprozeß der Londoner Wasserwerke gegen eine Baufirma[144]), die Anfang 1914 den Bau eines großen Wasserreservoirs übernommen hatte. Als Bauzeit waren 6 Jahre vorgesehen. »Sollte infolge irgendwelcher Schwierigkeiten, Hindernisse oder Hemmungen der Unternehmer nach Ansicht des Aufsicht führenden Ingenieurs in der Ausführung des Auftrags ungebührlich aufgehalten oder behindert werden, so soll der Ingenieur befugt sein, die Frist für die Fertigstellung des Baus zu verlängern.«

---

[140]) Greenway Brothers, Ltd. v. Jones & Co. (1915) 32 T. L. R. 184.

[141]) Ford & Sons v. Leetham & Sons, Ltd. (1915) 84 L. J. K. B. 2101, 31 T. L. R. 522, 21 Com. Cas. 55.

[142]) Blythe & Co. v. Richards, Turpin & Co. (1916) 85 L. J. K. B. 1425, 114 L. T. 753, 13 Asp. M. C. 407.

[143]) Tennants Ltd. v. Wilson & Co. [1917] A. C. 495, 86 L. J. K. B. 1191, 116 L. T. 780, 33 T. L. R. 454, 23 Com. Cas. 41.

[144]) Metropolitan Water Board v. Dick, Kerr & Co. [1918] A. C. 119, 87 L. J. K. B. 370, 117 L. T. 766, 34 T. L. R. 113.

Durch behördliche Verfügung wird im Februar 1916 die Weiterführung des Baus für Kriegsdauer untersagt. Der Klage der Firma auf Feststellung, daß der Vertrag aufgelöst sei, gibt das Oberhaus statt. Die vertragliche Klausel beziehe sich nicht auf derartig unvorhersehbare Ereignisse wie das für unbestimmte Zeit ergangene behördliche Bauverbot. Diese Unterbrechung der Vertragserfüllung sei von solcher Art und Dauer, daß bei einer möglichen Wiederaufnahme der Vertrag seinem Charakter nach völlig verändert sei. Der Vertrag sei daher endgültig aufgelöst. Die an die Frustrationlehre und die Krönungsfälle anknüpfende Entscheidung erkennt in vorsichtiger Weise eine beschränkte clausula rebus sic stantibus an.

Andere Entscheidungen führen diesen Gedanken weiter: Ein 1911 auf 5 Jahre geschlossener Vertrag auf Lieferung von Papierholz ist durch den Krieg aufgelöst[145]); es handle sich nicht einfach um eine Preissteigerung, vielmehr habe der Krieg die Verhältnisse derart verändert, daß die Lieferung zwar nicht unmöglich, aber doch im Sinne einer im Vertrag enthaltenen Klausel »gehindert« sei. Die Farblieferungsverträge deutscher chemischer Fabriken sind nicht nur wegen des Verbots des Handels mit dem Feind aufgelöst, sondern auch wegen der grundlegenden Änderung der Verhältnisse[146]).

Auf der andern Seite stehen Entscheidungen, die immer wieder das durch den Vertrag übernommene Risiko betonen: Anfang 1914 verkauft ein Holzhändler in Hull einen größeren Posten finnischer Birke, Lieferung f. o. r. Hull Sommer 1914. Der Vertrag enthält keine Kriegs- oder ähnliche Klausel. Bis zum Kriegsausbruch war es üblich, das Holz im finnischen Hafen für direkten Seetransport nach England abzuladen. Dem Käufer war aber diese Praxis ebensowenig bekannt, wie der Umstand, daß die englischen Holzhändler keine Lager finnischer Hölzer in England unterhielten. Infolge der durch den Krieg veranlaßten Transportstörungen konnte der Verkäufer kein finnisches Holz bekommen. Trotzdem wird der Schadenersatzklage des Käufers stattgegeben. Der Verkäufer habe ein uneingeschränktes Risiko

---

[145]) Dixon & Sons, Ltd. v. Henderson, Craig & Co. [1919] 2 K. B. 778, 87 L. J. K. B. 683, 118 L. T. 328, C. A.

[146]) Re Badische Co., Bayer & Co., etc. [1921] 2 Ch. 331, 91 L. J. Ch. 133, 126 L. T. 466: »The doctrine of frustration applies to contracts for the sale of unascertained goods. The contracts were based on the continuance of existing commercial relations«.

übernommen. Eine Vertragsauflösung wegen Änderung der Verhältnisse sei nur ganz ausnahmsweise möglich[147]).

Trotz mancher den Schuldnern günstigen Entscheidungen, insbesondere des Oberhauses, kann man also doch keine einheitliche Tendenz der Praxis feststellen. Das Prinzip der Vertragstreue und der alte Gedanke der Risikoübernahme machen sich immer wieder geltend.

Einfacher liegt die Frage, wann eine zeitweilige Verhinderung der geschuldeten Leistung als dauernde Unmöglichkeit zu behandeln ist. Hier lagen in den alten Frustrationfällen genügend Präjudizien vor. »Commercial frustration of an adventure infolge Verzögerung ist der von keiner Partei verschuldete Eintritt einer unvorhergesehenen Verzögerung, durch welche die Erfüllung des Vertrages in der vorgesehenen Art derart hinausgeschoben wird, daß nach Behebung des Hindernisses die Erfüllung nicht mehr den Zwecken dienen würde, die jede Partei bei Abschluß des Vertrages unter Kenntnis der anderen mit dem Vertrage verfolgte«[148]). Aus diesem Gesichtspunkt werden insbesondere Charterverträge als aufgehoben erklärt[149]). Ein auf mehrere Jahre abgeschlossener Heuervertrag ist aufgelöst, wenn

[147]) Blackburn Bobbin & Co. v. Allen & Sons [1918] 2 K. B. 467, 87 L. J. K. B. 1085, 119 L. T. 215, 34 T. L. R. 508, C. A.

[148]) Scottish Navigation Co., Ltd. v. Souter [1917] 1 K. B. 222, 86 L. J. K. B. 336, 115 L. T. 812, 33 T. L. R. 70, C. A.

[149]) Z. B. Embirikos v. Reid [1914] 3 K. B. 45, 83 L. J. K. B. 1348, 111 L. T. 291, 30 T. L. R. 451 (Balkankrieg!); Lloyd Royal Belge v. Stathatos 34 T. L. R. 70, C. A. (1917). Heilgers & Co. v. Cambrian Steam Navig. Co. Ltd. (1917) 34 T. L. R. 72, C. A.; Bank Line Ltd. v. Capel [1919] A. C. 435, 88 L. J. K. B. 211, 120 L. T. 129, 35 T. L. R. 150, H. L.

Dagegen keine frustration, wenn bei vorübergehender Requisition des Schiffs die Entschädigung an den Charterer bezahlt und nach den Umständen des Falles der Vertragszweck nicht vereitelt wird. Tamplin Steam Ship Co. v. Anglo-Mexican Products Co. Ltd. [1916] 2 A. C. 397, 85 L. J. K. B. 1389, 32 T. L. R. 677, 115 L. T. 315. H. L., Williston, Contracts § 1978, kritisiert die Gründe dieser Entscheidung. Die Vertragsauflösung sei nicht deshalb abgelehnt worden, weil der Vertragszweck nicht vereitelt sei, sondern aus dem Gedanken heraus, daß dem Charterer die Requisitionsentschädigung, das stellvertretende Commodum, zugute kommen solle. Unter ausdrücklichem Hinweis auf § 281 des deutschen BGB. empfiehlt W. die Einführung dieses Gedankens in das Common Law. Auch in der unten S. 182 behandelten Entscheidung Walton Harvey, Ltd. v. Walker & Humphreys Ltd. [1931] 1 Ch. 274, 100 L. J. Ch. 93, 144 L. T. 331 dürfte dieser Gedanke unbewußt die entscheidende Rolle gespielt haben.

das Schiff im Antwerpener Hafen von den deutschen Militärbehörden beschlagnahmt wird[150]). Die Anwendung der Lehre auf Kauf- und Bauverträge wurde bereits behandelt.

II. Als Leading Case für die moderne Lehre von der nachträglichen juristischen Unmöglichkeit gilt der Fall Baily v. de Crespigny[151]). Der Verkäufer eines Grundstücks hatte sich dem Käufer gegenüber verpflichtet, auf dem Nachbargrundstück keine störenden Bauten aufzuführen. Er hatte weiter übernommen, diese Verpflichtung auch den späteren Erwerbern des Grundstücks aufzuerlegen. Das Grundstück wird auf Grund eines neuen Gesetzes durch eine Bahngesellschaft enteignet, die dort einen Bahnhof anlegt. Der Gläubiger verlangt von seinem Verkäufer Schadenersatz wegen Vertragsbruchs. Die üblichen, an die alten Bond-Fälle anschließenden Präjudizien wie Brewster v. Kitchell[152]) reichen nicht aus um die Abweisung des Anspruchs zu begründen, da ihnen allen Tatbestände zugrundeliegen, in denen die versprochene Leistung durch Gesetz nachträglich zu einer verbotenen Handlung gestempelt wird. Auf Grund des in Taylor v. Caldwell niedergelegten allgemeinen Gedankens ist aber die Begründung nicht mehr schwierig. In den Vertrag wird die stillschweigende Klausel hineininterpretiert, daß der Schuldner die Haftung für den Fall ausgeschlossen habe, daß die versprochene Handlung infolge eines später ergehenden Gesetzes oder einer behördlichen Anordnung rechtlich unmöglich werden sollte.

Diese Auslegung greift nur dann Platz, wenn der Rechtsakt, auf dem die Unmöglichkeit beruht, bei Abschluß des Vertrages für den Schuldner nicht voraussehbar war. Mußte er den Umständen nach mit der nahen Möglichkeit eines solchen Rechtsaktes rechnen, so muß er selbst für seine Freizeichnung sorgen, hat er sie unterlassen, so geht die Gefahr der Unmöglichkeit auf sein Risiko[153]).

---

[150]) Horlock v. Beale [1916] 1 A. C. 486, 85 L. J. K. B. 602, 114 L. T. 193, 32 T. L. R. 251, H. L.

[151]) L. R. 4 Q. B. 180.

[152]) 1 Salk. 198.

[153]) Walton, Harvey, Ltd. v. Walker & Humphreys, Ltd. [1931] 1 Ch. 274, 100 L. J. Ch. 93, 144 L. T. 331: Hauseigentümer hat für 6 Jahre einer Reklameagentur die Anbringung einer Lichtreklame auf dem Dach seines Hauses gestattet. Bei Abschluß des Vertrages war ihm bekannt, daß kurz vorher ein Spezialgesetz ergangen war, das die Stadt zur Enteignung des Gebäudes ermächtigte. Er unterließ aber, in den Vertrag eine ent-

Mit der Begründung der Entlastung des Schuldners bei rechtlichem Unmöglichwerden der Leistung wird es auch möglich, eine auf ausländisches Recht zurückzuführende Unmöglichkeit zu berücksichtigen. Das den alten Bondfällen zugrunde liegende Prinzip, daß die Rechtsordnung eine von ihr selbst mißbilligte Handlung nicht erzwinge, war hier nicht anwendbar. So war die Frage, ob auch eine auf ausländischem Recht beruhende Unmöglichkeit der Leistung den Schuldner von seiner Haftung befreie, lange Zeit nicht durchaus geklärt[154]). Die neueren Entscheidungen behandeln die auf ausländischem Recht beruhende Unmöglichkeit als tatsächliche Unmöglichkeit, wenden also die für diesen Fall entwickelten Regeln an[155]).

III. Aus der Auffassung, daß in Assumpsit keine Verpflichtung zur Leistung begründet wird, sondern nur ein Garantieversprechen, ergibt sich, daß der Vertrag auch dann gültig und bindend ist, wenn die Leistung von Anfang an unmöglich war. Der Schuldner hat im Zweifel auch dieses Risiko übernommen. Diese Auffassung besteht auch bei der bond und sie ändert sich auch dann nicht, als seit Ende des 16. Jahrh. im Falle des nachträglichen Unmöglichwerdens der condition der Schuldner von seiner obligation befreit erscheint[156]). Nur das Versprechen einer nach den Naturgesetzen unmöglichen Leistung soll, weil offensichtlich nicht ernstlich gemeint, nicht bindend sein[157]). Im

sprechende Klausel aufzunehmen. Er haftet auf Schadenersatz aus Vertragsbruch, wenn während der Vertragsdauer die Enteignung erfolgt. Bei der Entscheidung spielte aber als wesentliches Moment mit, daß die volle Enteignungsentschädigung dem Eigentümer gezahlt wurde. Der Gedanke, daß ein entsprechender Teil als stellvertretendes Commodum dem Mieter zugute kommen solle, klingt in der Entscheidung deutlich an. (Vgl. oben S. 181 Note 149.)

154) Verwirrend wirkten insbesondere Äußerungen Lord Ellenborough's in Barker v. Hodgson (1814) 3 M. & S. 267, 105 E. R. 612.

155) Vgl. schon Cunningham v. Dunn (1878) 3 C. P. D. 443, 48 L. J. Q. B. 62, 38 L. T. 631, C. A. Dann insbesondere Ralli Brothers v. Compania Naviera Soto y Aznar [1920] 2 K. B. 287, 89 L. J. K. B. 999, 123 L. T. 375, 36 T. L. R. 456, C. A. In Kursell v. Timber Operators & Contractors, Ltd. [1927] 1 K. B. 298, 95 L. J. K. B. 569, 135 L. T. 223, 42 T. L. R. 435, Rabels Z. 2, 237 wird die Befreiung des Schuldners durch ein auf ausländischem Recht beruhendes Unmöglichwerden der Leistung als selbstverständlich behandelt.

156) Vgl. oben S. 164. Siehe Wall v. Grovet (1700) 12 Mod. Rep. 418, 88 E. R. 1421: »Obligation to do an impossible thing is single«. Pullerton v. Agnew (1703) 1 Salk. 172, 91 E. R. 159.

157) Anson 97: »The Impossibility must be obvious such as is, according to the state of knowledge of the day, so absurd that

übrigen aber ist im Zweifel die Haftung für die versprochene Leistung gültig übernommen. Besonders deutlich ist der Fall Hills v. Sughrue[158]): Ein Reeder verpflichtet sich, ein Schiff nach einer bestimmten afrikanischen Insel zu schicken, dort eine Ladung Guano einzunehmen und diese dem Kläger zu liefern. Auf der Insel war weit und breit kein Guano zu finden. Der Besteller verlangt Schadenersatz wegen Nichterfüllung. Der Richter Parke, B. legt den Vertrag dahin aus, daß der Reeder nicht nur die Beförderung, sondern auch den Einkauf der Ware übernommen habe, und zwar uneingeschränkt: »If the defendant do not perform his positive contract by loading a cargo he is to be answerable in damages, to be measured, of course, by the market price of the guano; if it rises the damages will be substantial, if it falls below the freight, they will be nominal. It is a positive obligation to procure and load a cargo, and the case resembles that of the Marquis of Bute v. Thompson, 13 M. & W. 487, where there was an absolute covenant by a lessee to raise a certain quantity of coals in each year, and it was held to be no answer that no coal was to be get.« Daher ergeht Urteil auf Schadenersatz für den Kläger[159]).

Neben diesen dem Wesen des Assumpsit-Anspruchs entsprechenden Entscheidungen stehen aber Präjudizien, die auf andern Anschauungen beruhen. Eine Reihe von Entscheidungen betrifft Fälle, in denen die versprochene Leistung im Zeitpunkt des Vertragsschlusses aus Rechtsgründen unmöglich war. In solchen Fällen wurde die Verpflichtung des Schuldners als nicht bindend erachtet und zwar nicht nur dann, wenn die versprochene Leistung verboten, sondern auch dann, wenn sie einfach aus Rechtsgründen unausführbar war[160]). Eine zweite Präjudizienreihe

---

the parties could not be supposed to have so contracted«. — »Präjudizien fehlen — aus naheliegenden Gründen. Im übrigen erscheinen die alten Beispiele der Verpflichtung zum Schatzfund mit magischen Mitteln, zur Lieferung eines lebendigen Pterodactylus, in einem Tag um die Welt zu reisen. Vgl. aber das oben angeführte Beispiel Coke's in einem Tag von St. Peter in Westminster nach St. Peter in Rom zu gehen.

[158]) (1846) 15 M. u. W. 253, 6 L. T. O. S. 414, 153 E. R. 844.

[159]) Diese Auffassung des klassischen englischen Rechts entspricht derjenigen des klassischen römischen Rechts, wie Rabel sie dargestellt hat. Mélange Girard (1907) 473ff., Festschrift für Bekker, 1907 S. 171ff., Rheinische Zeitschrift, Band 3 (1911) 467ff.

[160]) So schon 1676 Harvy v. Gibbons 2 Lev. 161, 83 E. R. 499: ein servant verpflichtet sich zum Erlaß einer ihm gegen seinen master zustehenden Forderung. Da ein solcher Erlaß rechtlich nicht möglich ist,

stammt aus der Equity: in bestimmten Fällen gewährt das Equitygericht bei Irrtum den außerordentlichen Rechtsbehelf der »Beseitigung des Vertrages« (cancellation of contract). Ein solcher Fall liegt dann vor, wenn beide Teile (sog. beiderseitiger Irrtum, mutual mistake) über die Existenz einer als Grundlage des Vertrages wesentlichen körperlichen Sache oder über sonstige wesentliche Vertragsvoraussetzungen geirrt haben. So greift der Court of Exchequer in seiner Equitypraxis ein, wenn ein Fideikommisanwärter seine Anwartschaft (remainder in fee expectant on an estate tail) verkauft und im Zeitpunkt des Vertragsschlusses der derzeitige Fideikommisinhaber sein Recht in freies Eigentum (entail mittels common recovery) verwandelt hatte[161]). Oder ein in Australien wohnender Leibrentenbezugsberechtigter verkauft durch einen Vertreter in England sein Recht. Im Zeitpunkt des Vertragsschlusses ist er aber, was sowohl dem Vertreter wie dem Käufer unbekannt war, bereits verstorben. Das Gericht nimmt an, daß für den Rechtsnachfolger des Verkäufers keine Schadenersatzpflicht gegeben sei, weshalb der Käufer den bezahlten Kaufpreis zurückverlangen könne (on the ground that the money had been paid without consideration)[161a]).

So bleiben für die Anwendung der alten Assumpsitregel nur noch die Fälle übrig, in denen der Schuldner das Risiko der Erfüllungsmöglichkeit ausdrücklich oder stillschweigend übernommen hat. Diese Entscheidung ist genau wie die Frage der Risikoübernahme für nachträgliches Unmöglichwerden Auslegungsfrage und seit den fünfziger Jahren neigt die Praxis zu der Auslegung, daß die Parteien nur unter der Voraussetzung der Möglichkeit der Erfüllung kontrahiert haben, daß der Schuldner das Risiko des anfänglichen Unmöglichseins nicht übernommen habe. Diese durch die erwähnten Präjudizien eingeleitete Entwicklung wird gefördert durch das Eindringen von Gedanken aus dem Civil Law[162]) insbesondere aus Pothier, dessen Darstellungen um diese Zeit in England gewissermaßen als allgemeingültig erscheinen. So tritt sein Name inmitten englischer Präjudizien als »Autorität« in den Plädoyers des Falles in Erscheinung, der zum Leading Case der Lehre von der anfänglichen Unmög-

---

ist auch das Gegenleistungsversprechen des master mangels consideration nicht bindend.

[161]) Hitchcock v. Giddings (1817) 4 Price 135, Dan. 1, Wils. Ex. 32, 146 E. R. 418.

[161a]) Strickland v. Turner (1852) 7 Ex. 208.

[162]) Vgl. darüber unten S. 235.

lichkeit werden sollte[163]). Schwimmend verkauftes Getreide war, was beiden Teilen unbekannt, im Zeitpunkt des Vertragsschlusses bereits untergegangen. Die Kaufpreisklage des Verkäufers wird abgewiesen, weil seinem Anspruch keine Verpflichtung gegenüberstehe: »Der Vertrag beruhte auf der Vorstellung, daß im Zeitpunkt des Kaufabschlusses die Ware existierte, tatsächlich war sie aber nicht mehr vorhanden.« Diese Entscheidung erscheint Chalmers, dem Verfasser des Sale of Goods Act als Bestätigung eines allgemeinen Rechtssatzes, den er in Art. 1601 des Code civil und bei Pothier findet. Wie stark er durch Pothier beeinflußt war, zeigt Chalmers deutlich in der Einleitung zu seinem Kommentar zum S. G. A.: »I have made ... frequent reference to Pothier's Traité du Contrat de Ventes. Although published more than a century ago — for Pothier died in 1772 — it is still, probable, the best reasoned treatise on the Law of Sale that has seen the light of day. 'The authority of Pothier', says Best Ch. J., is as high as can be had next to the decision of a court of justice in this country' (Cox v. Troy (1822) 5 B. & Ald. 481).« Chalmers fügt hinzu: diese Feststellung sei natürlich etwas einzuschränken, man dürfe Pothier immer nur Grundsätze von allgemeiner Anwendung entnehmen. Gerade mit dieser Einschränkung zeigt Chalmers, wie sehr er unter Pothier's Einfluß steht, in dessen Werk er eine Art ratio scripta erblickt und dem er Grundsätze zu entnehmen glaubt, die nicht nur für das französische Recht der Coutûme d'Orléans gelten sollen, sondern universal als eine Art Naturrecht oder ius gentium.

Auf diese Weise gelangt in den S. G. A. die dem französischen Artikel 1601 C. c. entsprechende Sect. 6: »Goods which have perished. Where there is a contract for the sale of specific goods and the goods without the knowledge of the seller have perished at the time when the contract was made, the contract is void.«[164]) Der dem S. G. A. im wesentlichen entsprechende amer. Un. S. A. enthält in seiner Sect. 7 in etwas veränderter Form den gleichen Grundsatz, der das gerade Gegenteil der alten, aus der Action of Assumpsit abgeleiteten Auffassung des Common Law darstellt. Ob dieser neue, im S. G. A. gesetzlich

[163]) Couturier v. Hastie (1856) 5 H. L. Cas. 673, 25 L. J. Ex. 253, 28 L. T. O. S. 240, 10 E. R. 1065. H. L.

[164]) Zur Auslegung vgl. G. Görtz, ZBl. f. Handelsrecht 5 (1930) 125.

formulierte Satz auch über das Recht des Kaufvertrages hinaus allgemein gilt, ist nicht ganz klar[165]).

Diese Auffassung zeigt sich auch sonst z. B. in der Entscheidung Clifford v. Watts (1870)[166]: Vertrag über den Abbau einer Tongrube. Der Beklagte hat sich verpflichtet, jährlich mindestens 1000 Tonnen zu fördern und pro Tonne eine bestimmte Summe zu zahlen; die Grube enthält so wenig Material, daß die vereinbarte Mindestmenge nicht erzielt wird. 26 Jahre früher war in dem ganz ähnlichen Falle Marquis of Bute v. Thompson[167]) der Grubenpächter zur Zahlung der Gebühren für die vereinbarte Mindestausbeute einer Kohlengrube verurteilt worden, obwohl das Bergwerk völlig erschöpft war. Nunmehr wird die Klage abgewiesen und zwar auf Grund Auslegung des Vertrages: »Fälle, in denen jemand eine Leistung 'unternimmt', die sich als unerfüllbar herausstellt und wo er dennoch gebunden sein will, dieses Unternehmen zu erfüllen, sind durchaus denkbar. Ich leugne keineswegs, daß es Fälle geben kann, in denen eine Leistung faktisch unmöglich erscheint und wo aber der Vertrag eine Garantie darstellt, sie möglich zu machen oder andernfalls Schadenersatz zu zahlen. Um kein ganz ausgefallenes Beispiel zu wählen, nehme man an, ein Alchimist verspreche, für Geld einen Ziegelstein in Gold zu verwandeln. Ein derartiger Vertrag kann als Garantie ausgelegt werden, daß so etwas möglich sei, und in solchem Falle kann sich der Schuldner nicht auf die Unmöglichkeit berufen, aber bevor man einen gewöhnlichen Vertrag des täglichen Geschäftslebens derart auslegt, muß man erwägen, daß jemand üblicherweise nicht die Garantie für eine Leistung übernimmt, an deren Möglichkeit begründete Zweifel bestehen.« An die Stelle der Vermutung der uneingeschränkten Garantieübernahme tritt also hier die Vermutung der beschränkten Garantie, wobei der Gegenbeweis offen bleibt.

C. I. Für beide Gruppen der Leistungshindernisse — die anfänglich vorhandenen und die erst nach Vertragsschluß eintretenden — zeigt die Rechtsentwicklung eine Milderung von der strengen absoluten Haftung zur Entlastung durch bestimmte Umstände. Dieser Wandel der rechtsinhaltlichen, der rechtspolitischen Anschauungen, vollzieht sich zunächst innerhalb der

---

165) Vgl. Jenks § 296.
166) L. R. 5 C. P. 36, 22 L. T. 717.
167) 13 M. & W. 487, 153 E. R. 202.

gleichen begrifflich konstruktiven Auffassung, der Auffassung nämlich, daß das vertragliche Schuldverhältnis ein Garantieversprechen darstelle. Was sich ändert, ist die Auffassung über den Umfang der übernommenen Garantie. In den Anfängen der modernen Entwicklung im 17. und 18. Jahrhundert wird das Garantieversprechen im Zweifel als uneingeschränkt betrachtet, die Ausnahme bestimmter Fälle aus der Garantie bleibt ausdrücklicher Vereinbarung überlassen. Der Schuldner muß ausdrückliche Freizeichnungsklauseln vereinbaren. Kasuistisch für einzelne Gruppen typischer Fälle werden allmählich typische Freizeichnungsklauseln als selbstverständlich vereinbart angenommen. Sie gelten im Zweifel nunmehr als stillschweigend vereinbart, nicht mehr ihre Aufnahme muß ausdrücklich erfolgen, sondern ihre Wegbedingung. Seit der zweiten Hälfte des 19. Jahrhunderts werden diese Fälle verallgemeinert. Dieser Wandel der rechtsinhaltlichen Anschauungen ist unbemerkt begleitet von einem Wandel auch der begrifflichen Konstruktion: die allmähliche Ausschaltung der Haftung für unmögliche Leistungen läßt die Leistung, das Leistungsversprechen stark in den Vordergrund treten. Kontinentale Einflüsse wirken mit, nicht mehr die Garantie, sondern das Leistungsversprechen als Gegenstand des Schuldverhältnisses zu betrachten. Die einzelnen diese Entwicklung bewirkenden Einflüsse werden noch darzustellen sein[168]). Im Ergebnis führen sie zu Rückwirkungen auch auf die rechtsinhaltlichen Anschauungen. Aus einer das Leistungsversprechen in den Mittelpunkt der Betrachtung und der Konstruktion stellenden Auffassung folgt notwendig der Satz impossibilium nulla obligatio, wie er im Civil Law sich entwickeln mußte. Das Schwinden des Sinnes für den abweichenden Ausgangspunkt des Common Law läßt allmählich diesen Satz auch als Bestandteil des Common Law erscheinen[169]).

Aber völlig konnte dieser neue dem alten Common Law fremde Gedanke nicht durchdringen. Dafür sorgten schon die zahlreichen von den alten Auffassungen ausgehenden Präjudizien. So stehen im heutigen Recht die beiden Konstruktionen sich gegenseitig vielfach durchdringend und beeinflussend ne-

---

[168]) Vgl. unten Kapitel 13.

[169]) So erklärt Nathaniel Lindley, der später so berühmte Lordrichter, in den Noten zu seiner Thibautübersetzung: »The Maxime 'Impossibilium nulla est obligatio', or 'Impotentia excusat legem', or 'Lex non cogit ad impossibilia' obtains in the English system of jurisprudence«.

beneinander. Der alte Gedanke der Garantie, der Risikoübernahme ist immer noch lebendig, und dieser Gedanke steht der Erkenntnis im Wege, daß die Sätze über die Befreiung des Schuldners infolge bestimmter Leistungshindernisse neues objektives Recht darstellen. Immer noch arbeitet die Rechtsprechung mit Auslegung des Vertrages, mit stillschweigend vereinbarten Freizeichnungsklauseln, mit einem, wie wir sagen würden, »hypothetischen Parteiwillen«. Der Schritt von der Vertragsauslegung zum — nachgiebigen — objektiven Rechtssatz ist noch nicht bewußt geworden[170]). So erklären sich Entscheidungen wie der erwähnte Fall Harvey v. Walker[171]). Der Eingriff von hoher Hand, die Enteignung, befreit den Schuldner nur dann, wenn er wie im Falle Baily v. De Crespigny[172]) bei Vertragsabschluß nicht vorhersehbar war. Mußte der Schuldner mit der nahen Möglichkeit der Enteignung rechnen und hat er sich für diesen Fall nicht frei gezeichnet, so muß eben angenommen werden, daß er die Garantie dafür übernehmen wollte, zum mindesten aber war es sein Risiko, daß er die Garantie für ein Ereignis, mit dem er rechnen mußte, nicht ausdrücklich ausgeschlossen hat.

Ausgangspunkt der Unmöglichkeitslehre bleibt also nach wie vor die von jedem Verschulden losgelöste allgemeine Haftung, wie sie in Paradine v. Jane zum Ausdruck kommt. Die Befreiung des Schuldners erscheint als Ausnahme, das Verschuldensprinzip hat im Vertragsrecht des Common Law grundsätzlich keine Stätte[173]). Das zeigt sich besonders deutlich bei den

---

[170]) Vgl. Lord Parmoor's Ausdrucksweise in Metropolitan Water Board v. Dick Kerr & Co. [1918] A. C. 127: »The Court must determine whether this contingency is of such a character that it can reasonably be implied to have been in the contemplation of the parties at the day when the contract was made«. Der Doppelsinn des Wortes »implied« — stillschweigend und fingiert — unterstützt solche Doppeldeutigkeit.

[171]) [1931] 1 Ch. 274, 100 L. J. Ch. 93, 144 L. T. 331.

[172]) (1869) L. R. 4 Q. B. 180, 10 B. & S. 1, 38 L. J. Q. B. 98, 19 L. T. 681.

[173]) Aus diesem Grundsatz will Lévy-Ullmann, L'Inexécution du Contrat pour cause d'Impossibilité dans le Droit Anglais. Annales Thaller, XXX. (1921) 278—296, XXXI. (1922) 41—55, auf eine besondere rigidité des englischen Vertragsrechts schließen. Der englische Contract sei nicht ein Verhältnis zwischen gleichgeordneten Personen, vielmehr schaffe er ein vinculum juris in strengster Form, eine Unterordnung des Schuldnerwillens unter den Gläubiger. Gerade das Gegenteil ist richtig. Die Auffassung der vertraglichen Bindung als vinculum juris im Sinne

vertraglichen Vereinbarungen, die sich als echte Garantien eines Zustands darstellen. Ausnahmen, wie sie sich für die Garantie eines Leistungsversprechens allmählich herausgebildet haben, greifen hier nicht ein. Hat ein Schuldner einen bestimmten — gegenwärtigen oder künftigen — Zustand garantiert, so haftet er, wenn dieser Zustand nicht besteht, gleichgültig aus welchem Grunde dies der Fall ist. Eine wichtige Anwendung findet dieser Satz bei der Sachmängelhaftung. Der Verkäufer ist schadenersatzpflichtig, wenn der Ware ein Mangel innewohnt, der von den gesetzlichen oder den vertraglich besonders übernommenen Garantien erfaßt wird. Das englische und amerikanische Recht gewähren so Schadenersatzansprüche in Fällen, in denen sie in Deutschland nur bei Verschulden unter dem Gesichtspunkt der culpa in contrahendo oder der positiven Vertragsverletzung gewährt werden könnten. So ist der Verkäufer eines Wagens schadenersatzpflichtig, wenn infolge eines ihm selbst unerkennbaren Mangels das Fahrzeug bricht und die Pferde des Käufers verletzt werden[174]), der Milchhändler hat für allen Schaden aufzukommen, wenn in der Milch Typhuskeime vorhanden waren und der Käufer und seine Familie erkranken. Der Nachweis, daß ihn kein Verschulden trifft entlastet ihn nicht[175])[176]).

---

des römischen Rechts ist dem klassischen Common Law fremd. Der Schuldner bindet sich nicht zu einer Leistung, sondern er übernimmt, wenigstens in Assumpsit — und diese Aktionsform ist für das gesamte Law of Contract richtunggebend geworden — ein Risiko. Ob er die versprochene Leistung erbringen will, steht bei ihm. Tut er es nicht, so hat er die Folgen zu tragen. Diese Auffassung wird recht deutlich ausgedrückt ,wenn Edward Coke die Specific Performance der Equity deswegen als rechtswidrig bekämpft, weil sie »den Schuldner seines Wahlrechts beraube, entweder Schadenersatz zu zahlen oder sein Versprechen zu erfüllen«.

[174]) Randall v. Newson 2 Q. B. D. 102.

[175]) Frost v. Aylesbury Dairy Co. [1905] 1 K. B. 608, C. A.

[176]) In New York und einzelnen andern Gliedstaaten der Vereinigten Staaten hat die Rechtsprechung diese Haftung des Verkäufers auf den Fall des Verschuldens beschränkt. Hoi v. Sanborne 21 N. Y. 552. Durch die Annahme des die englische Regel enthaltenden Un. S. A. ist in New York diese Einschränkung wieder beseitigt worden. Vgl. Ireland v. Louis K. Ligget Co. (1922) 243 Mass. 243, 137 N. E. 371, vgl. auch Williston Sales § 237, wo die Regelung des Sales Act rechtspolitisch folgendermaßen begründet wird: »Die englische Regel mag auf den ersten Blick vielleicht etwas hart erscheinen, aber aus rechtspolitischen Gründen ist sie allen Milderungen, die auf einem Verschulden aufbauen, offensichtlich überlegen. Ist der Käufer gezwungen, mit dem Verkäufer über die Schuldfrage zu streiten, so ist die Durchsetzung eines Anspruchs für ihn

II. Der geltende englische Rechtszustand läßt sich heute etwa folgendermaßen zusammenfassen: Mit dem vertraglichen Versprechen einer Leistung übernimmt der Schuldner für diese Leistung die Garantie. Er haftet auf Schadenersatz, wenn die Leistung ausbleibt. Die Garantie ist aber im Zweifel eingeschränkt, sie tritt nicht ein, wenn die Leistung unterbleibt, weil sie im Zeitpunkt des Vertragsschlusses nach englischem oder ausländischem Recht verboten oder nicht möglich war, oder weil sie nach Vertragsschluß verboten oder rechtlich unmöglich geworden ist. Von der Garantie ausgenommen ist ferner der Fall, daß die Leistung unterbleibt, weil die zu liefernde Sache oder eine sonstige Sache oder Sachlage, deren Vorhandensein für die Erfüllung eines Vertrages wesentlich ist u. mit der beide Parteien gerechnet haben, bei Vertragsschluß nicht mehr vorhanden ist oder nach Vertragsschluß ohne Verschulden einer der Parteien untergeht. Bei Verträgen auf persönliche Leistungen tritt die Garantie nicht ein, wenn der Schuldner durch Krankheit oder Tod an der Erfüllung gehindert wird. Schließlich ist — vorsichtig — eine Entwicklung angebahnt, die den Garantiefall dann als nicht gegeben ansieht, wenn die Leistung zwar physisch möglich bleibt, wenn sich aber infolge einer unvorhergesehenen und unvorhersehbaren Änderung der Verhältnisse die Grundlagen völlig verschoben haben, die bei Abschluß des Vertrages für die Parteien als gemeinsame Voraussetzung wesentlich waren.

---

außerordentlich erschwert. Nach der Natur der Sache stehen die Beweismittel überwiegend in der Kontrolle des Verkäufers und schon die Kosten eines Beweisversuches wirken dann, wenn es sich nur um kleinere Streitsummen handelt, prohibitiv. Weiter: Wenn der Käufer keinen Anspruch gegen seinen Verkäufer hat, so kann er bei Fehlerhaftigkeit der Sache überhaupt gegen niemanden vorgehen, denn das Unrecht eines Verkaufs mangelhaften Materials an den Hersteller und Weiterverkäufer kann nicht die Grundlage für eine Klage des letzten Käufers bilden. Infolgedessen geht der wirkliche Übeltäter, der das schließliche Unglück verschuldet hat, frei aus. Ist aber der Hersteller und Weiterverkäufer uneingeschränkt und ohne Rücksicht auf Verschulden haftbar, so spornt dies unfraglich seine eigene Sorgfalt an. Und wenn er wegen Garantiebruchs in einem Falle Schadenersatz zu zahlen hat, wo die wirkliche Ursache des Schadens in der Mangelhaftigkeit des Materials liegt, bei dessen Ankauf ihn kein Verschulden trifft, so hat er ja einen Anspruch gegen den, der ihm dieses schlechte Material verkauft hat, und sein Anspruch umfaßt alles, was er selbst wegen des Garantiebruchs zu zahlen hatte. So trifft der Verlust schließlich den, der dafür verantwortlich sein soll.«

Die vertragliche Garantie eines bestimmten Zustandes gilt uneingeschränkt, unabhängig von jedem Verschulden.

III. Die hier für das englische Recht entwickelten Sätze gelten auch in den Vereinigten Staaten, nur daß dort vielleicht die Wandlung in der konstruktiven Auffassung des Vertrages als Leistungs-, nicht mehr als Garantieversprechen stärker bewußt ist als in England und demgemäß auch die Erkenntnis, daß es sich nicht so sehr um Auslegung des Parteiwillens als um Bildung neuen objektiven Rechts handelt[177]). Inhaltlich gilt für das amerikanische Recht das gleiche wie im englischen[178]).

11. Kapitel.

Das funktionelle Synallagma.

(Condition, Rescission, Failure of Consideration.)

A. Der Versuch der Lösung des Synallagma-Problems mit Hilfe der Rechtsfigur der aufschiebenden Bedingung.
- I. Die Einkleidung des funktionellen Synallagmas in die Conditionlehre.
- II. Condition und Promise: Die Bewirkung der Gegenleistung als Leistung condicionis implendae causa und als Anspruchserfüllung.
- III. Condition und Warranty: Das Eingreifen des funktionellen Synallagmas nur bei »wesentlichem« Vertragsbruch.
  1. Allgemeines.
  2. Der Verzug.

B. Die Lösungsversuche mit Hilfe des Rechtsinstituts des Rücktritts vom Vertrag (rescission).
- I. Bereicherungsansprüche wegen failure of consideration.
  1. Die Action for money paid.
  2. Die Actions for quantum meruit und quantum valebant.
  3. Gemeinsames.
     - a) Der Rücktritt als zweiseitiges Rechtsgeschäft.
     - b) Möglichkeit der vollständigen restitutio in integrum beider Teile als Voraussetzung des Rücktritts.

---

177) Vgl. Williston Contracts § 1937. »Though the Courts profess to seek for a condition, they do not seek it in the words of the contract ... Because the court thinks it fair to qualify the promise, it does so and quite rightly; but clearness of thought would be increased if it were plainly recognized that the qualification or defence is not based on any expression of intention of the parties.«

178) Vgl. Williston Contracts §§ 1931 ff., Anson-Corbin 4. Aufl. 447 ff., Page Contracts, S. 4695 ff., Supplement S. 1876 ff. W. F. Elliott, Commentaries on the Law of Contracts Supp. S. 478 ff., 6 Ruling Case Law, Contracts §§ 364 ff., B. B. Clark, New York Law of Contracts S. 1492 ff., insbesondere 1506 ff.

c) Rückwirkende Kraft des Rücktritts; Rücktritt und Schadenersatz.
d) Der Ausfall der consideration als Rechtsgrund der Rückforderungsansprüche.

II. Schadenersatzansprüche bei antizipiertem Vertragsbruch (repudiation).

III. Rückgängigmachung der an den Vertragsschluß geknüpften dinglichen Wirkungen.
1. Bei Grundstücken.
2. Bei beweglichen Sachen.
3. Gemeinsames.

IV. Vertragsauflösung ex tunc bei nachträglicher zufälliger Unmöglichkeit, Gefahrtragung.

C. Praktisches Nebeneinanderbestehen der theoretisch unvereinbaren Condition- und Rescissionlehre.

Im System des auf der Assumpsitklage aufbauenden Common Law ist der Schadenersatzanspruch wegen Vertragsbruchs grundsätzlich d e r Rechtsbehelf des Gläubigers. Für die beiderseitig verpflichtenden Verträge bleibt noch zu untersuchen, welchen Einfluß die Verletzung der vertraglichen Versprechen des Schuldners auf das Gegenleistungsversprechen des Gläubigers hat. In dem System des Civil Law stehen im gegenseitigen Vertrag Leistung und Gegenleistung im Verhältnis des sog. »funktionellen Synallagma«, einem gegenseitigen Abhängigkeitsverhältnis, das in der Einrede des nichterfüllten Vertrages und im Recht des Rücktritts mit der daran geknüpften Folgerung der Rückforderung eigener Vorleistungen seinen Ausdruck findet. Für das Common Law scheint in der Considerationslehre die Durchführung dieses Gedankens vorgezeichnet zu sein. Allein diese Lehre ist — wenigstens grundsätzlich — auf das »genetische« Synallagma beschränkt geblieben. Eine vertragliche Verpflichtung kommt gültig nur zustande, wenn ihr eine gültige Gegenleistungsverpflichtung gegenübersteht. Zur Entwicklung des Gedankens, daß nicht nur die Eingehung der Verpflichtungen, sondern auch ihre Erfüllung in einem Gegenseitigkeitsverhältnis stehen, ist sie zunächst nicht herangezogen worden[179]).

[179]) Auch anderwärts zeigt sich, daß der Gedanke des genetischen Synallagma nicht notwendig unmittelbar zu dem des funktionellen Synallagma führen mußte. Vgl. z. B. Pothier, Vente I n. 307, wo er zur Verteidigung des periculum emptoris gegen die Angriffe verschiedener Naturrechtler ausführt: »Il (der Verkäufer) s'oblige à payer le prix, non pas à condition que le vendeur lui donne la chose, mais plutôt à condition que le vendeur s'oblige, de son côté, envers lui, à lui faire avoir la chose.«

Er ist in das Common Law auf einem andern Weg eingeführt worden[180]).

A. Ausgangspunkt der Entwicklung at law ist die Auffassung, daß zwischen den beiderseitigen Verpflichtungen der Parteien keinerlei gegenseitiges Abhängigkeitsverhältnis bestehe. Gefragt wird nur, welche Partei ihr Versprechen zuerst zu erfüllen habe. Die rechtstechnische Kategorie, mit deren Hilfe man die Lösung dieser Frage versucht, ist die Bedingung[181]).

I. Man fragt, hat die Partei die Haftung für ihr Versprechen unbedingt und uneingeschränkt übernommen oder will sie ihre eigene Leistung nur versprechen — oder richtiger, garantieren, — für den Fall ,daß der Gegner die von ihm versprochene Leistung vorher erbracht hat. In dem ersteren Falle spricht man von unbedingten, independent Covenants, im letzteren Fall wird die eine Leistung als aufschiebende Bedingung, Condition precedent, für die Entstehung des Anspruchs auf die Gegenleistung bezeichnet. Bei independent Covenants hat jede Partei für ihre Leistung einzustehen, gleichgültig ob die Gegenleistung erbracht wird oder nicht; im anderen Falle ist die Garantie der eigenen Leistung nur unter der aufschiebenden Bedingung übernommen, daß der Gegner die von ihm übernommene Schuld erfüllt. Die Erfüllung der Schuld des einen Teils ist Bedingung für die Entstehung der Garantiepflicht des anderen Teils[182]).

Wie in der Frage der zu garantierenden Leistungshindernisse ist auch hier der Parteiwille maßgebend. Das Problem wird zur Auslegungsfrage. Aber, die Feststellung des Parteiwillens geschieht nicht in freier Auslegung des Vertrages, vielmehr versucht man, dem Zug der Zeit folgend, die alles in starre Kategorien pressen will, feste Auslegungsregeln aufzustellen. Da die ganze Problemstellung unbefriedigend ist, müssen diese Regeln notgedrungen so gekünstelt und verwickelt werden, daß sie im Einzelfalle die Entscheidung mehr erschweren als erleich-

---

180) Über seine Durchführung in Equity, die auch hier eigene Wege ging, wurde oben S. 146ff. bereits gehandelt.

181) die ja auch anderwärts in der Entwicklung des Synallagmagedankens eine wesentliche Rolle spielt. Vgl. noch heute franz. C. c. art. 1184 und die ihm nachgebildeten Gesetze.

182) Vgl. Ware v. Chappell (1649) Style 186; Gower v. Capper (1597) Cro. Eliz. 543.

tern[183]). Im Zweifel wird die gegenseitige Unabhängigkeit der beiderseitigen Versprechen vermutet[184]).

Im 18. Jahrhundert beginnt diese Auffassung dem Rechtsempfinden nicht mehr zu entsprechen. Die grundsätzliche Unabhängigkeit der beiderseitigen Versprechen und die Fragestellung, welche Partei vorzuleisten habe, befriedigen nicht mehr. Man erkennt, daß es noch eine andere Möglichkeit geben müsse. Sie taucht at Law klar ausgesprochen zuerst 1714 in Turner v. Goodwin[185]) auf. Der Kläger hat eine Forderung verkauft. Er klagt auf den Kaufpreis. Der Beklagte wendet ein, der Kläger habe die Cession noch nicht vorgenommen. Der C. J. Parke erklärt, jede Partei behaupte, die andere müsse vorleisten. Aus dieser Schwierigkeit gebe es nur einen Ausweg, daß nämlich die Cession weder vor noch nach Zahlung erfolge, sondern gleichzeitig damit. Aber die Durchführung dieses Gedankens stößt auf Schwierigkeiten. At Law kann ja nicht, wie in Equity, auf Leistung Zug um Zug verurteilt werden. Im Ergebnis kommt daher das Gericht dazu, den Beklagten für verpflichtet zu erklären, dem Kläger die Zahlung des Kaufpreises anzubieten. Würde der Kläger, wenn das Geld auf den Tisch gezählt wird, die Cession verweigern, dann allerdings könnte der Beklagte seine Einwendung geltend machen. Da er kein derartiges Zahlungsangebot gemacht hat, wird er verurteilt.

Dieser Gedanke der Leistung Zug um Zug wird — weitschauend wie immer — von Lord Mansfield aufgegriffen und in die Terminologie der gewohnten Conditionlehre hineingearbeitet. Neben die Independent Covenants und den aufschiebend bedingten Covenant treten als dritte Sorte »Covenants which are mutual conditions to be performed at the same time«[186]). Lord Mansfield zeigt auch den Weg, wie trotz mangelnder Mög-

---

[183]) Holdsworth VIII 74; Street II 132—140; vgl. auch die Bemerkung von Serjeant Williams, 1 Wms. S. 320 n. (1799): »Almost all the old cases, and many of the modern ones, are decided on distinctions so nice and technical that it is very difficult, if not impracticable, to deduce from them any certain rule or principle by which it can be ascertained what covenants are independent, and what dependent«. Über die Regeln vergleiche Thorpe v. Thorpe (1702) 1 Ld. Raym. 664—667.

[184]) Gower v. Capper (1597) Cr. Eliz. 543; Bettisworth v. Campion (1608) Yelv. 133; Nichols v. Raynbred (1614) Hob. 88.

[185]) 10 Mod. Rep. 153, 189, 222, 88 E. R. 671, 687, 702.

[186]) Kingston v. Preston (1773) 2 Dougl. 690, 691 (enthalten in dem Report über den Fall Jones v. Barkley).

lichkeit einer Verurteilung zur Leistung Zug um Zug derartige »gegenseitige« Verträge at Law durchgeführt werden können. War die eine Partei zur Erfüllung bereit und die andere unterläßt oder verweigert die Erfüllung der Gegenleistung, so kann der zur Erfüllung bereite Teil aus dem Vertragsbruch des andern klagen. In der Feststellung, welche der drei Möglichkeiten des Gegenseitigkeitsverhältnisses gegeben sei, macht sich Lord Mansfield in der Entscheidung des aktuellen Falles von den alten starren Auslegungsregeln frei. Er sieht nur auf den Sinn des Vertrages, die Absichten der Parteien, die er den Umständen des Falles entnimmt.

Mit dieser Entscheidung ist der Weg für die weitere Entwicklung in ihren wesentlichen Zügen vorgezeichnet. Allerdings, die alten Auslegungsregeln werden nicht sofort aufgegeben. Im Gegenteil, durch Einarbeitung des neuen Falles der mutual Conditions werden sie womöglich noch verwickelter und auch Serjeant Williams, der die Kompliziertheit der alten Regeln so sehr getadelt hatte, gelingt es nicht, in seinen berühmten Regeln in den Anmerkungen zu Pordage v. Cole[187]) eine einfache, klare Fassung zu finden. Obwohl diese Regeln, durch weitere Zusätze »verdeutlicht« sich in einem so viel gebrauchten Buche wie Smith's Leading Cases bis zu der 1929 erschienenen 13. Auflage durchgeschleppt haben[188]), sind sie praktisch heute überholt. Lord Mansfield's Ansicht hat sich durchgesetzt. Die Ermittelung des Parteiwillens ist an keine starren Auslegungsregeln mehr gebunden, sie erfolgt frei aus den Umständen des Einzelfalles[189]), doch spricht heute bei gegenseitigen Verpflichtungen die Vermutung dafür, daß sie Zug um Zug erfüllt werden sollen[190]) und die Entwicklung geht noch weiter.

---

[187]) 1 Wms. Saund. 319.

[188]) II 12 ff.

[189]) Vgl. die amerikanische Entscheidung Rosenthal Paper Co. v. National Folding Co. (1919) 226 N. Y. 313, 320; 123 N. E. 766. »By a long series of decisions the rule has been established that the question whether covenants are to be held dependent or independent of each other is to be determined by the intention and meaning of the parties as expressed by them, and by the application of common sense to each case submitted for adjudication... The efforts put forth in judicial opinions and by text writers to define or formulate the distinctions of dependence and independence of promises or covenants have revealed their comparative futility.«

[190]) Anson 351, Williston II 1577.

Man spricht wohl davon, daß bei zweiseitig verpflichtenden Verträgen die Erbringung der einen Leistung nach dem Parteiwillen als aufschiebende Bedingung für die Verpflichtung des andern Teils zu betrachten sei, tatsächlich aber ist dieses Abstellen auf den Parteiwillen zur Fiktion geworden, die gegenseitige Abhängigkeit beruht auf — abdingbarem — objektivem Recht. Aus einer Auslegungsregel ist auch hier ein objektiver Rechtssatz geworden[191]). Für den Kauf beweglicher Sachen ist diese Auffassung gesetzlich fixiert in S. G. A. s. 28, dessen Wortlaut die Herkunft aus der Conditionslehre deutlich zeigt[192]).

Wie diese Gesetzesbestimmung zeigt, hat sich Lord Mansfield's Formulierung auch in dem Sinne durchgesetzt, daß eine Vertragspartei, die einen Anspruch aus Vertragsbruch geltend macht, selbst zur Erfüllung der Gegenleistung willens und imstande sein muß. Unter dem alten Pleadingsystem mußte dies vom Kläger ausdrücklich behauptet und erforderlichenfalls bewiesen werden. Nach Gemeinem Recht gilt dies grundsätzlich heute noch. Die eigene Erfüllungsbereitschaft wird immer noch als Condition precedent betrachtet. Für England hat allerdings die Reformgesetzgebung eine gewisse Änderung gebracht. Nach Order 19 Rule 14 der Rules of Supreme Court wird die »Behauptung der Erfüllung oder des Eintritts aller für den Anspruch des Klägers nötigen aufschiebenden Bedingungen als stillschweigend in der Klage enthalten angenommen« und dem Beklagten bleibt überlassen den Nichteintritt solcher Bedingungen substanziiert geltend zu machen. Die Beweislast wird aber damit dem Kläger nicht abgenommen. Wird seine Erfüllungsbereitschaft vom Beklagten bestritten, so muß er, der Kläger, sie beweisen. Die Rechtslage ist also ähnlich wie bei der Einrede des nicht erfüllten Vertrages nach § 320 BGB. Aber, immer

---

191) In diesem Zusammenhange darf auf die entsprechende Entwicklung hingewiesen werden, die sich in neuester Zeit im dänischen Recht abspielt, wo die »subjektive Voraussetzungstheorie« Lassens heute durch die »objektive Voraussetzungstheorie« Ussings verdrängt wird. Vgl. die Besprechung von Ussings Lehrbuch, durch W. Pappenheim in Rabels Z. 5, 540.

192) »Sofern nichts anderes vereinbart, sind die Lieferung der Waren und die Zahlung des Kaufpreises concurrent conditions, d. h. der Verkäufer muß bereit und willens sein, dem Käufer den Besitz der Waren im Austausch für den Preis zu übertragen, und der Käufer muß bereit und willens sein, im Austausch für den Besitz der Waren den Preis zu zahlen.« Un. S. A. Sect. 42 wörtlich gleich.

noch bleibt der wesentliche Unterschied, daß die Verurteilung zur Leistung Zug um Zug ausgeschlossen ist. Der Grund ist aber nicht mehr, wie früher, die Mangelhaftigkeit des Prozeßverfahrens der Common Law Gerichte — die Möglichkeit einer »bedingten Verurteilung« ist prozessual nicht mehr auf Fälle beschränkt, die materiellrechtlich der Equity zuzuzählen sind. Der Grund ist materiellrechtlicher Art. Der Inhalt der Einrede geht nicht auf Verweigerung der Erfüllung eines bereits entstandenen Leistungsanspruchs, sie bildet vielmehr nach wie vor eine Anspruchsleugnung. Der Beklagte, der die Erfüllungsbereitschaft des Klägers bestreitet, macht geltend, daß er, Beklagter, keinen Vertragsbruch begangen und daß daher auch kein Schadenersatzanspruch gegen ihn entstanden sei.

Die Auffassung, die Erbringung der Gegenleistung sei aufschiebende Bedingung für die Entstehung der eigenen Leistungspflicht, führt nicht nur — in der Figur der condition concurrent zur Einrede des nichterfüllten Vertrages, sondern sie kann auch zur Begründung eines Rechts auf dauernde Verweigerung der eigenen Leistung verwendet werden. Wird die Gegenleistung nicht bis zu dem Zeitpunkt erbracht, zu dem sie nach dem Inhalt des Vertrages spätestens erbracht werden konnte, so ist die Bedingung für die Entstehung des Anspruchs auf Einstehen für die Gegenleistung endgültig ausgefallen, die Gegenleistung braucht nicht mehr erbracht zu werden.

II. Der Versuch, das Synallagmaproblem mit Hilfe der Rechtsfigur der Bedingung zu lösen, mußte aber notwendig zu Schwierigkeiten führen. Condition, aufschiebende Bedingung, ist ein Ereignis, von dessen Eintritt die Entstehung der vertraglichen Bindung des Schuldners abhängen soll. Erscheint als Bedingung die Erbringung der Gegenleistung, so hat deren Nichterbringung zunächst nur die Folge, daß die Bindung des Schuldners nicht entstanden, daß er zum Einstehen für die von ihm versprochene Leistung nicht gehalten ist. Er kann aber aus dem Ausfall der Bedingung keine Schadenersatzansprüche gegen die Gegenpartei herleiten. Ein solcher Anspruch besteht nur dann, wenn die Gegenleistung nicht nur als Bedingung gesetzt, nicht nur conditionis implendae causa vorgesehen sondern als Leistung versprochen war. Die englische Terminologie bezeichnet auch diesen zweiten Fall als condition. Das Wort kann also zwei verschiedene Bedeutungen haben, es kann einmal die reine Bedingung bedeuten, deren Nichteintritt die Entstehung der vertraglichen Pflicht hindert, sodann aber auch die versprochene Gegenleistung, deren Nichterfüllung außer der Hinderung der Entstehung der Gegenleistungspflicht einen Schadenersatzanspruch wegen Vertragsbruchs auslöst.

Ob bei Verträgen, in denen beide Teile Leistungen übernehmen, die Leistung des einen Teils nur conditionis implendae causa in Aussicht genommen oder ob sie vertraglich versprochen, als Verpflichtung übernommen ist, bestimmt sich jeweils nach den Absichten der Partei. Im Zweifel wird heute letzteres angenommen.

Die Nichterbringung der in einem beiderseitigen Vertrag dem einen Teil obliegenden Leistung hat also zwei Folgen: sie hindert einmal die Verpflichtung des andern Teils, sodann gibt sie diesem den Schadenersatzanspruch wegen Vertragsbruchs; englisch ausgedrückt: im Zweifel ist jede condition gleichzeitig auch warranty[193])[194]).

Der amerikanische Un. S. A. versucht einen korrekteren Sprachgebrauch einzuführen. Er unterscheidet in sect. 11 (1) zwischen reinen Conditions und solchen Conditions »deren Erbringung versprochen ist«. Nur letztere sind gleichzeitig Warranties. Die Nichterbringung von Bedingungen der ersteren Gruppe führt nicht zu Schadenersatzansprüchen, sie sind reine Bedingungen, ihre Erbringung geschieht nicht in Erfüllung einer Rechtspflicht, die einzige Folge ihrer Nichterbringung ist die Nichtentstehung des Anspruches auf die Gegenleistung.

III. 1. Das Recht, die Verpflichtung zur eigenen Leistung als nicht entstanden zu betrachten, steht einem Gläubiger nicht bei jeder Vertragsverletzung seines Schuldners zu, sondern nur dann, wenn die Vertragsverletzung wesentlich ist. Führend für diesen selbstverständlichen Satz ist, wie so häufig, eine Entscheidung Lord Mansfields[195]): Mit dem Verkauf einer westindischen Plantage samt Sklaven und sonstigem Zubehör hatte

---

[193]) Vgl. Salmond-Winfield, Principles of the Law of Contracts (1927) 43ff.

[194]) Der Doppelsinn des Wortes condition hat vielfach zu Mißverständnissen geführt, was wiederum der Anlaß zu Versuchen einer neuen Terminologie war; so teilen Salmond-Winfield die Gesamtheit der in einem obligatorischen Vertrag möglichen Klauseln ein in conditions (Bedingungen im eigentlichen Sinn) und undertakings, die wiederum in promises und warranties untergeteilt werden.

[195]) Boone v. Eyre (1779) 1 H. Bl. 273 n.; 1 Wm. Saund. 360 c. 2 Wm. Bl. 1312; 126 E. R. 160.

der Verkäufer wie üblich die ausdrückliche Rechtsmängelgarantie übernommen. Der Käufer verweigert die Kaufpreiszahlung, weil einzelne Sklaven nicht Eigentum des Verkäufers gewesen seien. Lord Mansfield verurteilt. »The distinction is very clear, the mutual considerations go to the whole of the consideration on both sides, they are mutual conditions, the one precedent to the other. But where they go only to a part, where a breach may be paid for in damages, there the defendant has a remedy on his covenant, and shall not plead it as a condition precedent. If this plea were to be allowed, anyone negro not being the property of the plaintiff would bar the action.«

Der Sinn dieser etwas eigenartigen Ausdrucksweise ist: Der Gläubiger kann seine Gegenleistung dann nicht verweigern, wenn der von seinem Schuldner begangene Vertragsbruch derart ist, daß durch die Gewährung von Schadenersatz den Interessen des Gläubigers Genüge getan ist. Im Rahmen der Conditiontheorie wird dies dahin ausgedrückt, daß der Schuldner einen wesentlichen Vertragsbestandteil verletzt haben müsse; nur a substantive part of the contract ist condition, ein sonstiger, nebensächlicher Vertragsbestandteil ist lediglich warranty[196]). Dieses Wort erhält damit in der Rechtssprache Englands eine besondere engere Bedeutung. Es bezeichnet eine Vertragsbestimmung, deren Verletzung dem Gläubiger nicht das Recht gibt, den Vertrag als aufgehoben zu betrachten und demgemäß die eigene Leistung zu verweigern und Schadenersatz wegen Nichterfüllung der ganzen Verbindlichkeit zu fordern, die vielmehr seine eigene Verpflichtung bestehen läßt und ihm nur einen Anspruch auf Schadenersatz wegen Schlechterfüllung gewährt[197]).

---

196) Behn v. Burness (1863) 3 B. & S. 751; 2 New Rep. 184, 32 L. J. Q. B. 204; 8 L. T. 207; 122 E. R. 281. Ex. Ch.

197) Diese Terminologie ist von besonderer Bedeutung im Recht der Kaufmängelhaftung. Der englische S. G. A. definiert in sect. 62 das Wort Warranty folgendermaßen: »Warranty ... means an agreement with reference to goods which are the subject of the contract of sale, but collateral to the main purpose of such contract, the breach of which gives rise to a claim for damages, but not to a right to reject the goods and treat the contract as repudiated.« Bei der Regelung der einzelnen Rechts- und Sachmängel, für die der Käufer einzustehen hat, wird jeweils unterschieden, ob sie als condition oder als warranty zu betrachten sind. Vgl. sect. 12 (1), sect. 13, sect. 14 (1) (2), sect. 15 (2) einerseits, sect. 12 (2) (3), sect. 14 (3) (4) andrerseits (siehe oben S. 156f.).

Der amerikanische Un. S. A. weicht hier wesentlich ab: er stattet alle Rechts- und Sachmängel einheitlich mit den Rechtsfolgen aus, die in England einer condition zukommen, nennt sie aber warranties. sect. 12/16.

Das Problem, welche Vertragsbestimmungen im einzelnen als condition und welche als warranty aufzufassen seien, muß sich zunächst als Auslegungsfrage darstellen: Welche Bestandteile haben die Parteien als so wesentlich erachtet, daß ihre Erfüllung eine condition für den Gegenleistungsanspruch bilden soll? Diese Fragestellung stellt auf die Parteiabsicht im Zeitpunkt des Vertragsschlusses ab. Das bedeutet aber eine Verschiebung des der Lehre zugrunde liegenden Gedankens, denn nicht darauf kommt es an, welche Wirkungen die Parteien einem etwaigen Vertragsbruch im Zeitpunkt des Vertragsschlusses beilegen wollten, — in aller Regel haben sie daran überhaupt nicht gedacht —, sondern darauf, wie die Vertragsverletzung im Zeitpunkte ihrer Begehung auf die vertragliche Beziehung einwirkt[198]). Es ist der gleiche Gedanke, wie er in den §§ 320 II, 325 I 2 des deutschen BGB. zum Ausdruck kommt oder in der bekannten deutschen Formel, die bei sog. positiven Vertragsverletzungen dem Gläubiger den Rücktritt nur dann erlaubt, wenn die Vertragsverletzung den »Vertragszweck erheblich gefährdet[199]). Der Gläubiger braucht Teilleistungen nur anzunehmen, wenn sie für ihn von Interesse sind, andererseits kann er nicht die Verletzung unwesentlicher Nebenverpflichtungen zum Anlaß nehmen, den Vertrag als im ganzen aufgehoben zu behandeln. Nur eine wesentliche Vertragsverletzung gibt ihm dieses Recht. Die Entscheidungen versuchen diesen Gedanken in verschiedener Form auszudrücken[200]).

Solche Versuche, eine eindeutige exakte Formel zu finden, müssen natürlich versagen. Die Entscheidung hängt von den Umständen des Einzelfalles ab, wie Pollock es unter Vermeidung einer begrifflichen Formulierung ausdrückt[201]): »The Court looks to the purpose and effect of the contract as a whole as a

[198]) Vgl. Williston Contracts § 815.

[199]) RGZ. 54, 102; 57, 115; 63, 297; 93, 286.

[200]) Die verletzte Abrede muß gehen »to the root of the consideration«: Bastin v. Bidwell (1881) 18 Ch. D. 238, 245, 246. Die verletzte Abrede muß gehen »to the root of the contract«: Bettini v. Gye. 1 Q. B. D. 813; Bank of China v. Amer. Trading Co. [1894] A. C. 266. Die Vertragsverletzung muß betreffen »an important term«: Behn v. Burness, 3 B. & S. 751. Es muß ein »important breach of contract« vorliegen: Poussard v. Spiers, 1 Q. B. D. 410. Die Vertragsverletzung muß gehen »to the whole consideration«: Boone v. Eyre. 2 W. Bl. 1312. Der Vertragsbruch »muß einer Repudiation gleichkommen«: Cornwall v. Henson [1900] 2 Ch. 298, 303, 304.

[201]) Contract 9. Aufl. 279.

guide to the probable intentions of the parties, and the presumption, if any there be, is that breach or default in any material term of a contract between men of business amounts to default in the whole.« Oder mit den Worten Willistons[202]): »In the nature of the case precise boundaries are impossible. The question which must be decided is whether on the whole it is fairer to allow the plaintiff to recover, requiring the defendant to bring a cross action or counterclaim for such breach of contract as the plaintiff may have committed, or whether it is fairer to deny the plaintiff a right of recovery on account of his breach, even at the expense of compelling him to forfeit any compensation for such part performance as he has rendered. The descision of this question must vary with the special circumstances of each case.«

Eine solche, auf die Umstände im Zeitpunkt des Vertragsbruches, nicht des Vertragsschlusses abstellende Betrachtung erklärt mühelos das Recht des Gläubigers, eine Vertragsverletzung, die ihn an sich dazu berechtigen würde, den Vertrag als im ganzen verletzt zu betrachten, nur zum Anlaß eines Anspruchs auf Schadenersatz wegen Schlechterfüllung zu nehmen und von weiteren Folgerungen abzusehen. Englisch ausgedrückt, to waive the condition and to treat it as a warranty[203]). Der reinen Conditionlehre macht die Erklärung dieser Befugnis Schwierigkeiten.

2. Die dargestellten Grundsätze ergeben die Lösung des Verzugsproblems. Grundsätzlich gibt jeder Vertragsbruch Anspruch auf Ersatz des durch ihn verursachten Schadens. Ob er darüber hinaus dem Gläubiger das Recht gibt, die Annahme der Erfüllung abzulehnen und Schadenersatz wegen Nichterfüllung der ganzen Verbindlichkeit zu verlangen, hängt, wie dargelegt, davon ab, ob der Vertragsbruch wesentlich war. Die Vertragsverletzung hinsichtlich der Erfüllungszeit wird nicht anders behandelt. Wird eine vertraglich versprochene Leistung nicht rechtzeitig erbracht — das ist zum vereinbarten Zeitpunkt oder, falls darüber keine Vereinbarung getroffen, innerhalb einer angemessenen Frist (reasonable time)[204]) — so hat der Schuldner den aus

[202]) Contracts § 841.

[203]) So S. G. A. sect. 11 (1) (a).

[204]) Ford v. Cotesworth, 38 L. J. Q. B. 52, 54; per Blackburn J.: »Whenever a party to a contract undertakes to do some particular act, ... and the contract is silent as to time, the law implies a contract to do it within a reasonable time under the circumstances«. Die Dauer der Frist bestimmt sich nach den Umständen des Falles. Vgl. auch S. G. A. sect. 29 (2), Un. S. A. sect. 43 (2).

der Verzögerung entstandenen Schaden zu ersetzen[205]. Ob der Gläubiger seine eigene Leistung verweigern und Schadenersatz wegen Nichterfüllung der ganzen Verbindlichkeit verlangen kann, hängt davon ab, ob die Verletzung des zeitlichen Moments für den Vertrag wesentlich, ob die Zeitbestimmung of the essence of the contract war.

At Law wurde allgemein angenommen, daß eine dem Vertrag beigefügte Zeitbestimmung stets als von den Parteien wesentlich, as of the essence of the contract gemeint sei und daß demnach jede Verspätung der Erfüllung der Gegenpartei ohne weiteres das Recht gebe, die eigene Leistung zu verweigern und Schadenersatz wegen Nichterfüllung des ganzen Vertrages zu verlangen[206]. Man kann dies dahin ausdrücken, daß at law im Zweifel jeder eine Zeitbestimmung enthaltende Vertrag Fixgeschäft ist. Die Equityrechtsprechung in Specific Performancefällen hat diese starre Regel nicht anerkannt und seit je ausgesprochen, daß auf die Umstände des Einzelfalles abzustellen sei[207] und diese letztere Regel wurde durch den Judicature Act, 1873 zum allgemeinen Rechtssatze erhoben, der nunmehr gleichmäßig für Law und Equity gilt[208]. Ob ein Vertrag als Fixgeschäft zu behandeln ist, muß also nunmehr allgemein nach den Umständen des Einzelfalles beurteilt werden, wobei aber für Geschäfte unter Kaufleuten die (widerlegbare) Vermutung gilt, daß eine Zeitbestimmung für die Lieferung als von den Parteien wesentlich gewollt zu betrachten sei[209]. Auch wenn kein Fix-

---

[205] Eine Mahnung ist formell nicht erfordert. Die Tatsache ob und wann eine Mahnung erfolgt ist, kann aber für die Frage bedeutsam sein, ob die angemessene Frist abgelaufen ist oder nicht. Vgl. Pollock C. B. in Jones v. Gibbons (1853) 8 Ex. 920, 22 L. J. Ex. 347, 155 E. R. 1626, und ausdrücklich Un. S. A. sect. 61 (2) Satz 2, sect. 60 (3).

[206] Oakden v. Pike (1865) 34 L. J. Ch. 620, 12 L. T. 527; Tilley v. Thomas (1867) 3 Ch. App. 61; 17 L. T. 422; Noble v. Edwardes (1877) 5 Ch. D. 378; 37 L. T. 7. C. A.

[207] Seton v. Slade, 7 Ves. 265, 32 E. R. 108; Radcliffe v. Warrington (1806) 12 Ves. 326; 33 E. R. 124.

[208] »Stipulations in contracts, as to time, or otherwise, which would not before the passing of this Act have been deemed to be or to have become of the essence of such contracts in a court of equity, shall receive in all courts the same construction and effect as they would have here-tofore received in equity.« Sect. 25 (7); nunmehr Law of Property Act, 1925, Sect. 41. Vgl. auch S. G. A. Sect. 10.

[209] Vgl. Reuter v. Sala (1879) 4 C. P. D. 249; Sanders v. Mac

geschäft in diesem Sinne vorliegt, kann der Gläubiger die verspätete Leistung dann zurückweisen und Schadenersatz wegen Nichterfüllung der ganzen Verbindlichkeit fordern, wenn die Leistung unangemessen verzögert ist[210]).

B. Die Conditionlehre, die Auffassung, in der die Erfüllung der Gegenleistung als aufschiebende Bedingung für die Entstehung der eigenen Verpflichtung erscheint, war der Weg, auf dem das Common Law die Durchführung des Gedankens des funktionellen Synallagma zunächst versucht hat. Daneben stehen aber andere Konstruktionen, die von einer entgegengesetzten Auffassung ausgehen, die nicht die Entstehung der Verpflichtung als aufgeschoben, sondern umgekehrt die vertragliche Bindung als durch den Vertragsbruch des Gegners aufgelöst betrachten.

I. Dieser Gedankengang wird zunächst dazu benutzt, Ansprüche auf Rückforderung von Vorleistungen konstruktiv zu begründen.

1. Die Aktionsform, in der diese Rückforderungsansprüche entwickelt wurden, ist die oben dargestellte Action of Indebitatus (General) Assumpsit, die in weitem Umfang zur Durchführung von Kondiktionsansprüchen verwendet wurde[211]). Von den Fällen, in denen eine condictio indebiti bei Zahlungen auf Grund nichtiger Verträge gewährt wurde, war kein weiter Weg mehr zur Gewährung von Ansprüchen auf Rückforderung der vorausgezahlten Geldleistung bei einem Vertrag, den der andere Teil nicht erfüllt. 1704 entschied Lord Holt folgenden Fall[212]): Der klagende Testamentsvollstrecker hat dem Beklagten für die Rückgabe von Nachlaßbriefen Geld gezahlt. Der Beklagte gibt die Briefe nicht heraus, und der Testamentsvollstrecker verlangt das Geld zurück. Lord Holt gibt der Klage statt mit einer Begründung, die deutlich zeigt, daß derartige Ansprüche bereits all-

---

Lean (1883) 11 Q. B. D. 327. Sharp v. Christmas (1892) 8 T. L. R. 687, C. A. »The general rule is that in a mercantile contract time is of the essence of the contract.« Vgl. dazu aber Corbin bei Anson, S. 475, Note und Williston, Contracts, § 855. Eine Zeitbestimmung für die Zahlung gilt im Zweifel nicht als wesentlich. S. G. A. 10 (1).

[210]) Ebenso in den Ver St. Vgl. Williston, Contracts §§ 845ff.; W. L. Clark, Contracts § 221, Page, Contracts §§ 2097ff., 6 Ruling Case Law, Contracts §§ 283ff.

[211]) Vgl. oben S. 37.

[212]) Holmes v. Hall, 6 Mod. Rep. 161. 87 E. R. 918.

gemein anerkannt waren[213]). 1720[214]) und 1721[215]) werden Ansprüche auf Rückzahlung des Kaufpreises für nichtgelieferte Aktien ohne weiteres als begründet erklärt. In diesen Fällen aus dem 18. Jahrh. wird weniger um die materiellrechtliche Seite gestritten als um die prozeßrechtliche Frage, in welcher actio solche Ansprüche geltend zu machen seien. Der Anspruch selbst erscheint noch als Schadenersatzanspruch, was angesichts der Entstehungsgeschichte der Assumpsitklage nicht Wunder nimmt. Anfänglich besteht ja der in der Klage geltend zu machende Schaden gerade in der vom Gegner erfolglos bewirkten Gegenleistung, seiner consideration, und die in Slade's Case sich ausdrückende inhaltliche Wandlung des Anspruchs vom »negativen« zum Erfüllungsinteresse geht nur langsam und den Zeitgenossen kaum bewußt vonstatten. Verlangt ein Käufer sein Angeld oder den vorausgezahlten Kaufpreis zurück, so macht er eben seinen Schaden geltend und was im 17. und 18. Jahrh. vor allem interessiert, ist die Frage, in welcher Aktionsform dieser Anspruch geltend gemacht werden könne. General und Special Assumpsit sind noch nicht scharf voneinander getrennt und General Assumpsit bietet dem Kläger den Vorteil, daß er nicht derart substantiiert zu klagen hat wie in Special Assumpsit. Er hat nur darzutun, daß der Beklagte Geld empfangen hat, das ex aequo et bono ought to be deemed to belong to the plaintiff[216]). Wenn solchen Klagen stattgegeben wird, so wird damit weniger über die nicht problematische materiellrechtliche Begründetheit des Anspruchs entschieden als über die prozessuale Zulässigkeit der Aktionsart, die die Richter nur dann zulassen, wenn dem Beklagten die Verteidigung auf eine solch allgemein gehaltene Klage zuzumuten ist, wenn er bei Klagestellung weiß, worum es sich handelt[217]).

Zu der Zeit, in der durch Lord Mansfield die prozessuale Zulässigkeit der Indebitatusklage endgültig festgelegt wird, ist auch die materiellrechtliche Trennung von Indebitatus und Special Assumpsit vollzogen und der Unterschied zwischen einer vertraglichen Schadenersatz- und einer Rückforderungsklage er-

---

[213]) »Many such actions have been maintained for earnests in bargain when the bargainor would not perform.«

[214]) Anon., 1 Str. 407.

[215]) Dutch v. Warren, 1 Str. 406.

[216]) So noch Lord Mansfield in Moses v. Macferlan (1760) 2 Burr. 1005, 1 WmBl. 219, 97 E. R. 676.

[217]) Vgl. Lord Mansfield's Ausführungen in Towers v. Barrett (1786) 1 Term Rep. 133.

kannt. Im Moses v. Macferlan stellt Lord Mansfield fest, daß der Gläubiger wählen könne, ob er auf Grund des Vertrages Schadenersatz verlangen oder ob er in General Assumpsit auf Rückzahlung seiner Geldleistung klagen will. »If the plaintiff elects to proceed in this favourable way, it is a bar to his bringing another action upon the agreement; though he might recover more upon the agreement, than he can by this form of action.« Der Gläubiger muß also wählen, ob er den Vertrag aufrecht erhalten oder ob er ihn aufgelöst sehen will. Nur in letzterem Falle kann er die außervertragliche Kondiktionsklage anstellen[218]). 1797 spricht Lord Kenyon in Giles v. Edwards[219]) aus, daß der Vertragsbruch des Schuldners den Gläubiger berechtige, den Vertrag aufzulösen (to put an end to the whole contract) und sodann sein Geld zurückzufordern. Diese auf Rückzahlung von Geldleistungen gerichtete besondere Art der Action of Indebitatus Assumpsit wird als Action for money paid bezeichnet.

2. Eine ähnliche Konstruktion wird verwertet, wenn der eine Teil eines gegenseitigen Vertrages die ihm obliegende Sach- oder Dienstleistung teilweise erbracht hat und durch eine schwere Vertragsverletzung des andern Teils berechtigt wird, seine weiteren Leistungen einzustellen. War die Leistung voll erbracht, so kann er natürlich den Anspruch auf das volle Entgelt geltend machen. War seine Leistung derart teilbar, daß das Entgelt auf die einzelnen Leistungsteile ohne Schwierigkeit verteilt werden kann, wie zum Beispiel bei Sukzessivlieferungsverträgen mit besonderer Berechnung der einzelnen Raten, so kann der Gläubiger gleichfalls den vertragsmäßigen Anspruch auf einen entsprechenden Entgeltsteil erheben. Anders dagegen, wenn für die gesamte Leistung ein Gesamtpreis vereinbart war, dessen Verteilung auf die einzelnen Leistungsteile sich nicht ohne weiteres aus dem Vertrag ergibt. Hier wird dem Gläubiger der objektiv angemessene Wert seiner bewirkten Teilleistung vergütet. Als geeignete Aktionsform boten sich für diesen Anspruch die bereits oben[220]) erwähnten Klagen auf quantum meruit und quantum valebant, die Klagen auf den objektiven Wert von Dienst- oder Sachleistungen. Da diese Aktionsform als Unterart von In-

---

[218]) Weston v. Downes (1778) 1 Dougl. 24, 99 E. R. 24 und insbesondere Towers v. Barrett a. a. O.

[219]) 7 T. R. 181, 101 E. R. 920.

[220]) S. 36.

debitatus Assumpsit als außervertragliche Klage gilt, mußte zu ihrer Rechtfertigung erst eine Beseitigung des Vertrages herbeigeführt werden. Dabei wurde der gleiche Weg beschritten wie bei der action for money paid: der Vertragsbruch des Schuldners berechtigt den Gläubiger zur Auflösung (rescission) des Vertrages[221]).

3. a) Im Zusammenhang mit der Lehre vom antizipierten Vertragsbruch (siehe unten) wird um die Mitte des 19. Jahrh. der Rücktritt nicht als einseitiger Akt des Gläubigers, sondern als contrarius consensus beider Parteien betrachtet. Die Nichterfüllung oder die sonstige Vertragsverletzung ist ein Antrag zum Abschluß eines Vertragsauflösungsvertrages. Wird dieser Antrag angenommen, so erscheint der Vertrag als rückwirkend beseitigt. Die Vorstellung geht dahin, daß wie zum Abschluß, so auch zur Auflösung des Vertrages der Consens beider Teile erforderlich ist[222]). Als Antrag zur Vertragsauflösung kann nur eine solche Vertragsverletzung aufgefaßt werden, die eine ernstliche Erfüllungsverweigerung des Schuldners oder sein Unvermögen zur Erfüllung offenbar macht. Die Auffassung des Vertragsbruchs als Antrag zum Abschluß eines Vertragsauflösungsvertrages erscheint rechtspolitisch als Einkleidung des gleichen Gedankens, wie er der Unterscheidung zwischen condition und warranty zugrundeliegt: Nicht jede, sondern nur die wesentliche Vertragsverletzung berechtigt den Gläubiger den Vertrag als beendet zu betrachten und die dementsprechenden Rechte geltend zu machen.

---

[221]) De Bernardy v. Harding (1853) 8 Ex. 822, 22 L. J. Ex. 340, 21 L. T. O. S. 158, 155 E. R. 1586. Howe v. Beeche (1685) 3 Lev. 244, 83 E. R. 671. Ex. Ch., Bartholomew v. Markwick (1864) 15 C. B. N. S. 711, 3 New Rep. 386, 33 L. J. C. P. 145, 9 L. T. 651, 143 E. R. 964. Planché v. Colburn (1831) 8 Bing. 14, 1 Moo. & S. 51, 1 L. J. C. P. 7, 131 E. R. 305.

[222]) Vgl. Lord Coleridge in Franklin v. Miller (1836) 4 A. & E. 599, 111 E. R. 912. »The rule is that in rescinding as in making a contract both parties must concur.«

Parke, B., in Ehrensperger v. Henderson (1848) 3 Ex. 148, 18 L. J. Ex. 132, 12 L. T. O. S. 292, 154 E. R. 793: »In order to constitute a title to recover for money had and received, the contract on the one side must not only not be performed or neglected to be performed, but there must have been something equivalent to saying »I rescind this contract«, — a total refusal to perform it, or something equivalent to that which would enable the plaintiff on his side to say, »If you rescind the contract on your part, I will rescind it on mine.« —

b. Die Bereicherungsansprüche wegen Geld-, Dienst- und Sachleistungen stehen in England unter der allgemeinen Voraussetzung, daß eine vollständige restitutio in integrum beider Parteien möglich sein müsse. In starrer Durchführung dieses Gedankens werden die Ansprüche dann nicht gewährt, wenn der Gläubiger eine Leistung des Schuldners, sei es auch nur eine Teilleistung, angenommen hat. Selbst wenn er bereit ist, eine empfangene Sache zurückzugeben, kann er die Ansprüche nicht geltend machen, da nach der durch Präjudizien festgelegten Anschauung dem Gegner der Wert der inzwischen erfolgten Sachnutzung entgehen würde[223]). In den Vereinigten Staaten wird dieser Grundsatz weniger starr durchgeführt: in zahlreichen Entscheidungen[224]) wurden die Wertersatzansprüche eines Gläubigers anerkannt, sofern er zur Rückerstattung des seinerseits Empfangenen im vollen Umfang willens und bereit ist.

c) Die Vertragsauflösung durch rescission geschieht mit rückwirkender Kraft. Darin liegt eine Inkonsequenz gegenüber der Auffassung, die die Auflösung auf den contrarius consensus der beiden Parteien gründet, denn eine solche Auflösung würde grundsätzlich, mindestens sofern nichts Abweichendes vereinbart wird, nur ex nunc wirken. An dieser Inkonsequenz hat man sich aber nicht gestoßen. Sie zeigt umso deutlicher, daß die ganze Lehre von der Auflösung durch beiderseitigen Konsens nichts anderes ist als ein — nicht durchaus geglückter — Versuch der konstruktiven Einkleidung eines ganz anderen rechtspolitischen Gedankens.

Aus der Rückwirkung der Auflösung wird gefolgert, daß Rückforderungsansprüche und Schadenersatz wegen Vertragsbruchs sich gegenseitig ausschließen. Der Gläubiger hat also ähnlich wie nach deutschem BGB. §§ 325, 326 zwischen Rücktritt und Schadenersatz zu wählen. Eine Kumulierung beider Rechtsbehelfe ist unstatthaft[225]). Diese Unvereinbarkeit der beiden

---

[223]) Hunt v. Silk (1804) 5 East 449, 2 Smith K. B. 15, 102 E. R. 1142, Blackburn v. Smith (1849) 2 Ex. 783, 18 L. J. Ex. 187, 154 E. R. 707, Beed v. Blandford (1828) 3 Y. & J. 278, 148 E. R. 924. Daß der Gläubiger zur Erstattung des Wertes der Gebrauchsnutzung bereit ist, genügt nicht.

[224]) Vgl. Williston, Contracts § 1460, ferner insbes. Kauffmann v. Raeder 108 Fed. 171, 54 L. R. A. 247, Ankeny v. Clark 148 U. S. 345, U. S. v. U. S. Fidelity Co. 236 U. S. 512, 525.

[225]) Vgl. C. T. Williams 71 L. J. (1931) 390. Williston, Contracts § 1469.

Rechtsbehelfe hat aber praktisch nicht die Bedeutung wie im deutschen Recht. Hier sind die Rückleistungsansprüche nach Rücktritt vom Vertrag auf Rückgabe der Leistung in Natur gerichtet, im Common Law sind sie Geldansprüche. Im deutschen Recht hat der Gläubiger zu wählen, ob er den geleisteten Gegenstand in Natur wieder haben oder ob er Geldersatz verlangen will, im anglo-amerikanischen Recht steht die Wahl zwischen Schadenersatz und Wertersatz, cum grano salis zwischen Erfüllungsinteresse und Vertrauensinteresse. Diese beiden Rechtsbehelfe zu kumulieren besteht kein praktisches Interesse. Warum aber, wenn eine Rechtsordnung die Naturalrestitution vorsieht, daneben der Ersatz überschießenden Schadens ausgeschlossen sein soll, ist nicht einzusehen. Die deutsche Regelung ist nicht aus praktischen Bedürfnissen abgeleitet, sondern von den Verfassern des Gesetzbuchs aus begrifflichen Erwägungen eingeführt worden.

d) Der Rückforderungsanspruch findet seine Begründung darin, daß infolge der rückwirkend gedachten Auflösung des Vertrages die erbrachten Leistungen nunmehr als ohne causa, ohne consideration erscheinen. Bei solcher Auffassung erscheint die Begründung des Anspruchs mit der traditionellen Considerationlehre in Einklang. Die Auffassung verschiebt sich aber, sobald, wie es heute üblich ist, das Bewußtsein für die Rückwirkung der Vertragsauflösung nicht mehr festgehalten wird und der Anspruch nicht auf einen anfänglichen Mangel der consideration gestützt wird, sondern auf ihren späteren »Ausfall«, auf Failure of Consideration. Hier wird das Wort consideration nicht mehr in dem üblichen Sinne des Gegenleistungs*versprechens* gebraucht, sondern in der Bedeutung der wirklichen Bewirkung der Gegenleistung. Der in der Lehre vom genetischen Synallagma geprägte Ausdruck wird hier auf die Lehre vom funktionellen Synallagma übertragen. Diese mit der traditionellen Considerationlehre nicht übereinstimmende Verwendung des Ausdrucks ist mehrfach getadelt worden[226]).

Daß das Bewußtsein für den begrifflichen Unterschied

[226]) Vgl. z. B. *Harriman*, Contracts 2. Aufl. § 524: »Strictly speaking, there can be no such thing as a failure of consideration... Either the promisor receives the consideration, he has bargained for, or he does not. If he does not receive the consideration there is no contract; if he does receive the consideration, there can be no failure of consideration thereafter.«

lebendig ist, zeigt sich übrigens schon äußerlich darin, daß die Lehre von der failure of consideration in keinem Lehrbuch im Rahmen der allgemeinen Considerationlehre behandelt wird, sondern durchweg an anderen Stellen.

II. Eine zweite Verwendung findet die Auffassung, daß der Vertragsbruch des Schuldners den Gläubiger eines gegenseitigen Vertrages zum Rücktritt berechtige, in der Lehre vom sog. antizipierten Vertragsbruch. Erklärt eine Partei ausdrücklich, daß sie den Vertrag nicht erfüllen werde, oder gibt sie diese Absicht in sonstiger Weise klar zu erkennen, so kann der andere Teil eine solche »ernstliche Erfüllungsverweigerung« (repudiation) als Antrag zum Abschluß eines Vertragsauflösungsvertrages betrachten. Nimmt er diesen Antrag an — was ihm freisteht —, so ist der Vertrag aufgelöst. Die Rechtsfolge ist, daß der Gläubiger mit der Geltendmachung seines Schadenersatzanspruchs wegen Nichterfüllung nicht bis zum Zeitpunkt der Fälligkeit warten muß, daß er ihn vielmehr sofort geltend machen kann[227]). Die Erfüllungsverweigerung ist ein antizipierter Vertragsbruch (anticipatory breach of contract). Nimmt der Gläubiger den Vertragsauflösungsantrag nicht an, so bleibt der Vertrag in Kraft, was unter Umständen dazu führt, daß der Schuldner von jeglicher Schadenersatzpflicht frei wird, wenn nach seiner Erfüllungsverweigerung ein leistungshinderndes Ereignis eintritt, das nach dem oben (Kapitel 10) Ausgeführten befreiende Wirkung hat[228]).

Die Konstruktion leidet an einem inneren Widerspruch[229]): Wird der Vertrag im beiderseitigen Einvernehmen aufgelöst, so kann er nicht mehr als Grundlage eines Schadenersatzanspruchs dienen. Die Konstruktion ist denn auch nicht mehr als der Ausdrucksversuch eines rechtspolitischen Gedankens und als der Versuch einen als praktisch notwendig erkannten objektiven Rechtssatz in der gewohnten Form der Zurückführung auf den Parteiwillen auszudrücken. Bemerkenswert an ihr ist aber, daß sie von einer Beendigung des Vertrags spricht, also im Gegensatz zur Conditionlehre steht.

---

[227]) Als führendes Präjudiz gelten die Ausführungen Lord Cockburn's in Frost v. Knight (1872) L. R. 7 Ex. 111, 41 L. J. Ex. 78, 26 L. T. 77. Ex. Ch.

[228]) Avery v. Bowden (1856) 5 E. & B. 953, 962, 26 L. J. Q. B. 3, 28 L. T. O. S. 145, 119 E. R. 1119. Ex. Ch.

[229]) worauf besonders Williston, Contracts § 1301, hinweist.

Von praktisch besonderer Bedeutung ist die Repudiationlehre für die Sukzessivlieferungsverträge geworden. Gerät der Schuldner mit der Lieferung oder Zahlung einer Rate in Verzug, so kann der Gläubiger den ganzen Vertrag als aufgehoben betrachten und seine dementsprechenden Rechte geltend machen, wenn sich das Verhalten des Schuldners als repudiation darstellt, d. h. wenn es die Besorgnis gerechtfertigt erscheinen läßt, daß er den Vertrag im ganzen nicht erfüllen werde[230]).

III. Eine dritte Verwendung des Gedankens der Vertragsauflösung wegen Vertragsverletzung steht im Zusammenhang mit den an den Abschluß obligatorischer Verträge geknüpften dinglichen Rechtswirkungen: Bei Veräußerung beweglicher Speziessachen geht im Zweifel das Eigentum auf den Erwerber unmittelbar mit Vertragsabschluß über[231]). Bei der Veräußerung von Grundstücken geht at law das Eigentum, der legal estate, erst mit der Auflassung (conveyance) auf den Erwerber über. Dieser erlangt aber unmittelbar mit Abschluß des obligatorischen Vertrages in Equity eine Art »Recht zur Sache«, das ihn bösgläubigen Dritterwerbern gegenüber schützt[232]).

1. Wird der Vertrag nicht erfüllt, so besteht ein dringendes Interesse daran, diese dinglichen Rechtsänderungen rückgängig zu machen. Für den Grundstücksverkehr hat die Equity ein besonderes Verfahren ausgebildet, eine Klage auf rechtsgestaltende Auflösung des Vertrages. Zahlt der Grundstückskäufer den Kaufpreis nicht, so kann ihm der Verkäufer durch das Gericht eine Frist setzen lassen, nach deren fruchtlosem Ablauf der Vertrag durch das Gericht aufgehoben wird (canceled). Der Verkäufer wird damit wieder unbelasteter Volleigentümer des Grundstücks[233]). Ob aber der Verkäufer von diesem Verfah-

[230]) S. G. A. sect. 31 (2). Im Un. S. A. sect. 45 (2) wird dies dahin formuliert, daß es darauf ankomme, »ob der Vertragsbruch so wesentlich ist, daß er eine Weigerung der verletzten Partei, den Vertrag fortzusetzen und Schadenersatz wegen Vertragsbruchs zu verlangen, rechtfertigt«.

[231]) Also insbesondere beim Kauf. Vgl. S. G. A. sect. 18. Rule 1, Un. S. A. sect. 19 Rule 1.

[232]) Dies wird meist dahin ausgedrückt, daß in Equity der Erwerber bereits mit Abschluß des obligatorischen Vertrages als Eigentümer gelte. Equity considers as done what ought to be done. Im Land Charges Act (1925) sect. 10 wird das nunmehr eintragungsbedürftige Recht des Erwerbers Estate Contract genannt (Klasse C IV der eintragungsfähigen Land Charges).

[233]) Vgl. Jessel, M. R. in Lysaght v. Edwards (1876) 2 Ch. D. 499, 34 L. T. 787.

ren Gebrauch machen muß, ob er nicht auch durch außergerichtliche Willenserklärung den Vertrag auflösen (rescind) und damit sein unbelastetes Volleigentum zurückerwerben kann, ist nicht zweifelsfrei. Der in der failure of consideration-Lehre entwickelte Gedanke, daß der Gläubiger bei schwerer Vertragsverletzung des Schuldners den Vertrag auflösen kann, ist noch keineswegs in allen Konsequenzen systematisch ausgebaut. Zunächst wurde er ja nur verwendet, um für die kasuistisch geregelten Rückforderungsansprüche eine Grundlage abzugeben. Seine Übertragung auf die Rückgängigmachung der mit dem obligatorischen Vertrag verknüpften Rechtswirkungen ist bisher nur angebahnt, aber noch nicht systematisch voll durchgeführt. In dem ausgezeichneten Handbuch des Grundstückskaufs von T. Cyprian Williams[234]) heißt es allerdings, daß der Verkäufer bei Nichterfüllung der Verpflichtungen des Käufers den Vertrag auflösen könne, was zur Folge habe, daß der Verkäufer in seine frühere Rechtsstellung als Volleigentümer wieder eintrete[235]), ja noch weitergehend, daß bei Nichterfüllung des Vertrages das benefiziarische Eigentum des Käufers von selbst an den Verkäufer zurückfalle[236]). Aber für die erstere Behauptung zieht der Verfasser überhaupt keine Präjudizien an, für die letztere beruft er sich auf den oben erwähnten Fall Lysaght v. Edwards, der gerade von dem rechtsgestaltenden Auflösungsverfahren der Equity-Gerichte handelt, und auf die Entscheidung Soper v. Arnold[237]), der folgender Sachverhalt zugrunde lag: Ein Grundstückskäufer war mit der Zahlung des Kaufpreises in Verzug geraten und hatte damit seine Anzahlung (deposit) verwirkt. Drei Jahre später verkauft der Verkäufer das Grundstück anderweitig und hierbei stellt sich heraus, daß bereits im Zeitpunkt des ersten Verkaufs gewisse Rechtsmängel vorhanden waren. Der erste Käufer verlangt nunmehr seine Anzahlung zurück. Das Oberhaus beschäftigt sich nur mit diesem Anspruch. Es behandelt aber die Befugnis des Verkäufers zu dem zweiten Verkauf zu schreiten als völlig selbstverständlich, was natürlich voraussetzt, daß der equitable estate des ersten Käufers erloschen war. Williams, der in der begrifflich syste-

---

[234]) The Contract of Sale of Land. 1930.

[235]) § 44 Note p.

[236]) § 24.

[237]) (1889) 14 A. C. 429, 59 L. J. Ch. 214, 61 L. T. 702, 5 T. L. R. 698, H. L.

matischen Formulierung dem Stand der Entscheidungen auch sonst manchmal etwas vorauseilt — wie übrigens zuweilen auch Williston — zieht aus dieser Entscheidung die erwähnte — durch die Logik allerdings erforderte — Folgerung. Präjudizien, die diese Folgerung gleichfalls zögen, scheinen aber bis jetzt nicht vorhanden. Die Gerichte beschäftigen sich eben nicht mit Fragen der theoretischen Konstruktion, sondern mit der Lösung konkreter Fälle und die Autoren begnügen sich in aller Regel damit diese Entscheidungen wiederzugeben. Unstreitig geht aber die Tendenz der Rechtsentwicklung dahin, ein Recht des Grundstückverkäufers zur rückwirkenden einseitigen Auflösung mit dinglicher und obligatorischer Wirkung anzunehmen[238]).

2. Für bewegliche Sachen besteht kein dem Cancellationverfahren der Equity ähnlicher Weg, den Eigentumsübergang durch gerichtliches Gestaltungsurteil wieder aufzuheben. Die theoretische Frage, ob und auf welche Weise der Verkäufer gegenüber dem in Verzug befindlichen Käufer den Eigentumsübergang rückgängig machen kann, ist in England so gut wie gar nicht behandelt. Die Entscheidungen beschäftigen sich nur mit der Frage, ob und unter welchen Voraussetzungen der Käufer einen anderweitigen Verkauf der Sache vornehmen darf und kann. Daß dieses Recht des Resale ihm zustehe, hat Lord Holt bereits 1704 in einer führenden Entscheidung ausgesprochen[239]). Über die theoretische Begründung herrscht aber eine gewisse Unklarheit. Lord Holt stützt das Recht auf eine Auflösung des Vertrages, der Verkäufer verkauft als Eigentümer[240]). Entscheidungen aus dem Anfang des 19. Jahrhunderts haben dann an dem Ausdruck »Auflösung des Vertrages« Anstoß genommen, sie meinten, bei folgerichtiger Durchführung müßte

---

[238]) Vgl. z. B. Eve, J. in Hall v. Burnell [1911] 2 Ch. 551, 81 L. J. Ch. 46, 105 L. T. 409: Der zur spezifischen Erfüllung verurteilte Käufer zahlt nicht. Der Käufer ist zur Auflösung des Vertrages und zur Einbehaltung der Anzahlung berechtigt.

[239]) Langford v. Tiler (1704) 1 Salk. 113, 6 Mod. 162, Holt 62, 87 E. R. 874.

[240]) »The vendor cannot sell the goods (sc. deren Eigentum bereits auf den Käufer übergegangen ist) to another without a default in the vendee; and therefore, if the vendee does not come and pay the goods, the vendor ought to go and request him; and then, if he does not come and pay and take away the goods in convenient time, the agreement is dissolved, and he is at liberty to sell them to any other person.«

man dazu kommen, dem den Vertrag auflösenden Verkäufer den Schadenersatzanspruch abzusprechen[241]). Demgemäß stützte man den Selbsthilfeverkauf auf den Vertrag und das durch ihn begründete pfandähnliche Zurückbehaltungsrecht (lien). Der Verkäufer erscheint danach berechtigt, ähnlich wie nach § 373 des deutschen HGB. die Ware auf Rechnung des Käufers selbsthilfeweise zu verkaufen[242]). Sect. 48 (3) S. G. A. spricht dies nunmehr ausdrücklich aus, wobei auch noch klargestellt wird, daß — von leichtverderblichen Waren abgesehen — der Selbsthilfeverkauf erst nach Androhung und vergeblichem Ablauf einer angemessenen Nachfrist erfolgen darf[243]).

Aus dem Bestreben, dem zum Selbsthilfeverkauf schreitenden Verkäufer den Schadenersatzanspruch zu wahren, und deshalb den Ausdruck rescission zu vermeiden, erklärt sich eine gewisse Unsicherheit der Rechtslage, insofern als nirgends klar und eindeutig ausgesprochen ist, daß der Verkäufer gegenüber dem in Verzug befindlichen Käufer den Eigentumsübergang auflösen und die Ware behalten darf. In älteren Fällen und Büchern wird sogar behauptet, der unbezahlte Verkäufer sei auf sein Zurückbehaltungsrecht (lien) und sein eventuelles Folgerecht (right of stoppage in transitu) sowie auf das daraus abzuleitende Recht zum Selbsthilfeverkauf beschränkt[244]). Das würde einer noch unvollkommenen Entwicklungsstufe des Synallagmagedankens entsprechen[245]), über die das geltende englische Recht bereits zu Blackburn's Zeiten hinausgelangt war. Daß dem Verkäufer das Recht zukommt, die noch nicht übergebene Ware zu behalten, steht praktisch außer Zweifel, wenn auch ausdrückliche Präjudizien fehlen[246])[247]).

---

[241]) Maclean v. Dunn (1828) 4 Bing. 722, 6 L. J. C. P. O. S. 184, 1 M. & P. 761, 130 E. R. 947.

[242]) ohne daß aber dafür, wie im deutschen Recht, ein besonderes Verfahren vorgeschrieben wäre.

[243]) »Ist die Ware dem Verderb ausgesetzt oder hat der unbezahlte Verkäufer den Selbsthilfeverkauf angedroht und hat der Käufer nicht innerhalb einer angemessenen Frist den Preis bezahlt, oder ordnungsgemäß angeboten, so kann der unbezahlte Verkäufer die Ware verkaufen und von dem ursprünglichen Käufer Schadenersatz für den durch dessen Vertragsbruch verursachten Verlust verlangen.«

[244]) Vgl. Blackburn on Sales 1. Aufl. 325.

[245]) Vgl. die auf das römische Recht bezügliche Bemerkung Rabels in Sav. Z. Rom. 42, 561/562.

[246]) Vgl. auch Ogg v. Shuter (1875) 1 C. P. D. 47, 45 L. J. Q. B. 44. Verkäufer hat im Selbsthilfeweg die Ware anderwertig verkauft,

In den Vereinigten Staaten ist die Rechtslage durch den Un. S. A. auch formell klargestellt. Sect 61 (1) gibt dem Verkäufer gegenüber einem Käufer, der mit der Kaufpreiszahlung länger als eine angemessene Frist in Verzug (default) ist, das Recht, den Eigentumsübergang rückgängig zu machen (may rescind the transfer of title and resume the property in the goods). Diese Auflösung des Eigentumsübergangs geschieht durch eine ausdrückliche oder konkludente Willenserklärung des Verkäufers (subs. 2). Sect. 65 gibt dem Verkäufer das weitergehende Recht auch den obligatorischen Vertrag aufzulösen, »wenn der Käufer die Erfüllung ausdrücklich oder ernstlich verweigert hat oder wenn er sein Unvermögen zur Erfüllung der vertraglichen Verpflichtung bekundet, oder wenn er einen wesentlichen Vertragsbruch begangen hat«. Bei der Auflösung dieser letzteren

---

Käufer verlangt als Eigentümer Wertersatz. Der Klage wird stattgegeben, weil die endgültige Erfüllungsverweigerung des Käufers noch nicht eindeutig feststand. Andernfalls hätte der Verkäufer, wie der Richter Keating gegenüber den älteren Entscheidungen ausdrücklich feststellt, das Recht zur rescission gehabt. Die Aufhebung dieser Entscheidung durch die höhere Instanz betraf einen andern Punkt.

Die Behauptung Williston's, Contracts § 1458, das englische Recht erlaube dem Verkäufer nicht, das Geschäft aufzulösen und das Eigentum auf sich zurückzuübertragen, trifft nicht zu. Die Entscheidungen, auf die W. sich bezieht — Martindale v. Smith, 1 Q. B. 389, und Page v. Cowasjee Eduljee, L. R. 1 P. C. 127 — beschäftigen sich nur mit dem Erfordernis der Mahnung und Nachfristsetzung als Voraussetzungen der Befugnis zum Selbsthilfeverkauf. Sales § 544 drückt sich W. denn auch sehr viel zurückhaltender aus.

247) Neben den erwähnten Bedenken gegen den Gebrauch des Ausdrucks rescission mag auch das geringe praktische Interesse an der mehr theoretischen Frage des Eigentumsübergangs- und -rückübergangs mitspielen. Die Entscheidungen beschäftigen sich mit der Frage, wer Eigentümer sei, natürlich nur, um praktische Konsequenzen daraus abzuleiten, insbesondere, ob der Käufer dingliche Ersatzansprüche habe, wenn der Verkäufer die Sache anderweit veräußert hat, ob der Verkäufer nach Selbsthilfeverkauf noch Schadenersatz verlangen könne und ähnlichem.

Der englische Eigentumsbegriff hat sich nur langsam als Kurzausdruck zur Zusammenfassung verschiedener Einzelbefugnisse herausgebildet (vgl. Holdsworth III 358f.). Bemerkenswert ist, daß in allerneuester Zeit in den Vereinigten Staaten Bestrebungen auftauchen, diesen Sammelbegriff Eigentum wieder zurückzudrängen und zur kasuistischen Lösung der einzelnen praktischen Fragen zurückzukehren, die aus teleologischen Erwägungen und frei von Begriffsballast gewonnen werden sollen. Ein solches, vom gegenwärtigen deutschen Methodenstreit nicht unbeeinflußtes Gegenstück zur deutschen Interessenjurisprudenz ist vor allem Llewellyns Werk Cases and Materials on the Law of Sale, 1930 (insbes. S. 561ff.).

Art entfallen die Schadenersatzansprüche des Verkäufers, die ihm erhalten bleiben, wenn er den Eigentumsübergang allein auflöst.

3. Die Rückgängigmachung der dinglichen Rechtsänderung ist bei beweglichen Sachen nur möglich, solange der Veräußerer noch im Besitze der Sache ist. Mit der Übergabe an den Erwerber erlischt diese Möglichkeit. Nur für die Dauer des Transportes kann der Verkäufer auf Grund des Folgerechts die Ware anhalten und den Besitzübergang auf den Käufer verhindern.

Bei Grundstücken ist der kritische Zeitpunkt die Auflassung (conveyance). Hier verwandelt sich das bisher nur in Equity bestehende Recht des Erwerbes in den vollen legal estate, und dessen Auflösung ist dem Veräußerer nicht mehr möglich. Mit dem Übergang des Besitzes an beweglichen Sachen und mit der Auflassung des Grundstücks ist der Veräußerer auf seinen vertraglichen Entgeltsanspruch beschränkt, der, wie zu zeigen sein wird, den Charakter einer debt hat, also unmittelbar auf Zahlung gerichtet ist und nicht nur auf Schadenersatz wegen Nichtzahlung.

IV. Der Begriff der Vertragsauflösung findet auch Verwendung in den oben behandelten Fällen des nachträglich zufälligen Unmöglichwerdens der Leistung und des Wegfalls der Vertragsgrundlage. Die Befreiung des Schuldners wird damit begründet, daß diese Ereignisse den Vertrag auflösten. Anders jedoch als bei der Auflösung wegen Vertragsbruchs tritt hier die Beseitigung der Vertragswirkungen nicht ex tunc ein, sondern ex nunc, der Vertrag ist nicht rescinded, sondern nur resolved[248]). Diese theoretische Vorstellung hat praktische Konsequenzen: Beide Parteien sind zwar für die Zukunft von allen vertraglichen Bindungen befreit, aber sie haften nach wie vor für Leistungen, die vor dem die Auflösung bewirkenden Ereignis fällig waren. Leistungen, die vor diesem Ereignis erbracht wurden, können nicht zurückgefordert werden — und zwar auch dann nicht, wenn sie noch gar nicht fällig waren, sondern freiwillig vor Fälligkeit bewirkt worden sind. The loss lies where it falls. Ja, Leistungen, die vor der Vertragsauflösung fällig, aber noch

[248]) Blakeley v. Muller [1903] 2 K. B. 760 n., 88 L. T. 90, 19 T. L. R. 186: Where money had been paid under a contract, the further performance of which has become impossible owing to the non-existence of the subject-matter of the contract, the contract is not rescinded ab initio but both parties are excused from further performance of the contract.

nicht erbracht waren, müssen noch bewirkt werden[249]). Diese nicht aus praktischen, sondern aus begrifflichen Erwägungen abgeleitete Gefahrverteilung geht auf Entscheidungen aus der Serie der Krönungsfälle zurück. Der Tribünen- oder Fenstervermieter ist nicht schadenersatzpflichtig, wenn der Krönungszug ausfällt. Ebenso ist der Mieter von Zahlungspflichten frei, die erst nach der Absage des Krönungszugs fällig werden sollten, was er vorausgezahlt hat, kann er aber nicht zurückfordern[250]) und er hat noch zu zahlen, wenn seine Verpflichtung vor der Absage der Krönung fällig war[251]). Ein Käufer, der infolge zufälligen Unmöglichwerdens der Lieferung die Ware nicht erhält, hat den Kaufpreis zu zahlen, wenn der für die Zahlung vereinbarte Zeitpunkt vor dem des Unmöglichwerdens der Lieferung liegt (Pränumerationskauf!), gleichgültig, ob das Eigentum an der Ware auf ihn übergegangen ist oder nicht. Im übrigen trägt beim Kauf unter allen Umständen der Käufer mit Eigentumsübergang die Gefahr[252]), sofern nicht anderes vereinbart[253]).

In den Vereinigten Staaten ist die Rule in Chandler v. Webster nur von wenigen Staaten übernommen worden. Die Mehrzahl der Gerichte — darunter die von New York — gewähren dem Gläubiger, der infolge zufälligen Unmöglichwerdens die ihm geschuldete Leistung nicht erhält, einen Bereicherungsanspruch auf den Wert der von ihm bereits bewirkten Gegenleistung, folgen also einem dem § 323 des deutschen BGB. entsprechenden System[254]).

C. Die vorstehende Übersicht zeigt, daß im Common Law der Begriff der Vertragsauflösung (Rücktritt, rescission) kein

---

[249]) French Marine v. Compagnie Napolitaine [1921] 2 A. C. 494, 90 L. J. K. B. 1068, 125 L. T. 833, 37 T. L. R. 923. H. L. Vgl. auch den schottischen Fall Cantiere San Rocco v. Clyde [1924] A. C. 226, wo schottisches und englisches Recht in interessanter Weise miteinander verglichen werden.

[250]) Civil Service Coop. Soc. v. General Steam Navigation Co. [1903] 2 K. B. 756, 72 L. J. K. B. 933, 89 L. T. 429, 20 T. L. R. 10 C. A. Siehe auch St. Enoch Shipping Co. v. Phosphate Mining Co. [1916] 2 K. B. 624, 86 L. J. K. B. 74.

[251]) Chandler v. Webster [1904] 1 K. B. 493, 73 L. J. K. B. 401, 90 L. T. 217, 20 T. L. R. 222. C. A.

[252]) S. G. A. sect. 20.

[253]) Vgl. aber dazu Llewellyn, a. a. O. S. 561ff., und Großmann-Doerth. Das Recht des Überseekaufes 1930. S. 135ff.

[254]) Vgl. Williston, Contracts § 1972. Über Canada siehe I. A. Weir, 7 Can. Bar Rev. (1929) 419ff.

systematischer Zentralbegriff ist, aus dem durch logische Deduktion bestimmte Rechtsfolgen abgeleitet werden, wie dies für die Verfasser des deutschen BGB. weitgehend der Fall war, daß er vielmehr einen Versuch darstellt, einzelne rechtspolitisch gewünschte Folgen und Ansprüche konstruktiv zu begründen. Ein logisch in sich geschlossenes, widerspruchsloses System ist nicht vorhanden. In der Lehre vom antizipierten Vertragsbruch dient der Begriff der rescission der Begründung der vorzeitigen Fälligkeit eines Schadenersatzanspruchs. In der Lehre von den quasikontraktlichen Bereicherungsansprüchen wegen failure of consideration schließt umgekehrt die rescission die Schadenersatzansprüche aus. Die verschiedenen Bereicherungsansprüche sind rein kasuistisch entwickelt. So entfallen sie nach Übertragung des Besitzes der veräußerten beweglichen oder nach Auflassung der veräußerten unbeweglichen Sache wie überhaupt nach vollständiger Erfüllung der dem Gläubiger selbst obliegenden Leistung.

Erst recht widerspruchsvoll ist das Verhältnis zwischen den auf den Begriff der Vertragsauflösung aufbauenden Lehren und der Conditionlehre. Während nach den ersteren die Vertragspartei von einer entstandenen Vertragspflicht befreit wird, erscheint nach letzterer diese Pflicht gar nicht entstanden. Beide Lehren stehen trotz ihres logischen Widerspruches nebeneinander, auf den gleichen Fall anwendbar. Sie zeigen zwei verschiedene Stufen der historischen Entwicklung. Die Conditionlehre geht von dem älteren, in Assumpsit entwickelten Vertragsbegriff aus, bei dem der Vertrag nicht zur Leistung verpflichtet, sondern nur zur Garantie. Diese Garantie wird so aufgefaßt, daß sie nur unter der Bedingung der Bewirkung der Gegenleistung übernommen erscheint. Die auf dem Rescissionbegriff aufbauenden Lehren sind mit einer solchen Auffassung zwar keineswegs unvereinbar, aber sie sind doch sichtlich von einer jüngeren, im Vordringen befindlichen Anschauung beeinflußt, die nicht so sehr auf die Garantie, die Einstandspflicht, die Haftung sieht als auf die versprochene Leistung, die Schuld. Die Vertragsverletzung des Gegners beendigt die Schuld.

Beide Auffassungen sind Versuche, den seit dem 18. Jahrhundert mit Macht sich Geltung verschaffenden Gedanken des funktionellen Synallagmas konstruktiv zu begründen.

Gewisse Schwierigkeiten lassen sich allerdings bei dem Nebeneinander zweier so verschiedener systematischer Konstruktionen nicht vermeiden. So ist insbesondere nicht recht klar, ob der Vertragspartei, die die Gegenleistung nicht erhält, ipso iure keine eigene Leistungspflicht obliegt, oder ob es einer Willenserklärung ihrerseits bedarf. Nach der Conditionlehre ist eine solche Willenserklärung überflüssig, die Verpflichtung erscheint ja als nie entstanden. Nach der Rescissionlehre liegt sie nahe. In der üblichen Terminologie ist rescission ja gerade die auf eine Willenserklärung zurückgehende rückwirkende Beseitigung eines Vertrages[255]).

Geht man von der Conditionlehre aus, so muß die Verwendung des Wortes rescission im Zusammenhang mit dem Recht des Gläubigers, seine eigene Leistungspflicht als erledigt anzusehen und Schadenersatz wegen Nichterfüllung der ganzen Verbindlichkeit zu verlangen, inkorrekt erscheinen. Wenn in solchen Fällen der Gläubiger der Gegenpartei eine entsprechende Mitteilung macht, so ist dies keine Willenserklärung von konstitutiver Bedeutung, sondern die Notifizierung einer vollendeten Tatsache.

»Though the term 'rescission' is frequently applied to cases of the second class (d. h. auf Fälle der Nichterbringung oder Rückforderung der Gegenleistung im Gegensatz zu den Fällen der Vertragsaufhebung im gegenseitigen Einvernehmen und der Anfechtung), it is submitted that it is not strictly applicable, as the breach or failure to perform by one party actually discharges the other without the necessity for any act or notice by the party not in default«[256]).

In der Terminologie treten die Condition- und die Rescissionlehre noch vielfach nebeneinander und miteinander vermischt

---

[255]) So wird das Wort zunächst verwendet um die Auflösung eines Vertrages wegen Irrtums, Irreführung, Täuschung zu bezeichnen. In diesem Sinne ist es gleich Anfechtung, avoidance. So wird es z. B. verwendet bei Pollock (9. Aufl. 608) in der Überschrift des 9. Kapitels: »The Right of Rescission«, wo die Anfechtung wegen Irreführung (misrepresentation) und Täuschung (deceit) behandelt wird, dann auf Seite 446, wo der Fall besprochen wird, daß der Verkäufer oder Vermieter einer Sache nachträglich erfährt, daß die Sache zu einem verbotenen Zwecke verwendet werden soll, ferner auf Seite 685—88 in der Behandlung der undue influence. Jenks setzt im Index »Rescission see Voidable« (1. Aufl. Im Index der 2. Aufl. kommt Rescission überhaupt nicht mehr vor). Im gleichen Sinne findet sich das Wort bei Williston in der Behandlung der Täuschung (§ 1500) und des Irrtums (§§ 1525, 1542).

[256]) Morison 8.

auf[257]). Man kann aber feststellen, daß in den Vereinigten Staaten die Auffassung, daß die Befreiung des einen Vertragsteils von der Gegenleistungspflicht und die damit verbundenen Rechte auf einer Vertragsauflösung beruhen, im Vordringen ist[258]), während in England wohl noch die ältere Conditionlehre überwiegt.

Die Entscheidungen stehen teils klar auf dem Boden der Conditionlehre[259]), teils gründen sie ihre Argumentation auf die Rescission- oder die Failure of Considerationlehre[260]).

---

[257]) Typisch sind die Kapitelüberschriften in den verschiedenen Lehrbüchern. Lediglich an die Terminologie der Conditionlehre, unter Vermeidung jeden Hinweises auf andere Auffassungen, halten sich Jenks-Lee (§§ 304—307). Bei Anson (349) lautet die Überschrift des einschlägigen Abschnitts: »Discharge by failure of performance«. Hierzu wird ausgeführt: »When one party to a contract declares that he will not perform his part, or so acts as to make it impossible for him to do so, he thereby releases the other from the contract and its obligations«. Ist dieser Satz im wesentlichen auf der Repudiationlehre aufgebaut, so lauten die Rubriken der Unterabschnitte, in denen die Einzelheiten dargestellt werden: Concurrent Conditions, Conditions and Warranties, Discharge by virtual failure of consideration.

[258]) Vgl. z. B. den Wortlaut der sect. 65 Un. S. A.

[259]) Bannermann v. White 10 C. B. N. S. 844: Kauf von Hopfen. Zusicherung, daß Ware nicht geschwefelt, stellt sich als falsch heraus. Käufer verweigert Abnahme: »The effect is that the defendants required, and that the plaintiff gave his undertaking that no sulphur had been used. This undertaking was a preliminary stipulation; and, if it had not been given, the defendants would not have gone on with the treaty which resulted in the sale. In this sense it was the condition upon which the defendants contracted; and it would be contrary to the intention expressed by this stipulation that the contract should remain valid if sulphur had been used. The intention of the parties governs in the making and in the construction of all contracts. If the party so intend, the sale may be absolute, with a warranty superseded; or the sale may be conditional, to be null, if the warranty is broken.«

Bettini v. Gye 1 Q. B. D. 183: Engagement einer Opernsängerin für die Season. Vertragsgemäß hat sie am 22. März, acht Tage vor Beginn der Vorstellungen, einzutreffen. Infolge Krankheit kann sie erst am 28. eintreffen. Direktor will Sängerin daraufhin nicht beschäftigen und verweigert Honorar. »The answer to that question depends on whether this part of the contract is a condition precedent to the defendant's liability, or only an independent agreement, a breach of which will not justify a repudiation of the contract but will only be a cause of action for a compensation in damages. We think the answer to this question depends on the true construction of the contract taken as a whole.«

[260]) Poussard v. Spiers. 1 Q. B. D. 410: Engagement einer Sängerin für eine bestimmte Oper, die ab 28. 11. drei Monate lang gespielt

Der Gedanke der Verwirkung des eigenen Anspruchs als Folge des Vertragsbruchs (Einfluß der Equity!) erscheint in Hoare v. Rennie[261]), ein Beispiel für die Mischung der Condition- und der Failure of Considerationlehre ist die Entscheidung Duke of St. Albans v. Shore[262]), die sich in ihren Gedankengängen und in ihrer Terminologie eng an Lord Mansfield's Worte in Boone v. Eyre[263]) anschließt. Theoretisch mögen die beiden Auffassungen unvereinbar scheinen. Aber daß logisch einander widersprechende Konstruktionen auch in der Anwendung auf den gleichen Fall recht wohl nebeneinander bestehen können, zeigt auch das deutsche Recht, das im Falle der vom Schuldner zu vertretenden Unmöglichkeit der Leistung dem Gläubiger sowohl das Recht gibt, den Vertrag durch seine Willenserklärung mit Wirkung ex tunc zu beseitigen (BGB. § 325 I)

werden soll. Sängerin wird vor Beginn der Proben krank und ist erst am 4. 12. wieder zu singen imstande. Beklagter Direktor läßt sie nicht mehr auftreten und verweigert Honorar. Erörterung, ob das Fernbleiben bis 4. 12. eine sufficient failure of consideration war, to set the defendant at liberty.

Ward v. Textile Commission Co., 139 N. Y. App. Div. 109, 112; 123 N. Y. S. 918: »The law is now well settled that a promise or agreement by one party to a contract, not under seal, to do or refrain from doing some act or thing before the other party is to be obligated to perform is the consideration for the contract and may be shown by parol, and that failure to fulfil the promise or to perform the agreement constitutes a failure of consideration and relieves the other party from performing.«

Richter v. Union Land & Stock Co. 129 Cal. 367; 62 Pac. 39: »In all executory contracts the several obligations of the parties constitute to each, reciprocally, the consideration of the contract; and a failure to perform constitutes a failure of consideration — either partial or total.«

Fulham v. Wright & Colton Wire Cloth Co., 196 Mass. 474, 482; 82 N. E. 711: Failure of Consideration berechtigt den Beklagten zu einer complete repudiation of the sale.

[261]) 5 H. & N. 19, per Pollock, C. B.: Kauf von 640 t Eisen, lieferbar in 4 gleichen Monatsraten ab Juni. Als erste Rate werden nur 20 t geliefert. Käufer verweigert Annahme und verlangt Schadenersatz wegen Bruchs des ganzen Vertrages. »It does not turn upon any question of condition precedent. The only question is whether, if a man who is bound to perform his part of a contract does not do so, he can enforce the contract against another party.«

Channel, B. »The plaintiffs have not performed their part of the contract, and the defendants have not accepted anything which can be construed as an imperfect execution of the contract by the plaintiffs. The defendants were thus at liberty to rescind the contract.«

[262]) 1 H. Bl. 273.

[263]) 2 W. Bl. 1312.

wie den Vertrag als ipso iure mit Wirkung ex nunc aufgelöst zu betrachten (BGB. § 325 I 3 in Verbindung mit § 323)[264]).

12. Kapitel.

Die Debt im heutigen Common Law.

Debt und Assumpsit.

A. Die Debt als Erfüllungsanspruch.
- I. Keine Begründung einer Debt durch Konsensualvertrag.
  1. Der englische Sale of Goods Act.
  2. Die Ausnahme der New York Rule.
  3. Die teilweise Rückgängigmachung der Ausnahme durch den Uniform Sales Act.
- II. Annahmeverzug.
- III. Forderungspfändung.

B. Sonstige Besonderheiten der Debt.

A. I. Wie in der alten Action of Debt, so kann, wenigstens grundsätzlich, auch im modernen Common Law die Forderung auf eine ziffernmäßig bestimmte Geldsumme nur begründet werden durch gesiegelte Urkunde (Deed) oder durch Urteil, Schiedsspruch oder gerichtlichen Vergleich[265]) (sogen. Contract of Record) oder durch Real Contract. Der Ursprung des Konsensualkontrakts aus der deliktischen Action of Assumpsit zeigt sich noch heute darin, daß er grundsätzlich nur einen Schadenersatzanspruch wegen Breach of Contract begründen kann, nicht auch einen Anspruch auf eine bestimmte Geldsumme.

---

[264]) Morison glaubt, die Anwendungsgebiete der beiden Lehren scharf voneinander abgrenzen zu können. Er will aus den Präjudizien die Unterscheidung aufstellen, daß die Lehre von der Failure of Consideration sich nur auf formlose Verträge beziehe, die Conditionlehre dagegen auf Contracts under Seal, bei denen von Consideration deswegen nicht gesprochen werden könne, weil bei ihnen zum Zustandekommen des Vertrages keine Consideration erforderlich sei. Für die historische Betrachtung mag dies sicherlich richtig sein. Aber schon seit Lord Mansfield's Zeiten werden die beiden Theorien ohne scharfe Unterscheidung auf beide Arten von Verträgen angewandt und den Ausdruck Condition, wie Morison vorschlägt, heute wieder auf Contracts under Seal zu beschränken, hieße nicht nur eine im Laufe der Entwicklung überholte Unterscheidung wieder künstlich beleben, sondern auch mit einer Terminologie brechen, die nicht nur zum Verständnis der wichtigsten Präjudizien, sondern auch wesentlicher Gesetzesbestimmungen (vgl. z. B. S. G. A. Sect. 10—15; Rules of Supr. Court, Order 42, Rule 9) nötig ist.

[265]) Ob im Inland oder Ausland ergangen, macht hier keinen Unterschied.

1. Besonders deutlich tritt dies in der Ausgestaltung der Ansprüche des Verkäufers beim Kaufvertrag zutage, über die der englische Sale of Goods Act die beiden folgenden grundlegenden Bestimmungen enthält:

> Sect. 50. »Damages for non — acceptance —. Where the buyer wrongfully neglects or refuses to accept and pay for the goods, the seller may maintain an action against him for damages for non-acceptance.
>
> The measure of damages is the estimated loss directly and naturally resulting, in the ordinary course of events, from the buyer's breach of contract.«
>
> Sect. 49 (1). »Action for the price —. Where under the contract of sale, the property in the goods has passed to the buyer, and the buyer wrongfully neglects or refuses to pay for the goods according to the terms of the contract, the seller may maintain an action against him for the price of the goods.«

Also: der Verkäufer kann grundsätzlich auf den Kaufpreis erst klagen, wenn das Eigentum an der Kaufsache auf den Käufer übergegangen ist[266]). Nach wie vor ist der Kaufpreisanspruch ein Anspruch aus Realkontrakt, nicht ein Anspruch aus einem konsensualen Kaufvertrag, sondern ein Anspruch wegen »Goods bargained and sold«, wobei »sold« den Eigentumsübergang anzeigt, wie er in den alten Lehrbüchern des Pleading bezeichnet wird[267]). Der konsensuale Kaufvertrag allein gibt, entsprechend seinem Ursprung aus Assumpsit, nur einen Anspruch auf Schadenersatz wegen Nichtannahme der Ware und Nichtzahlung des Preises[268]).

Von diesem allgemeinen Satze gilt eine Ausnahme nach Sect. 49 (2) S. G. A.:

> »Where, under the contract of sale, the price is payable

---

[266]) Darüber, wann dies der Fall ist, vgl. S. G. A. Sect. 16—19.

[267]) So J. Chitty, A treatise on the parties to actions, the forms of actions and on pleading (1. Aufl. 1808) 7. Aufl. 1844, S. 122; J. S. Saunders. The Law of Pleading and Evidence in civil actions (1. Aufl. 1828) 2. Aufl. 1851, II. 92; E. Bullen & St. M. Leake Precedents of Pleadings in Actions in the superior Courts of Common Law (1. Aufl. 1860) 8. Aufl. 1924(!) 282, H. Roscoe. A Treatise on the Law of Evidence on the Trial of Actions at Nisi Prius (1. Aufl. 1827) 19. Aufl. 1922(!) 437.

[268]) »Where the property has not passed, seller's sole remedy is an action for damages.« Benjamin, Sale of Goods. 6. Aufl. S. 929. Laird v. Pim (1841) 7 M. & W. 474, 10 L. J. Ex. 259.

on a day certain irrespective of delivery, and the buyer wrongfully neglects or refuses to pay such price, the seller may maintain an action for the price, although the property in the goods has not passed, and the goods have not been appropriated to the contract.«

D. h.: der Verkäufer hat beim Pränumerationskauf einen Kaufpreisanspruch schon vor Übergang des Eigentums. Eine solche Gestaltung bedarf aber der ausdrücklichen Vereinbarung, derart, daß der Käufer sich verpflichtet, den Kaufpreis an einem bestimmten Tage zu bezahlen, unabhängig von der Frage des Eigentumsüberganges.

Die Geschichte dieser Ausnahmebestimmung läßt sich genau verfolgen. Chalmers, der Verfasser des S. G. A., kann als einziges Präjudiz dafür die Entscheidung Dunlop v. Grote[269]) anführen[270]), einen Fall, dessen Autorität schon deshalb nicht sehr stark ist, weil er nicht in einem der Superior Courts in London entschieden ist, sondern auf Circuit at Nisi Prius[270a]). Der Beklagte hatte Eisen auf Abruf gekauft mit der Abrede, daß der Kaufpreis spätestens am 30. 4. fällig sein solle, auch wenn der Käufer bis dahin noch keine Ware abgerufen haben sollte. Gegenüber der Kaufpreisklage wendet der Käufer ein, der Verkäufer könne nur Schadenersatz wegen Nichtabnahme verlangen. Der Gegenanwalt beruft sich demgegenüber auf die Entscheidung Pordage v. Cole und Serjeant Williams' Noten[271]) und Creswell, J. weist, offenbar unter dem Eindruck dieses Zitats, den Einwand mit der kurzen Bemerkung zurück: »My present opinion is, that the plaintiffs are entitled to recover the whole sum, as it was agreed to be paid on a certain day«. Die zitierte Stelle aus Williams' Saunders lautet: »If a day be appointed for payment of money, or for part of it, or for doing any other act, and the day is to happen, or may happen before the thing which is the consideration of the money, or other act, is to be performed, an action may be brought for the money or for not doing such other act before performance; for it appears that the party relied upon his remedy, and did not intend to make the perfor-

[269]) (1845) 2 C. & K. 153.

[270]) Chalmers, S. G. A. 10. Aufl. 119 Note b.

[270a]) Vgl. Fentum v. Pocock (1813) 5 Taunton 192, per Mansfield, C. J. at p. 195; Church v. Brown (1808) 15 Ves. 258, per Lord Eldon, at p. 262.

[271]) 1 Wms. Saund. 319, 320.

mance a condition precedent.... This seems to be the ground of the judgment in this case of Pordage v. Cole, the money being appointed to be paid on a fixed day, which might happen before the lands were, or could be conveyed«.

Dieses Zitat ist aus zwei Gründen unangebracht. Einmal will Williams in seinen Noten zu Pordage v. Cole keineswegs Regeln dafür aufstellen, wann ein Anspruch auf eine Debt entstehe, sondern dafür, in welcher Reihenfolge vertragliche Verpflichtungen zu erfüllen seien[272]). Welchen Inhalts diese Verpflichtungen sind, ob sie auf Schadenersatz gehen oder auf Zahlung, spielt hier keine Rolle. Williams spricht ausdrücklich nicht nur von der Verpflichtung for payment of money, sondern auch von der Verpflichtung for doing any other act, und eine solche Verpflichtung kann at law — und von der Equity spricht Williams nicht — nie auf etwas anderes gehen als auf Schadenersatz, vor allem aber, in dem Falle Pordage v. Cole beruht der Kaufpreisanspruch nicht auf einem simple contract, sondern auf einer deed. Die Einleitungsworte lauten ausdrücklich: »Debt upon a specialty«. Beides übersieht Creswell J. Dennoch gelangt der Satz in den S. G. A., wo er eine Ausnahme vom allgemeinen System des Common Law bildet.

Von dieser Besonderheit des S. G. A. abgesehen, gilt allgemein die Regel, daß das vereinbarte Entgelt für eine Leistung erst verlangt werden kann, wenn die Leistung erbracht ist. Verhindert der andere Teil die Erbringung der Leistung, verweigert er die Annahme, so ist nur eine Schadenersatzklage wegen nonacceptance möglich. So kann beim Dienstvertrag das vereinbarte Entgelt erst verlangt werden, wenn die vereinbarten Dienste voll erbracht sind[273]). Ist die vereinbarte Leistung nur teilweise bewirkt, so ist die vertragliche Leistungsklage nicht möglich. Höchstens können in der nicht vertraglichen Quantum Meruit-Klage Bereicherungsansprüche geltend gemacht werden[274]). Wird der Dienstpflichtige vorzeitig entlassen oder verweigert der Dienstberechtigte die Annahme der Dienste, so kann der Dienst-

---

272) Vgl. oben S. 196.

273) Cutter v. Powell (1795) 6. T. R. 320. Diese Entscheidung ging soweit, den Erben eines Seemanns, der kurz vor Beendigung der Reise starb, jeden Lohn zu verweigern.

274) Vgl. oben S. 36, 206. Siehe jetzt auch Merchant Shipping Act, 1894, Sect. 131ff.

pflichtige nur auf Schadenersatz wegen Vertragsbruchs klagen[275]). Ähnlich kann bei Beförderungsverträgen der Beförderer im Falle der Nichtabladung der Waren zur Beförderung nicht die vereinbarte Fracht verlangen, sondern wiederum nur Schadenersatz wegen breach of contract to supply cargo[276]).

Alle diese Fälle sind nur Anwendungen des allgemeinen Satzes, daß durch einen formlosen Konsensualkontrakt nur eine Verpflichtung auf Schadenersatz wegen Vertragsbruchs begründet werden kann, nicht aber auch ein Anspruch auf Erfüllung, und zwar auch dann nicht, wenn die Erfüllung in der Zahlung einer Geldsumme besteht.

Praktisch ist der Unterschied zwischen der Klage auf Erfüllung einer Geldleistung und der Klage auf Schadenersatz wegen Nichterfüllung nicht besonders groß, insbesondere nicht beim Kauf beweglicher Sachen[277]). Immerhin, bedeutungslos ist er nicht, z. B. wenn es sich um den Kauf nicht marktgängiger Waren handelt oder um einen Werklieferungsvertrag. Hier muß, sofern nicht der seltene Ausnahmefall der Specific Performance eingreift, der Verkäufer nach englischem Recht sich mit dem Anspruch auf die Differenz zwischen dem Vertragspreis und dem Werte im Zeitpunkt der Fälligkeit begnügen, eine Differenz, die unter Umständen nicht leicht feststellbar und möglicherweise auch gleich Null sein kann. Einen Anspruch auf Abnahme der Ware und Zahlung des Kaufpreises hat er, wenigstens in England, nicht.

2. Die alte Common-Law-Regel, daß der formlose Willenskonsens keinen Anspruch auf Zahlung, sondern nur auf Schadenersatz wegen Vertragsbruchs begründen könne, wurde grundsätzlich auch von den amerikanischen Staaten übernommen. Unter Berufung auf Saunders wird die Rechtslage z. B. in

---

[275]) Vgl. Mayne on Damages 10. Aufl. 247. Pagani v. Gandolfi (1826) 2 C. & P. 370. Der vereinbarte Lohn ist natürlich von Bedeutung für die Berechnung des Schadens, so daß im allgemeinen der vereinbarte Lohn zu ersetzen ist, abzüglich dessen, was der Kläger angemessenerweise anderweitig hätte verdienen können, und zuzüglich etwaigen sonstigen infolge des Vertragsbruchs erlittenen Schadens. Vgl. Elderton v. Emmens (1853) 6 C. B. 160. Praktisch besteht also gegenüber § 615 B. G. B. kaum ein Unterschied.

[276]) Vgl. Mayne, a. a. O. 282.

[277]) Vgl. Institut für ausländisches und internationales Privatrecht. Rapport sur le Droit Comparé en Matière de Vente, Soc. des Nations. U. D. P. Etudes IV. S. d. N. 1929, C. D. 1929, p. 93.

Ruling Case Law[278]) dahin präzisiert, daß der Anspruch auf den Kaufpreis sich gründe auf eine Action of Goods sold and delivered und daß dazu notwendigerweise Übergang des Eigentums — nicht auch des Besitzes — vom Verkäufer auf den Käufer gehöre. Dies gilt auch dann, wenn der Verkäufer unberechtigterweise die Annahme der Ware verweigert hat. Führend ist die Entscheidung Greenleaf v. Gallagher[279]).

Das Remedy in einem solchen Falle ist nur ein Schadenersatzanspruch wegen Vertragsbruchs, wobei die Höhe des Schadenersatzes nicht der vereinbarte Preis ist, sondern der Unterschied zwischen diesem Preis und dem objektiven Wert der Ware, der sich im allgemeinen nach dem Marktpreis bestimmt[280]).

Aber nicht alle amerikanischen Einzelstaaten haben an der Regel des klassischen Common Law festgehalten. Unter der Führung von New York hat sich seit den dreißiger Jahren des vorigen Jahrhunderts eine Umwandlung vollzogen, dahingehend, daß dem Verkäufer beim Annahmeverzug des Käufers der Kaufpreisanspruch zusteht, auch wenn das Eigentum an der Ware noch nicht auf den Käufer übergegangen ist. Diese New York Rule wird in der führenden Entscheidung Ackerman v. Rubens[281]) folgendermaßen formuliert: »Wenn der Käufer beweglicher Sachen in einem executory contract of sale sich weigert, seinen Kauf zu vervollständigen (das soll heißen, die Ware abzunehmen und den Kaufpreis zu bezahlen), so kann der Verkäufer die Ware für ihn als Verwahrer behalten und den vollen Kaufpreis einklagen; oder er kann die Ware als sein — des Verkäufers — Eigentum betrachten und auf den Unterschied zwischen dem Marktpreis und dem Vertragspreis klagen; oder er kann die Ware für den höchsterzielbaren Betrag verkaufen und nach Gutschrift des erzielten Reinertrags auf den Unterschied gegenüber dem Vertragspreis klagen.«

Diese New York Rule hat in einer ganzen Reihe anderer Staaten Eingang gefunden[282]).

---

278) Band 24 S. 89ff.

279) 93 Me. 549, 45 Atl. 829, s. auch Messer v. Woodman 22 N. H. 172 und Trinidad Asphalt Mgf. Co. v. Buckstaff Bros. Mfg. Co. 86 Neb. 623; 126 N. W. 293.

280) Atwood v. Lucas, 53 Me. 508; Greenleaf v. Gallagher, a. a. O.

281) 167 N. Y. 405; 60 N. E. 750; 53 L. R. A. 867.

282) Z. B. Mendel v. Miller, 126 Ga. 834, 56 S. E. 88; Dwiggins v. Clark, 94 Ind. 49; Pate v. Ralston 139 N. W. 906 (Ia.);

Vom dogmatischen Gesichtspunkt aus ist die in der New York Rule liegende Wandlung höchst bedeutungsvoll. Sie zeigt, daß, ähnlich wie in der Considerationlehre, die konstruktiven Gedanken des alten Common Law in Amerika noch stärker aus dem Bewußtsein verschwunden sind als in England. Die New York Rule bedeutet eine wesentliche Bresche in den alten, aus Assumpsit abgeleiteten Satz, daß durch Konsensualkontrakt keine Pflicht zur Leistung, sondern immer nur zum Schadenersatz wegen Vertragsbruchs begründet werden kann.

3. Die praktische Tragweite dieser Bresche ist allerdings nicht so groß wie ihre theoretische Bedeutung, denn in einer ganzen Reihe von Staaten, in denen die New York Rule sich durchgesetzt hatte, ist sie durch den dem englischen S. G. A. im wesentlichen wörtlich nachgebildeten Un. S. A. wieder rückwärts revidiert worden und unter den Staaten, die diese Rückkehr zum alten Common Law vollzogen haben, befindet sich auch derjenige Staat, der die neue Auffassung zuerst durchgeführt und von dem sie ihren Namen abgeleitet hat, der Staat New York.

Allerdings, restlos wurde die Rückkehr zum alten Common Law nicht vollzogen. In einem Punkte geht der Un. S. A. über das englische Gesetz und über das Common Law hinaus. Wenn nämlich die Feststellung des Schadenersatzes deswegen schwierig wäre, weil die Ware keinen Markt- oder Börsenpreis hat, oder weil ein Selbsthilfeverkauf nicht angebracht erscheint, so kann der Verkäufer den Käufer durch ein wörtliches Angebot formell in Annahmeverzug versetzen und, wenn der Käufer auch dann noch die Annahme verweigert, ihm mitteilen, daß er sich nunmehr als sein, des Verkäufers, Verwahrer betrachte und den Kaufpreis einklagen[283])[284]).

Webber v. Minor, 6 Bush. 463 (Ky.), Goddard v. Binney, 115 Mass. 450; Krebs Hop Co. v. Livesley, 114 P. 944, 118 P. 165 (Ore.); Henderson v. Jennings 77 Atl. 453 (Pa.); Ganson v. Madigan 15 Wis. 144. Vgl. auch die Noten 52 L. R. A. 244, 17 L. R. A. N. S. 809, 43 L. R. A. N. S. 368, 51 L. R. A. N. S. 736, 746.

[283]) Un. S. A. Sect. 63 (3) (= New York Personal Property Law, Consolidated Statutes, Ch. 41 Sect. 144 (3)): »Ist der Selbsthilfeverkauf der Ware zu einem angemessenen Preis nicht möglich ... so kann der Verkäufer, auch wenn das Eigentum noch nicht übergegangen ist, die Ware dem Käufer anbieten und, wenn der Käufer sich weigert, sie abzunehmen, ihm mitteilen, daß er sie fortan als Verwahrer für den Käufer verwahren werde. Der Verkäufer kann dann die Ware als Eigentum des Käufers behandeln und den Kaufpreis einklagen.«

[284]) Über den Unterschied zwischen der New York Rule und dem

II. Ein zweiter Unterschied ist in seinen praktischen Auswirkungen noch bedeutungsvoller. Klagegrund in den auf Assumpsit gegründeten Regelfällen ist nicht der Vertrag, sondern der Vertragsbruch. Hat der Schuldner keinen Vertragsbruch begangen, so hat der Gläubiger keinen Anspruch. Das zeigt sich im Annahmeverzug. Hat der Schuldner die Leistung ordnungsgemäß angeboten, der Gläubiger sie aber nicht angenommen, so liegt kein Vertragsbruch des Schuldners vor und demgemäß auch kein Anspruch des Gläubigers[285]). Für eine Betrachtung, der die Natur der vertraglich begründeten Verpflichtungen als Garantieversprechen nicht gegenwärtig ist, sieht dies so aus, als ob durch den Annahmeverzug des Gläubigers der Schuldner entlastet, seine Verpflichtung aufgelöst würde. Eine solche Ausdrucksweise findet sich nicht nur bei kontinentalen Darstellern des Common Law wie Prochownick[286]) und Curti[287]), sondern auch bei englischen und amerikanischen Autoren wie z. B. bei Anson[288]), W. L. Clark[289]), Halsbury[290]), Williston[291]), B. B. Clark[292]).

Durchaus anders ist die Sache bei der Debt. Das Erfül-

alten Common Law äußert sich die Entscheidung Funt v. Schiffmann, 187 N. Y. S. 666, in welcher der Richter Lehmann eingehend die Wirkungen des Un. S. A. auf das New Yorker Recht untersucht.

[285]) Vgl. Sutherland v. Allhusen (1866) 14 L. T. R. 666; Howard v. Daly (1875) 61 N. Y. 362.

[286]) Jenks-Lee-Prochownick, Das bürgerliche Recht Englands. Note zu § 236: »In unserem Recht hat das erfolglose Angebot nur die Wirkung, daß der Gläubiger in Annahmeverzug gerät (§ 293 BGB.); das englische Recht geht jedoch hierüber weit hinaus, indem es bestimmt, daß der Schuldner durch ein erfolgloses Angebot von seiner Leistung frei wird, während bekanntlich der Gläubigerverzug in unserem Recht diese Wirkung nicht hat.«

[287]) Englands Privat- und Handelsrecht II 63. »Wenn der Schuldner dem Gläubiger seine Leistung vertragsgemäß anbietet, so wird er von seinen Verpflichtungen befreit«.

[288]) 17. Aufl. S. 341. »Wenn in einem Warenkaufvertrag der Verkäufer allen Erfordernissen des Vertrages bezüglich Lieferung genügt und wenn trotzdem der Käufer sich weigert, die Ware anzunehmen, so ist der Verkäufer durch ein solches Erfüllungsangebot befreit und er kann sich gegen eine Klage wegen Vertragsbruchs erfolgreich verteidigen, wie er auch selbst eine solche Klage erheben kann (Startup v. Macdonald, 6 M. & G. 593).«

[289]) Handbook of the Law of Contracts. 3d. ed. (1914) p. 552, n. 239.

[290]) Laws of England, VII, 417.

[291]) § 1809.

[292]) New York Law of Contracts, § 910.

lungsangebot befreit den Schuldner nicht, es berechtigt ihn lediglich in einem späteren Prozeß, in dem er auf Zahlung verklagt wird, Ersatz seiner Prozeßkosten und Auslagen zu verlangen, er kann sich durch gerichtliche Hinterlegung des Geldes von der Schuld befreien und, sofern die Schuld verzinslich ist, hört der Zinsenlauf mit dem Erfüllungsangebot auf[293]). Der Grund für diesen Unterschied ist klar. Die Debt ist eine klagbare Schuld, eine Verpflichtung zur Leistung, die, wie die normale obligatorische Pflicht des deutschen bürgerlichen Rechts nur erlöschen kann durch Erfüllung (oder durch die ihr gleichgestellte gerichtliche Hinterlegung), nicht durch das bloße Angebot. Beim gewöhnlichen Contract verhindert das Erfüllungsangebot des Schuldners, daß er kontraktbrüchig wird und daß so ein Anspruch gegen ihn entsteht, in Debt ist es der vergebliche Versuch, einen bestehenden Anspruch zu tilgen.

III. Order 45 Rule 1 Rules of Supreme Court sieht ein der Forderungspfändung der §§ 828ff. ZPO. ähnliches Verfahren vor, zur Zwangsvollstreckung Forderungen des Schuldners zu pfänden. Aber, die Bestimmung sagt ausdrücklich, daß eine solche Forderungspfändung, Attachment, nur ergreifen kann »debts owing or accruing from such third person (dem sog. Garnishee) to such debtor«. Das heißt: gepfändet werden kann nur eine unbedingt geschuldete Forderung auf eine ziffernmäßig bestimmte Geldsumme. Das bedeutet, daß z. B. Rechte eines Verkäufers gegen seinen Käufer erst gepfändet werden können, wenn der Verkäufer das Eigentum an der Kaufsache an den Drittschuldner übertragen hat, oder wenn gem. Sect. 49 II S. G. A. die Fälligkeit des Kaufpreises unabhängig vom Eigentumsübergang vereinbart war. Der Vertragsschluß selbst erzeugt eben überhaupt keine Forderungen. Ein Anspruch entsteht erst mit der vollständigen Erfüllung (als debt) oder durch einen Vertragsbruch. Aber auch die durch den Vertragsbruch begründete Schadenersatzforderung ist noch illiquide. Pfändbar wird sie erst, wenn ihr Betrag durch Urteil oder durch Vereinbarung der Parteien ziffernmäßig festgestellt, mit andern Worten, wenn eine debt entstanden ist.

B. Die Beispiele zeigen, daß im heutigen Vertragsrecht die Debt immer noch eine Sonderstellung einnimmt. Der Common

---

[293]) Anson 342; Jenks §§ 239, 243, 2; Williston § 1817; B. B. Clark § 910; Curti II 64.

Law Procedure Act, 1852, hat allerdings dem alten Aktionensystem ein formelles Ende bereitet. An Stelle der verschiedenen Verfahrensarten der verschiedenen Aktionen trat ein einheitliches Prozeßverfahren für alle Ansprüche des Common Law und die Judicature Acts 1873/1875 haben die Vereinheitlichung von Gerichtsverfassung und Verfahren auch auf die Equity ausgedehnt. Aber die in den verschiedenen Aktionen ausgebildeten Sätze über Voraussetzungen und Inhalt des zu gewährenden Rechtsbehelfs blieben bestehen und, von der aktionenrechtlichen Einkleidung befreit, nehmen sie endgültig die Gestalt von Sätzen des materiellen Rechtes an. So beseitigte auch die Aufhebung der Actions of Debt und Assumpsit nur prozessuale Formen, nicht auch die in diesen Aktionen ausgebildeten materiellen Rechtssätze. Die Debt bleibt bestehen, nicht mehr als Prozeßform, sondern als Rechtsinstitut des Obligationenrechts. Sie ist die Forderung auf eine ziffernmäßig fest bestimmte, unbedingt geschuldete Geldsumme, die, wenigstens regelmäßig, nicht durch Konsensualkontrakt, sondern nur durch Formal- oder Realkontrakt begründet werden kann. Der regelmäßige Contract dagegen bleibt die durch Konsensual- oder Formalkontrakt begründete Risikoübernahme für die Erbringung einer versprochenen Leistung, wobei Ansprüche erst durch den Vertragsbruch oder die Erfüllung begründet werden.

Daß dieser Unterschied zu einer besonderen Behandlung der Debt in zahlreichen Beziehungen Anlaß gibt, ist selbstverständlich. So nimmt die Debt eine Sonderstellung ein im Prozeßrecht — Ansprüche aus Debt können in summarischem Verfahren geltend gemacht werden[294]) —, im Konkursrecht — Sect. 30 des Bankruptcy Act, 1914 unterscheidet in den Konkursforderungen ausdrücklich zwischen Debts und Liabilities (man beachte diesen Ausdruck!) —, im Recht des Schadenersatzes — beim gewöhnlichen Contract wird, wenigstens der Regel nach, der volle, aus dem Vertragsbruch entstehende Schaden ersetzt, in Debt besteht regelmäßig bei Zahlungsverzug nur ein Anspruch auf gesetzliche Zinsen[295]) —, im Kriegsrecht und von da aus sogar im Rechte des Versailler Vertrages[296]), und schließlich im

---

[294]) R. S. C. O. III, r. 6, O. XIV.

[295]) Mayne's Treatise on Damages, 9th ed. (1920) p. 9. Williston III, S. 2502.

[296]) V. V. Art. 297. Vgl. Rabel, Rechtsvergleichung vor den Gemischten Schiedsgerichten. 1923. S. 51ff.

Recht der Verjährung — nur die Verjährung einer Debt kann durch Anerkenntnis oder Teilzahlung unterbrochen oder nach Ablauf zum Wiederaufleben gebracht werden[297]). Der gewöhnliche vertragliche Anspruch auf Schadenersatz wegen Vertragsbruches muß also vom Gläubiger spätestens sechs Jahre nach dem Vertragsbruch geltend gemacht werden. Eine Unterbrechung der Verjährung durch Anerkennung ist nicht möglich[298])[299]).

13. Kapitel.

Die Vertragslehre der anglo-amerikanischen Theorie.

Ergebnisse und Zusammenfassung.

A. Das Nebeneinander verschiedener Formen des vertraglichen Verpflichtungsinhalts im heutigen anglo-amerikanischen Recht.
  I. Die drei verschiedenen Auffassungen.
    1. Der Vertrag als Risikoübernahme: Regelbegriff des Common Law (Assumpsit).
    2. Der vertragliche Anspruch als »Recht zum Geld«: Ausnahmebegriff des Common Law (Debt).
    3. Der Vertrag als Anspruch auf die versprochene Leistung: Vertragsbegriff der Equity.
  II. Das Nebeneinander der verschiedenen Auffassungen in der Praxis.
    1. Common Law und Equity.
    2. Assumpsit und Debt.

B. Beeinflussung des Regelbegriffes des Common Law (Risikotheorie) durch die romanistische Auffassung der Vertragsobligation als Verpflichtung zur Leistung.
  I. Der Einfluß Bracton's.
  II. Der Einfluß der Equity.

---

297) J. L. Lightwood, The Time Limit of Actions. 1909. p. 329. Indermaur-Wilshere, Law of Contract and Tort, 195. Williston I, S. 383. Siehe o. S. 75/76.

298) Boydell v. Drummond (1809) 11 East. 142; Whitehead v. Howard (1820) 2 Br. & B. 372, Short v. McCarthy (1820) 3 B. & Ald. 626.

299) Eine andere Eigentümlichkeit ist in England seit 1874 (Thomas v. Rex, L. R. 10 Q. B. 31) beseitigt. Ansprüche gegen die Krone (d. h. den Staat) sind im ordentlichen Prozeß nicht klagbar. Der König kann aber die Verfolgung in einem besonderen Verfahren — Petition of Right — gestatten; der Idee nach gnadenweise, wird die Erlaubnis heute ganz allgemein erteilt, aber nur bei vertraglichen Klagen, nicht auch bei Delikten. The Crown can do no wrong. Und bis zu der erwähnten Entscheidung hat dieser Grundsatz die Verfolgung des Staates wegen Vertragsbruchs verhindert, so daß eine Petition of Right nur zur Einklagung einer Debt gewährt wurde. Vgl. G. S. Robertson, Civil Proceedings by and against the Crown. 1908. S. 339; F. Lorck, Englische Fiskalprozesse, 1930, S. 24.

III. Auslandsrecht. Pothier.
IV. Die theoretische Jurisprudenz des 19. Jahrhunderts.
1. Der romanistische Vertragsbegriff der englischen »Jurisprudence«.
2. Die Übernahme dieses Begriffes in den Lehrbüchern des Law of Contract.
V. Die Versuche, den Regelbegriff des Common Law mit den Formeln der Theorie in Einklang zu bringen.
1. Die Theorie von der Primary und Secondary Duty.
2. Versuche einer ernstlichen Auseinandersetzung in den modernsten Lehrbüchern des Law of Contract.
VI. Holmes' Theorie vom Vertrag als Risikoübernahme.

A. I. Unsere Untersuchung hat ergeben:

Im heutigen anglo-amerikanischen Recht bestehen nebeneinander drei verschiedene Formen vertraglicher Verpflichtungsinhalte.

1. Die aus der Action of Assumpsit stammende Form, in welcher durch den obligatorischen Vertrag nicht eine Verpflichtung zur Leistung begründet wird sondern eine Verpflichtung zum Schadenersatz für den Fall der Nichterbringung oder der fehlerhaften Erbringung der versprochenen Leistung. Die durch den Vertrag begründete Schuld ist kein Anspruch, sie ist nur die Voraussetzung für die Entstehung etwaiger Schadenersatzansprüche wegen Vertragsbruchs. Der Vertrag selbst erscheint als Garantie einer in Aussicht gestellten Leistung.

2. Der in der Action of Debt entstandene, auch in der heutigen Terminologie Debt genannte unbedingte Anspruch auf Zahlung einer ziffernmäßig genau bestimmten Geldsumme. Der Anspruch kann regelmäßig — von der durch gerichtliches Urteil, Schiedsspruch oder gerichtlichen Vergleich begründeten Debt of Record abgesehen — nur begründet werden durch Formalkontrakt (Deed) oder durch Realkontrakt; die Begründung durch bloßen Konsensualkontrakt ist, wenigstens der Regel nach, nicht möglich. Ihrer Natur nach erscheint die Debt als ein Anspruch auf Geld, das von Rechts wegen dem Gläubiger gehört und das der Schuldner rechtswidrig zurückbehält. Die Begründung des »Rechts zum Geld« entsteht für den Gläubiger unmittelbar durch den im Vertragsschluß liegenden grant.

3. In Equity wird als Inhalt der vertraglichen Verpflichtung die versprochene Leistung selbst betrachtet, nicht nur ein etwaiger Anspruch auf Schadenersatz wegen Vertragsbruchs. Dies zeigt sich in der Behandlung der Bond und vor allem in dem Rechtsinstitut der Specific Performance.

II. 1. Die Judicature Acts haben die verschiedenen Gerichts- und Prozeßsysteme des Common Law und der Equity vereinigt, nicht aber auch die in diesen beiden Rechtssystemen ausgebildeten materiellen Rechtssätze. Daraus ergibt sich, daß die englischen Gerichte heute nebeneinander auf bestimmte Tatbestände Sätze des Common Law und unter bestimmten Voraussetzungen Sätze der Equity anzuwenden haben, ganz ähnlich, wie wenn das gleiche Gericht auf den gleichen Fall unter bestimmten Voraussetzungen englisches und unter anderen Voraussetzungen deutsches Recht anzuwenden hätte.

Das gleiche Gericht hat also einen Vertrag, den es in der Regel nur als Garantieversprechen zu behandeln hat, in gewissen Fällen so zu behandeln, als ob er unmittelbar eine Verpflichtung zur Leistung begründete.

2. Die historische Entwicklung hat at law die Action of Assumpsit und die aus ihr abgeleiteten Rechtssätze zum Regelfall gemacht. Die Debt mit ihrem unmittelbar aus dem Vertrag entstehenden Zahlungsanspruch erscheint at law als Ausnahme.

B. Aber die Rechtssätze des allgemeinen Vertragsrechts des Common Law lassen sich nicht restlos aus der in Assumpsit begründeten Vertragsauffassung ableiten. Einflüsse anderer Art haben diesen Vertragsbegriff mehrfach gewandelt und in einzelnen Beziehungen Rechtssätze entstehen lassen, die von anderen Voraussetzungen ausgehen.

I. Bracton, der erste Systematiker des Common Law, hat seiner Darstellung des Obligationenrechts römisch-rechtliche Auffassungen zugrunde gelegt, da das heimische Recht seiner Zeit eigene Rechtssätze über dieses Gebiet noch nicht enthielt. Die Wiedererweckung Bracton's durch Edward Coke läßt einzelne der von Bracton dargestellten römisch-rechtlich fundierten Regeln ihren Eingang in das von anderen Voraussetzungen ausgehende Common Law finden: die Unmöglichkeitslehre der Bond, die Haftung aus Bailment. Lord Holt führt diese Richtung weiter und entwickelt für die Bailments ein im wesentlichen römisch-rechtlich begründetes Haftungssystem, das im 19. Jahrhundert die durch Lord Blackburn eingeleitete neue allgemeine Unmöglichkeitslehre wesentlich beeinflußt.

II. Die Rechtsprechung der Equity zu den Fällen der Bond wird durch die Gesetzgebung in das Common Law übernommen und führt zu dem Rechtssatz von der Nichtigkeit eines Vertragsstrafeversprechens und trägt bei zur Ausbildung der Lehre von der anfänglichen Unmöglichkeit.

III. Die Zusammenfassung der einzelnen zur Entstehung einer obligatorischen Verpflichtung führenden Tatbestände in der Considerationlehre und die Entstehung eines allgemeinen Kontraktbegriffes in der Lehre von der Begründung der obligatorischen Verpflichtung führt hier zu einem Rechtszustand, der von den auf römisches Recht gegründeten Rechtsordnungen des europäischen Kontinents, dem Civil Law, nicht mehr viel abweicht. Hier wie dort führt die Willenseinigung als wesentliches Moment zur Begründung obligatorischer Verpflichtungen. Dies gibt dem unhistorisch, naturrechtlich eingestellten Rechtsdenken des 18. Jahrhunderts Anlaß, den Unterschied im Inhalt der vertraglichen Verpflichtungen zu übersehen. Unter dem Einfluß ausländischen Rechtsdenkens gibt Lord Mansfield seiner neuen Lehre vom funktionellen Synallagma in der Lehre von der Failure of Consideration eine theoretische Unterlage, die von einer Vertragsauffassung ausgeht, nach welcher der Inhalt der Vertragspflicht in der Leistung selbst besteht und nicht nur in einem Schadenersatzversprechen. Das Bewußtsein für den Unterschied der Grundauffassungen des Common Law von denen des Civil Law tritt soweit zurück, daß Lord Blackburn, der Begründer der modernen Unmöglichkeitslehre, an einen allgemeinen, über den einzelnen positiven Rechten stehenden Vertragsbegriff glauben und Rechtssätze Pothier's in das Common Law übernehmen kann.

Diese Wandlungen in der Auffassung der vertraglichen Verpflichtung hängen damit zusammen, daß das C. L. sich aus einem Aktionenrecht in ein Systemrecht entwickelt[300]) und daß

300) Für ein »Aktionenrecht« ist ein »Recht« nur vorhanden, wo eine Actio besteht, »ubi remedium, ibi ius«; »Where there is a remedy, there is a right«. »Das subjektive Recht ist der Ausfluß des Klagerechts« (Windscheid, Die Actio des römischen Zivilrechts, 1856). Für eine Betrachtungsweise, die nicht mehr nur einzelne Tatbestände und ihre rechtlichen Folgen betrachtet, sondern versucht, das Recht als eine in sich geschlossene Ordnung, als ein System von Normen zu erfassen, für ein »Systemrecht«, ist der Ausgangspunkt der Betrachtung nicht das Klagerecht, sondern das »subjektive Recht«, »die Macht die Imperative des Rechts wirksam werden zu lassen« (Definition von Goldschmidt, Prozeß als Rechtslage, S. 233), zu welchem der Rechtsschutzanspruch hinzutreten kann, nicht aber notwendig hinzutreten muß. Der Begriff »unklagbare Rechte« kann nur in einem System entstehen oder doch in einem Recht, das sich auf dem Wege dazu findet. Die Auffassungen, die in der vertraglichen Obligation des Common Law eine Verpflichtung zu der versprochenen Leistung erblicken und diese Verpflichtung zum Gegenstand von Rechtssätzen machen,

demgemäß die Betrachtung der Klagerechte in den Hintergrund, die der zugrunde liegenden materiellen subjektiven Rechte in den Vordergrund tritt. Erst mit dieser grundlegenden systematischen Wandlung wird es möglich, das zwischen Gläubiger und Schuldner vor Vertragsbruch bestehende Verhältnis als — unklagbares — subjektives Recht aufzufassen. Bezeichnend ist, daß erst nach Eintritt dieser Wandlung, seit der Mitte des 19. Jahrhunderts, die Beteiligung dritter Personen am Vertragsbruch des Schuldners, insbesondere die Verleitung zum Vertragsbruch, als Delikt erscheint[301]). Erst jetzt ist die Vorstellung möglich, ein Dritter, der in das Obligationsverhältnis eingreift, verletze ein »Recht« des Gläubigers, einen — allerdings unklagbaren — Anspruch. Dem Schuldner steht es, trotz der Unklagbarkeit, nicht frei, zu erfüllen oder Schadenersatz zu zahlen, die Nichterfüllung erscheint als Unrecht, als Verletzung eines subjektiven Rechts.

IV. Diese Entwicklung wird gefördert und unterstützt durch die im 19. Jahrhundert in England neu entstehende theoretische Rechtswissenschaft, die gleichzeitig ihre Folge und Ursache ihres weiteren Fortgangs ist. Mit Beginn des Jahrhunderts weicht die lange Stagnation, in der sich das Common Law fast das ganze 17. und 18. Jahrhundert hindurch befunden hatte. Blackstone hatte das Common Law in seinen Commentaries noch als den höchsten Gipfel menschlicher Weisheit und Vollendung gepriesen. Mit seinem jüngeren Zeitgenossen Jeremy Bentham setzt die Kritik ein[302]). Und mit Bentham beginnt nicht nur das Zeitalter der tiefgreifenden praktischen Reformen, sondern auch einer philosophischen und theoretischen Rechtsbetrachtung[303]). Eine neue Wissenschaft der theoretischen Jurisprudenz

betrachten nicht mehr ein Klagerecht, sondern ein — unklagbares — subjektives Recht. Sie bewegen sich in den Denkformen eines Systemrechts, nicht mehr in denen eines Aktionenrechts.

[301]) Vgl. Rheinstein, Verleitung zum Vertragsbruch. Rhein. Z. 14. 60ff.

[302]) A Fragment on Government, or a Comment on the Commentaries: Being an Examination of what is delivered on the subject of Government in general in the Introduction to Sir William Blackstone's Commentaries. With a Preface, in which is given a Critique on the Work at large. 1776.

[303]) Vgl. Ch. M. Atkinson, Jeremy Bentham. His Life and Work. London 1905; I. F. Dillon. Bentham's Influence in the Reforms of the 19th. Cent., Sel. Ess., 1. 492, Bowen. Progress in the Administration of Justice during the Victorian Period, Sel. Ess., 1. 516; Dicey.

tritt in Erscheinung, eine Verbindung von Rechtsphilosophie, Allgemeiner Rechtslehre, Quellenlehre und Rechtsvergleichung[304]).

1. Die ersten Vorlesungen des wiedererwachenden Rechtsunterrichts der Inns of Court betreffen Jurisprudence[305]), das 1826 neugegründete University College of London nimmt Jurisprudence in seinen Lehrplan auf und beruft John Austin zum ersten Inhaber des Lehrstuhls. Seine Vorlesungen finden allerdings so wenig Anklang, daß er sie schon nach einem Jahr wieder aufgibt. Auch seine Vorlesungstätigkeit im Middle Temple, der ihn 1834 mit der Abhaltung von Vorlesungen über Jurisprudence betraut, endet mit einem gleichem Mißerfolg und die erste, 1832 erfolgte Ausgabe seines Werkes, The Province of Jurisprudence dertermined, bleibt so gut wie unbeachtet[306]). Aber, um die vierziger Jahre ändert sich das Bild. Jurisprudence wird offizieller, anerkannter Lehrgegenstand und die folgenden Jahrzehnte bringen eine Fülle an Literatur[307]).

Law and Public Opinion in England during the 19th. Cent., John Stuart Mill. Essay on Bentham and Coleridge, Dissertations and Discussions. I. 330, 393; W. H. Alexander, Jeremy B., Legal Philosopher and Reformer. New York University Law Quart Rev. 7 (1929) 141 ff., 465 ff.

[304]) Vgl. Middle Temple, Report of the Committee on Legal Education (1845), wo die Einrichtung von Vorlesungen über »Jurisprudence« empfohlen wird. »By the term 'Jurisprudence' the Committee mean to indicate general Jurisprudence, as distinguished from the particular Jurisprudence of any individual Nation, and which .... they would divide into positive Jurisprudence, or the philosophy of positive Law, and comparative Jurisprudence, or the exhibition of the principles of positive Law in an embodied form, by a comparison of the Jurisprudence of modern Nations.« S. auch Beale, The Development of Jurisprudence during the 19th. Cent., Sel. Ess., 1. 558. Unter Jurisprudence verstehe ich: »... the whole body of law of European and American nations, regarded as a philosophical system or systems, in short, the science of justice, as practised in civilized nations.«

[305]) Vgl. oben S. 136.

[306]) Dieser Mißerfolg veranlaßt Austin zu dem Ausspruch: »I was born out of time and place. I ought to have been a schoolman of the 12th century — or a German professor«.

[307]) George Long, Jurisprudence. Two Discourses delivered in the Middle Temple Hall. 1847. J. Reddie, Inquiries into the science of law 1847; J. G. Phillimore, Principles and Maxims of Jurisprudence. 1856. Ch. S. Phillipps, Jurisprudence 1863. G. Harris, Principia prima legum; or an enunciation and analysis of the elementary principles of law in its several departments. 1865. D. C. Heron, An Introduction to the History of Jurisprudence. 1860. Amos, The Science of Jurisprudence. 1872. D. C. Heron, The Principles of Jurisprudence. 1873. Will. Markby, Elements of Law. 1871. H. Broom, The Philosophy of Com-

Eng verbunden mit dieser neuen theoretischen Rechtswissenschaft erscheint eine intensive Beschäftigung mit römischem Recht. Jurisprudence und Civil Law werden zuerst Lehrgegenstände in den Inns of Court. Savigny[308]) und Thibaut[309]) werden ins Englische übersetzt.

Die Vertreter der neuen Jurisprudence sind durchweg im römischen Recht und in den Begriffen der deutschen Pandektenwissenschaft geschult. Austin hat in Bonn Vorlesungen bei Niebuhr, Brandis, Schlegel, Arndt, Welcker, Mackeldey und Heffter gehört, Rattigan ist Göttinger Doktor, Phillimore und Clark sind Romanisten, Long und Broom Doktoren des römischen Rechts. Kein Wunder, daß diese Autoren die Begriffe ihrer allgemeinen Rechtswissenschaft dem römischen Recht und der deutschen Pandektenwissenschaft entnehmen, vor allem Savigny, und daß sie ganz besonders, durch den Gleichklang des Wortes verführt, den Obligations- und Kontraktsbegriff des Pandektenrechts als allgemeinen, über den einzelnen positiven Rechten stehenden Begriff auffassen[310]).

Austin sieht natürlich, daß Debt im Sprachgebrauch des Common Law einen engeren Sinn hat als Debitum im Pandektenrecht, aber er erklärt diese Bedeutung für zu eng und unzutref-

---

mon Law. 1876. T. E. Holland, The Elements of Jurisprudence. 1880. E. C. Clark, Practical Jurisprudence. A Comment to Austin. 1883. F. Pollock, Jurisprudence and Ethics. 1882. F. Pollock, First Book of Jurisprudence. 1896. Lightwood, Nature of Positive Law. 1883. W. H. Rattigan, The Science of Jurisprudence. 1888. J. Salmond, Jurisprudence. 1902. Austin's Werk selbst erscheint in erweiterter dreibändiger Ausgabe 1861—63 unter dem Titel »Lectures on Jurisprudence« und seitdem in vielen Neuauflagen. Auch die beiden andern führenden Werke von Holland und Salmond haben zahlreiche Neuauflagen erlebt (Holland 13. Aufl. 1924, Salmond 7. Aufl. 1928).

308) Geschichte des römischen Rechts im Mittelalter. Übersetzung von Cathcart 1829. System des heutigen römischen Rechts. Übersetzung von Holloway 1867.

309) N. Lindley (der spätere Law Lord). An Introduction to the Study of Jurisprudence, being a translation of the General Part of Thibaut's System des Pandektenrechts. 1855.

310) Vgl. hier das Zitat aus Savigny auf dem Titelblatt von Sir Fr. Pollock's Principles of Contract und die von G. Hartmann (Arch. f. ziv. Pr. 77, 163) erwähnte Bemerkung in der Vorrede zu Wharton's Commentary on the law of contracts (Philadelphia 1882, Bd. I, S. V), wo der große Einfluß Savigny's und der deutschen Pandektenwissenschaft in England und Amerika hervorgehoben wird. S. auch E. Heymann b. Holtzendorff-Kohler II 295.

fend[311]). In nachgelassenen Notizen bezeichnet er einen Contract als »A Right to an act, an endurance, or a forbearance on his part«. Und zum Nachweis bezieht er sich auf Gaius II 85 und Traités — gemeint ist Pothier — II p. 165[312]). G. Long erklärt in der Disposition zu seinem Vorlesungskurs über Jurisprudence[313]): »Die verschiedenen Arten von Vertragsobligationen des römischen Systems sollen erklärt und mit denen des englischen Systems verglichen werden, insbesondere in denjenigen Gegenständen, in denen für beide Systeme die gleichen Grundsätze gelten wie beim Kauf(!), bei der Miete, der Gesellschaft usw.« Und Lindley konnte die bereits erwähnte Behauptung aufstellen, der Satz »Impossibilium nulla est obligatio« gelte auch im englischen Recht.

2. Für all diese Schriftsteller ist selbstverständlich, daß der Inhalt der Vertragsobligation eine Verpflichtung zu der vereinbarten Leistung ist und diese Anschauung geht in die Lehrbücher des Vertragsrechts über. Das meist benutzte Studentenbuch über Law of Contract, Anson's Principles of English Law of Contract, das 1929 in 17. Aufl. erschienen ist, baut seine Vertragsdefinition ganz auf romanistischen Begriffen auf. Vertrag ist die Verbindung von Agreement und Obligation. Letztere »besteht in der Kontrolle, welche eine Person über das Verhalten einer andern ausüben kann. Die Parteien sind so aneinander gebunden durch ein Band, das die römischen Juristen vinculum iuris nannten und das solange dauert oder dauern soll, bis die Gegenstände der Kontrolle befriedigt sind, wenn ihre Erfüllung eine solutio obligationis bewirkt, ein Lösen des rechtlichen Bandes...

Die Verpflichtungen (liabilities) der Obligation beziehen sich auf bestimmte Handlungen oder Unterlassungen. Die Freiheit der gebundenen Person ist beschränkt, wenn auch nur in Bezug auf eine bestimmte Handlung oder eine bestimmte Reihe oder Klasse von Handlungen. Wenn ich z. B. vereinbare, für A. zu einer bestimmten Zeit und zu festem Lohn Dienste zu leisten, so ist meine allgemeine Freiheit beschränkt durch das besondere Recht des A. auf Erfüllung der vereinbarten Dienste, und er ist in gleicher Weise verpflichtet, die Leistung anzunehmen und die vereinbarte Entlohnung zu bezahlen.«

---

311) II. 152 (1. Aufl.).
312) III. 127ff.
313) S. 116.

In ähnlicher Auffassung bezieht sich das viel benutzte Nachschlagewerk von Addison[314]), das 1911 in 11. Auflage erschien, in seiner Vertragsdefinition ganz einfach auf Pothier: »A contract is defined by Pothier to be 'an agreement by which two parties mutually promise and engage, or one of them only promises and engages to the other, to give some particular thing, or to do or abstain from doing some particular act.' (Pothier, Traité des Obligations). Every contract includes a concurrence of intention between two parties, one of whom promises something to the other, who on his part accepts such promise; but it does not necessarily include a mutuality or reciprocity of contract or liability.« Ganz ähnlich sind die Definitionen von Chitty[315]) und Story[316]).

Für Juristen, die an Hand dieser Lehrbücher ihre Ausbildung empfangen, muß die romanistische Auffassung, nach welcher die Obligation stets unmittelbar auf die versprochene Leistung gerichtet ist, zur Selbstverständlichkeit werden. So ist es kein Wunder, daß diese Auffassung in den Unmöglichkeitsbestimmungen des S. G. A. zum Ausdruck kommt und daß der indische Contract Act von 1872, der erklärtermaßen englisches Common Law wiedergeben soll, in seinem Gesamtaufbau von dieser romanistischen Auffassung ausgeht[317]).

V. 1. Diese Lehre, daß Inhalt des Vertrages die vereinbarte

---

[314]) A Treatise on the Law of Contract, S. 1.

[315]) Treatise on the Law of Contracts, 17 th. Ed. by W. Wyatt-Paine (1st Ed. 1826) S. 2: »The general term Contract comprises every description of agreement, obligation, or legal tie, whereby one party binds himself, or becomes bound, expressly or impliedly to another, to pay a sum of money, or to do, or omit to do any particular act.«

[316]) W. W. Story, A Treatise on the Law of Contracts, 5th. Ed. by M. M. Bigelow, Boston 1874. S. 1: »A contract is a deliberate engagement between competent parties, upon legal consideration, to do, or to abstain from doing, some act«.

[317]) Vgl. insbes. Sect. 56 II: »A contract to do an act which, after the contract is made, becomes impossible, or, by reason of some event which the promisor could not prevent, unlawful, becomes void when the act becomes impossible or unlawful«. Ein anderes Beispiel für das Eindringen der romanistischen Vertragsauffassung in die Rechtsprechung ist die Entscheidung von Kekewich, J. in Foster v. Wheeler, (1887) 36 Ch. D. 695; 57 L. J. Ch. 149; 58 L. T. R. 22, wo auf Grund der Pothier'schen Definition, daß Inhalt des Vertrages eine bestimmte Leistung sei, ein auf Eingehung eines Vertrages gerichteter Vorvertrag für ungültig erklärt wird, da hier die den Gegenstand des Vertrages bildende Leistung zu unbestimmt sei.

Leistung ist, muß dazu führen, diese Pflicht zur primären des Vertrages zu erklären, deren Verletzung eine sekundäre Pflicht zum Schadenersatz entstehen läßt. So schreibt z. B. Markby[318]): »We frequently come across the expression 'liability ex contractu'. This signifies the condition of a person who is under the primary duty to perform a contract. If he fails to do so he comes under another liability — namely, under the duty to make compensation.« Diese Konstruktion findet sich bei Anson[319]) und sogar bei Pollock[320]). Ihre begrifflich schärfste Fassung findet sie bei Holland, der ganz allgemein unterscheidet zwischen rights antecedent und rights remedial. Die ersteren bestehen, bevor irgendeine rechtswidrige Handlung oder Unterlassung begangen ist, wie z. B. das Eigentum. Die letzteren werden nur als Ersatz für rights antecedent gegeben, deren Ausübung verhindert worden ist, oder sich als nichtdurchführbar herausgestellt hat[321]). Die beiden Arten von Rechten zerfallen wieder in rights in rem und rights in personam. Den antecedent rights in personam entspricht der römische Ausdruck obligationes ex contractu. Bei den remedial rights entspricht die Einteilung der in obligationes ex delicto und »obligations arising from breach of contract, for which last there exists no technical latin term«. Nach diesen Begriffsbestimmungen fährt Holland fort: »Wenn wir so auch vorschlagen, allgemein zwischen Gegenständen zu unterscheiden, die sonst unter dem gemeinsamen Begriff obligations zusammengefaßt werden, so können wir doch vollen Gebrauch von der wundervollen Analyse machen, die in der Geschichte der juristischen Spekulation ein so wichtiger Faktor war: »obligationum substantia, sagt Paulus an einer wohlbekannten Stelle, non in eo consistit ut aliquod corpus nostrum faciat, sed ut alium nobis obstringat ad dandum aliquid vel faciendum vel praestandum« (Dig. 44. 7. 3. pr.). Noch besser bekannt ist die Definition der obligatio als »juris vinculum quo necessitate adstringimur alicuius solvendae rei, secundum nostrae civitatis iura« (Inst. III 13). In der volleren Sprache von Savigny ist eine Obligation »die Kontrolle über eine andere Person, aber nicht in allen Beziehungen, sondern nur über ein-

---

318) Elements of Law, 1st Ed. 1871, 6th. Ed. 1906.

319) 17th. Ed. p. 17.

320) on Contract, 9th. Ed., wo S. 303 vom primary right des Gläubigers auf Erfüllung gesprochen wird.

321) 13th. Ed. p. 147, 148.

zelne Handlungen, die als ihrem freien Willen entzogen zu betrachten und unserm Willen unterworfen sind« (Obligationenrecht I 4). Oder, nach Kant »Der Besitz des Willens eines andern als ein Mittel durch meinen eigenen Willen gemäß dem Gesetz der Freiheit, ihn zu einer bestimmten Handlung zu bestimmen« (Rechtslehre, Werke 7. 70). Eine Obligation ist, wie dieEtymologie des Wortes andeutet, ein Band, wobei eine Person gebunden ist, eine Handlung zugunsten einer andern zu vollführen.«[322]). Die Auffassung des amerikanischen Bundesrichters Holmes, daß die Obligation nach Common Law nichts anderes sei als die Übernahme eines Risikos[323]), wird ausdrücklich abgelehnt, sie sei eine Inversion, die Erfüllung oder Nichterfüllung eines Vertrages stehe ebensowenig im Belieben einer Partei, wie es ihrem Belieben anheimgestellt sei, eine unerlaubte Handlung zu begehen[324]).

In der Lehre von der primary und secondary duty liegt die gleiche Unterscheidung wie in der Schuld-Haftungslehre. Aber während letztere in hervorragendem Maße geeignet ist, der historischen Erkenntnis zu dienen, ist die erstere keineswegs geeignet, den dogmatischen Einblick in die Struktur des geltenden englischen Rechts zu fördern.

Aber die Konstruktion ist bezeichnend für die Wandlung der Rechtsauffassung. Nicht mehr die actio steht im Mittelpunkt der rechtsdogmatischen Betrachtung, sondern das subjektive Recht. Aber auch eine solche gewandelte Auffassung darf nicht übersehen, daß das durch den Vertrag begründete subjektive Recht im Common Law wesentlich anderer Art ist als im Civil Law, sie darf nicht, wie die Hollandsche Lehre dies tut, den Unterschied verdunkeln. Das Präjudiziensystem des Common Law bringt mit sich, daß trotz der Wandlungen in den theoretischen Auffassungen die praktischen Lösungen aus der Zeit des Aktionensystems bestehen bleiben, zwar von Ausnahmen durchbrochen, aber doch immer noch die Grundlage des Systems bildend[325]).

---

322) S. 244.

323) S. unten S. 245ff.

324) S. 261.

325) International-privatrechtlich hat dies zur Folge, daß bei inhaltlich englischem Recht unterliegenden Verträgen nur in solchen Fällen auf Leistung verurteilt werden kann, in denen das englische Recht selbst einen materiellrechtlichen Leistungsanspruch kennt, also nur dann, wenn eine Debt vorliegt oder wenn ein englisches Gericht Specific Performance gewähren würde. Die Annahme des deutschen Reichsgerichts, die Unmöglich-

2. Die Jurisprudence des 19. Jahrhunderts hat die alte Assumpsit-Auffassung in den Hintergrund treten lassen, aber sie ist nicht vollständig verschwunden und in den neuesten Darstellungen des Vertragsrechts tritt sie wieder in Erscheinung. Pease & Landon erklären in der Einleitung zu ihrem 1925 erschienenen Law of Contract: »It seems to us that there has been a tendency in recent years to overload elementary text-books on the common law with the theories of continental jurisprudence, which, while they are admittedly an essential element in a complete legal education, are often difficult to fit our own exceedingly empirical system«[326]). So vermeiden sie jede theoretische Formulierung einer Vertragsdefinition und erklären einfach, jeder Vertragsbruch gebe Anlaß zu einem Anspruch auf Schadenersatz[327]).

Ähnlich vorsichtig sind Indermaur-Wilshere[328]), die aber noch weiter gehen und ausdrücklich auf den Unterschied zwischen Assumpsit und Debt hinweisen und, wenn sie diesen im wesentlichen auch als historische Reminiszenz abtun, so müssen sie doch zugeben, daß er in gewissen Beziehungen auch heute noch von Bedeutung ist.

Ausführlicher äußert sich Sir John Salmond[329]) in dem gegenwärtig modernsten Lehrbuch des Vertragsrechts. In der Untersuchung des möglichen Inhalts vertraglicher Bestimmungen unterscheidet er im Anschluß an die alte Terminologie zunächst zwischen Undertakings und Conditions[330]). Die ersteren sind zum Wesen eines Vertrages notwendig, die letzteren nicht. Die Undertakings können nach Salmond wiederum von zweierlei Art sein. Erstens Promises, das sind Undertakings to do a certain act; zweitens, Warranties, das sind Undertakings that a certain fact exists, or that a certain event has occurred. Diese Unterscheidung macht Salmond, obwohl, wie er ausdrücklich erklärt, beide Arten von Undertakings die gleichen Wirkungen haben.« Whether a breach of the contract consists in the breach of an undertaking which amounts to a promise, or in the breach of an undertaking which

keit der Verurteilung zur Leistung sei im englischen Recht nur prozessual begründet und nicht materiellrechtlich (RGZ. 46. S. 199), ist unrichtig.

326) p. V.

327) S. 234.

328) The Principles of the Law of Contracts and Torts, 2nd Ed. 1927 p. 195.

329) Salmond and Winfield, Principles of the Law of Contracts.

330) S. 29.

amounts to a warranty, the result is an obligation to pay damages to the other party by way of compensation for the breach«[331]). Mit dieser Feststellung ist das Wesentliche des Obligationsbegriffs des Common Law erfaßt. Trotzdem will Salmond an dem Unterschied zwischen promise und warranty festhalten. Bei den ersteren soll eine primary duty auf Erfüllung bestehen, bei den letzteren nicht[332]). Aber er fühlt selbst, daß diese Konstruktion ein bloßes Gedankenspiel bleibt, wenn sie nicht irgendwelche praktischen Rechtsfolgen äußert. Als solche kann er aber nur zwei nennen: Die Möglichkeit der specific performance in gewissen Fällen und vor allem, der Bruch eines Vertrages sei eine unerlaubte Handlung, die Rechtsordnung gebe kein Wahlrecht zwischen Erfüllung oder Schadenersatz, sondern sie betrachte den Vertragsbruch als Unrecht, für das sich der Schuldner rechtfertigen müsse.

Das erste Beweismoment stammt aus dem Recht der Equity und Salmond berücksichtigt nicht, daß in Equity eine andere Auffassung vom Wesen des Vertrages herrschen könne als at law. Auch ist er von der Vorstellung eines allgemein gültigen Vertragsbegriffes beherrscht. Das zweite Argument ist richtig; aber es gehört einer Rechtsauffassung an, die in der praktischen Ausgestaltung der Rechtssätze des C.-L. sich zwar äußert, sich aber doch nicht durchgesetzt hat und die, solange dies nicht der Fall ist, nur einen Blick auf die hinter der positiven Rechtsordnung stehenden allgemeineren Maximen und Grundsätze eröffnet. Sie gibt nur das Motiv an, das für die Rechtsordnung bei der Ausgestaltung ihrer positiven Sätze maßgebend war. Ob eine Vertragsverletzung als »Unrecht« betrachtet wird, sagt noch nichts über die rechtliche Konstruktion. Sollte aber Salmond sein Argument daraus herleiten wollen, daß den Schuldner die Beweislast trifft, wenn er seine Entlastung von der vertraglichen Haftung dartun will, so läßt sich eine derartige Rechtslage mit der Risikotheorie ebensogut rechtfertigen. Der Schuldner hat darzutun, daß die zugesagte Erfüllung durch ein Ereignis verhindert worden ist, für das er die Garantie ausgeschlossen hat.

---

331) S. 31.

332) »A promise, as opposed to a warranty, creates two distinct obligations — first, an obligation to do the act promised, and secondly an obligation to pay damages, if it is not done. But a warranty creates only an obligation — namely that of paying damages if the warranty is broken«.

VI. Die Auffassung, daß der obligatorische Vertrag at law als Übernahme eines Risikos zu betrachten ist, wird konsequent nur von dem amerikanischen Bundesrichter Holmes vertreten[333]: »Eine Versicherung, daß es morgen regnen solle, oder daß ein Dritter ein Bild malen solle, ist ebensogut ein Versprechen wie, daß der Gläubiger von irgendwoher 100 Ballen Baumwolle empfangen oder daß der Schuldner dem Gläubiger 100 $ zahlen solle. Was ist der Unterschied zwischen diesen Fällen? Er liegt ausschließlich in dem Grade der Macht, die der Schuldner über diese Ereignisse hat. Er hat keinerlei Macht in den erstgenannten Fällen. Er hat wenig Rechtsmacht, jemanden zu veranlassen, ein Bild zu malen, wenn er auch allerhand Mittel der Überredung haben mag. Er wird aber jedenfalls ermöglichen können, daß der Gläubiger seine Baumwolle bekommt. Ist er ein reicher Mann, so ist er, von ganz unwahrscheinlichen Zufällen abgesehen, sicher, die 100 $ zahlen zu können.«

»Aber die Rechtsordnung untersucht im allgemeinen nicht, wie weit die Erfüllung einer zukünftigen Versicherung in der Macht des Schuldners steht. Auf dem Gebiete der Moral mag die Verpflichtung aus einem Versprechen auf dasjenige beschränkt sein, was innerhalb des Willensbereiches des Schuldners liegt — den Fall ausgenommen, daß die Grenze dem einen Teil unbekannt und vom andern falsch dargestellt ist. Aber, soweit nicht Erwägungen des öffentlichen Interesses eingreifen, nehme ich an (I take it), daß jemand sich rechtlich binden kann, daß ein zukünftiges Ereignis irgendwelcher Art eintreten soll. Er kann es daher im Rechtssinn versprechen. Wenn jemand vereinbart, es soll morgen regnen oder A. soll ein Bild malen, so kann man sagen, er erkläre nur in abgekürzter Form: »Ich will zahlen, wenn es nicht regnet oder wenn A. das Bild nicht malt«. Aber dies ist nicht notwendig so. Ein Versprechen kann leicht so formuliert werden, daß es als gebrochen erscheint beim Eintritt guten Wetters oder wenn A. das Bild nicht malt. Ein Versprechen ist daher einfach eine vom andern Teil angenommene Versicherung, daß ein bestimmtes Ereignis oder ein bestimmter Stand der Dinge zupasse kommen soll.«

»Aber, wenn dies richtig ist, so hat es wichtigere Folgen als eine einfache Erweiterung der Definition des Wortes promise. Es betrifft die Theorie des Vertrages. Die Folgen eines bindenden

[333]) The Common Law. London 1882 S. 298ff.

Versprechens werden nach Common Law nicht beeinflußt durch den Grad der Macht, den der Schuldner über das versprochene Ereignis besitzt. Wenn das versprochene Ereignis nicht eintritt, so wird das Vermögen des Schuldners verkauft, um, innerhalb gewisser Grenzen, den Schaden zu ersetzen, den der Gläubiger infolge des Ausfalls erlitten hat. Die Folgen sind der Art nach gleich, ob versprochen war, daß es regnen soll oder daß ein Dritter ein Bild malen oder daß der Schuldner einen Ballen Baumwolle liefern soll.«

»Wenn die Rechtsfolgen in allen Fällen gleich sind, so erscheint es angemessen, alle Verträge vom gleichen Gesichtspunkt zu betrachten. Beim bindenden Versprechen, daß es morgen regnen soll, ist die unmittelbare Folge dessen, was der Schuldner tut, daß er innerhalb gewisser Grenzen zwischen sich und dem Gläubiger das Risiko dieses Ereignisses übernimmt. Wenn er verspricht, einen Ballen Baumwolle zu liefern, tut er nicht mehr.«

»Ist es richtig, die Bedeutung von Versprechen und Vertrag im Sinne des Common Law derart zu formulieren, so hat dies den Vorteil, die Vertragslehre von der überflüssigen Theorie zu befreien, nach der ein Vertrag die qualifizierte Unterwerfung eines Willens unter einen andern sein soll, also eine Art beschränkter Sklaverei. Eine solche Betrachtung mag möglich sein, wenn das Recht die Erfüllung von Verträgen erzwingt, oder wenn es einem Gläubiger erlaubt, einen solchen Zwang auszuüben. Wenn jemand verspricht, für einen anderen zu arbeiten, und das Recht zwingt ihn, dies zu tun, so mag die Beziehung zwischen ihnen mit einer gewissen Richtigkeit eine Sklaverei ad hoc genannt werden. Aber gerade dies tut die Rechtsordnung niemals. Sie greift nie ein, bevor ein Versprechen gebrochen ist, und solange es seinem Wortlaut nach noch erfüllt werden kann. Gewiß, in manchen Fällen gewährt die Equity eine sogenannte specific performance. Aber, erstens spreche ich hier vom Common Law und zweitens bedeutet dies nur, daß die Equity die Erfüllung gewisser einzelner, der Erfüllung noch möglicher Elemente des Vertragsversprechens erzwingt. So wird z. B. bei einem Versprechen, ein Grundstück innerhalb gewisser Frist zu übereignen, ein Equitygericht nicht vor Ablauf dieser Frist eingreifen, so daß also das Versprechen nicht mehr so erfüllt werden kann, wie es gemacht war. Wenn aber die Übereignung wichtiger ist als ihr Zeitpunkt und wenn der Gläubiger vorzieht, sie lieber später zu bekommen als gar nicht, so mag die Rechtsordnung eine solche Erfüllung erzwingen; allerdings, auch in diesem Falle nicht wörtlich erzwingen, sondern nur den Schuldner solange einsperren, bis er zur Übereignung willens ist. Dieser Rechtsbehelf ist eine Ausnahme. Die einzige allgemeine Folge eines rechtlich bindenden Versprechens ist, daß das Recht den Schuldner Schadenersatz zahlen läßt, wenn das versprochene Ereignis nicht eintritt. Jedenfalls verrschont es ihn von jeder Einmischung solange, bis die Zeit der Erfüllung vorübergegangen ist, und demgemäß läßt es ihm auch die Möglichkeit, den Vertrag zu brechen, wenn er dies tun will.«

Holmes deutet an, daß diese Lehre auch den Schlüssel für die Berechnung des vertraglichen Schadenersatzes bilde[334]). Zum Schlusse gibt er allerdings zu, daß praktisch vertragschließende Parteien im Zeitpunkt des Vertragsschlusses üblicherweise nicht an einen Vertragsbruch dächten, sondern an die Erfüllung. Aber, dies sei eine psychologische Erwägung, die die rechtliche Konstruktion des Vertrages, wie sie sich aus den einzelnen Sätzen des Common Law ergibt, nicht ändere.

Die Ausführungen von Holmes sind die einzige konsequente, auf die Betrachtung der wirklichen Gestaltung des Common Law aufgebaute Konstruktion. Aber, sie geht über das Ziel hinaus, sie übersieht, daß die auf dem Wesen der alten Action of Assumpsit aufgebaute Auffassung nicht nur nicht in Equity gilt, sondern auch nicht ausnahmslos für das Common Law. Sie übersieht den Unterschied zwischen Assumpsit und Debt und sie übersieht weiter, daß die Auffassung, die das Wesen der kontraktlichen Verpflichtung im Erfüllungsanspruch erblickt, zu verschiedenen Zeiten und in zahlreichen Punkten in das Vertragsrecht des Common Law Eingang gefunden hat. Eine klare Einsicht in das Wesen der vertraglichen Verpflichtung des angloamerikanischen Rechts kann nur dann gewonnen werden, wenn die einzelnen positiven Sätze historisch und dogmatisch daraufhin untersucht werden, welche Auffassung ihnen unterliegt.

Eine solche Untersuchung ist hier versucht worden und sie hat zu dem Ergebnis geführt, daß dem Vertragsrecht des heutigen anglo-amerikanischen Rechts keine einheitliche Theorie zugrunde liegt, daß nicht nur die alten Unterschiede zwischen Law und Equity noch fortbestehen, daß auch im Common Law

---

[334]) Vgl. oben S. 158f.

selbst die aus dem alten Actionensystem abgeleiteten Unterschiede noch nicht erloschen sind. Der Regelbegriff des Common Law ist die aus Assumpsit abgeleitete Auffassung vom Vertrag als Übernahme eines Risikos. Aber die romanistische Auffassung vom Wesen des Vertrages als Verpflichtung zur Erfüllung hat diesen Begriff modifiziert und ihn in neuerer Zeit, wenigstens für die theoretische Betrachtung, in den Hintergrund treten lassen. Das Präjudiziensystem hat verhindert, daß die im 19. Jahrhundert theoretisch herrschend gewordene Auffassung die Grundlagen wesentlich verändert hat. Die fundamentalen Rechtssätze sind in Zeiten entwickelt worden, in denen die Action of Assumpsit noch lebendig war. Aber die alten Unterschiede haben angefangen, sich abzuschleifen und Materien, die erst in neuerer Zeit besondere Bedeutung gewonnen haben, wie vor allem die Unmöglichkeitslehre, sind nach der romanistischen Auffassung geformt worden. So ist eine Angleichung des von ganz anderen Voraussetzungen ausgehenden Common Law an das Vertragsrecht des Civil Law angebahnt. Die Tendenzen der Abschleifung der alten Eigentümlichkeiten sind in Amerika stärker als im konservativeren England. Der Unterschied zwischen Debt und Assumpsit wird in England noch konsequent festgehalten, in Amerika hat ihn die New York Rule, die nur in einzelnen Staaten rückgängig gemacht ist, und auch dort nicht in allen Beziehungen, in einem wichtigen Punkte verschwinden lassen.

So zeigt sich auch im Vertragsrecht eine Richtung, die sich im anglo-amerikanischen Recht heute ganz allgemein verfolgen läßt, die der allmählichen Annäherung an die kontinental-europäischen Rechte. Aber, dies darf nicht dazu führen, den heute noch bestehenden grundlegenden Unterschied zu übersehen, dessen Kenntnis allein ermöglicht, die einzelnen Sätze des angloamerikanischen Vertragsrechts in ihrem systematischen Zusammenhang und in ihrer Bedeutung zu erfassen.

Die Darstellung dieses Unterschieds und seiner praktischen Bedeutung war die Hauptaufgabe dieses Buches. Sie gab aber Gelegenheit, noch etwas anderes aufzuzeigen. Die Geschichte des Common Law ist von einzigartiger Übersichtlichkeit. Ist sie doch im wesentlichen die Geschichte der Rechtsprechung der königlichen Gerichte von Westminster. Sie zeigt nicht die verwirrende Vielfalt deutscher territorialer Zersplitterung, und sie ist im wesentlichen auch unbeeinflußt gewesen von Gelehrtentum und Wissenschaft. Sie spielt sich in einem historisch vollkommen überschaubaren Rahmen ab, und die ununterbrochen überlieferte Reihe der Präjudizien liefert das Material in lückenloser Vollständigkeit und Übersichtlichkeit. So eignet sich das englische Recht in ganz besonderem Maße zur Aufzeigung der Wege der Rechtsentwicklung. Jede einzelne Lehre läßt sich in ihren Anfängen, ihren Verzweigungen und ihren Folgen völlig einsichtig überblicken. Das bietet eine fast einzigartige Gelegenheit die Einflüsse von »Begriff und Interesse« auf die Rechtsentwicklung zu beobachten und sie in ihren Wechselwirkungen zu erkennen. Daher wurde jeweils darzustellen versucht, wo und inwieweit rechtspolitische Bestrebungen und Interessen die Begriffe und Konstruktionen geformt haben, und wo umgekehrt die Konstruktionen auf die weitere Rechtsentwicklung eingewirkt haben. Die Lehren vom Rücktritt (rescission) und von der condition, die theoretischen Konstruktionen zur Unmöglichkeitslehre, vom antizipierten Vertragsbruch (repudiation) und vor allem die verschiedenen Versuche, den Considerationbegriff zu begrenzen und einzuschränken, sind Musterbeispiele dafür, wie praktische rechtspolitische Forderungen und Strömungen Begriffe und Konstruktionen gebildet haben. Aber die englische Rechtsentwicklung zeigt auch umgekehrte Fälle, in denen die Begriffe — nicht zum Vorteil — die praktische Rechtsentwicklung beeinflußt haben: Die Rule in Chandler v. Webster[335]) ist ein solches Beispiel und vor allem die Considerationlehre in ihrer Gesamtheit. Hier ist aus historischen Zufälligkeiten — oder sollte man sie im Rahmen einer vergleichenden Rechtsgeschichte als Gesetzmäßigkeiten betrachten? — ein Begriff entstanden, der in seinen praktischen Folgen weit über das hinaus gegangen ist, was er rechtspolitisch leisten sollte und der der Gesamtentwicklung des englischen Vertragsrechts und der Erfüllung der gestellten praktischen Aufgaben größte Schwierigkeiten und Hemmungen bereitet hat.

Zwar hat die Begriffsjurisprudenz in England niemals den beherrschenden Einfluß erlangt wie in Deutschland, aber auch England hat seine Begriffsjurisprudenz, seine Inversionsmethode[336]), seine »Theorie der juristischen Tatsache«[337]). Das

---

[335]) S. oben S. 216/217.

[336]) Im Sinne Hecks.

[337]) Im Sinne Fritz v. Hippels, Zur Gesetzmäßigkeit juristischer Systembildung. 1930.

Präjudiziensystem fördert solche Tendenzen und Praktiker ohne Theorie sind solchen Versuchungen vielleicht ganz besonders ausgesetzt. So gehen dann auch die Versuche zu ihrer Überwindung von der jungen, erstaunlich regen amerikanischen Rechtswissenschaft aus, deren bedeutsame methodologische Arbeiten der letzten Jahre in Deutschland leider noch kaum bekannt sind. Hier sind Kräfte am Werk, die mit Erfolg versuchen, das Verhältnis zwischen »Begriff und Interesse« theoretisch zu klären und mit scharfer Betonung der rechtspolitischen Aufgaben eine neue Privatrechtswissenschaft aufzubauen.

Register.[1]

[1]) Das Register enthält auch die wichtigsten der in diesem Buche behandelten Präjudizien (Leading Cases).

Abkürzungen.

Col. L. R. = Columbia Law Review. New York
Harv. L. R. = Harvard Law Review. Cambridge, Mass., U. S. A.
Ill. L. R. = Illinois Law Review. Northwestern University Press, Chicago
Mich. L. R. = Michigan Law Review, Ann Arbor
L. J. = Law Journal. London
L. Q. R. = Law Quarterly Review. London
L. R. A. = Lawyer's Reports Annotated. Northport, N. Y. (U. S. A.)
Ore. L. R. = Oregon Law Review, Eugene, Ore
Rabels Z., Z. f. ausl. u. int. Privatr. = Zeitschrift für ausländisches und internationales Privatrecht. Berlin
R. S. C. O. = Rules of the Supreme Court, Order . . .
1 U. S. A. = Uniform Laws, Annotated, Bd. 1 Sales. Northport, N. Y. 1931
Yale L. J. = Yale Law Journal. New Haven, Conn. U. S. A.
Y. B. = Year Book (folgt Angabe des Königs und seines Regierungsjahrs, z. B. Y. B. 11 Hen. 4, 33 pl. 60 = Year Book aus dem elften Regierungsjahr König Heinrichs IV. S. 33 Fall 60).

Die englischen und amerikanischen Entscheidungssammlungen (Reports) sind mit den üblichen Abkürzungen zitiert. Ein Verzeichnis der englischen Reports und ihrer Abkürzungen findet sich bei A. B. Schwarz in »Das Zivilrecht Englands in Einzeldarstellungen«, Bd. 1 (1931) S. 79 ff. Über die neueren Serien siehe auch Rabels Z. 2. 233.

Die amerikanischen Reports sind zusammengestellt bei F. C. Hicks, Materials and Methods of Legal Research, Rochester, N. Y. (1923), die wichtigsten Serien bei W. Friedmann, Die Bereicherungshaftung im anglo-amerikanischen Rechtskreis (1930), S. 11/12.

Nur mit dem Namen des Verfassers oder in sonstiger abgekürzter Form sind zitiert:

Ames (Lectures) = J. B. Ames, Lectures on Legal History and Miscellaneous Legal Essays. Cambridge, Mass. 1925.

Barbour = W. T. Barbour, The History of Contract in Early English Equity. Oxford Studies in Social and Legal History. Vol. IV, 1914.

Empire Digest = The English and Empire Digest with complete and exhaustive annotations. 31 Bde, London 1919/26.

Halsbury = Earl of Halsbury, The Laws of England. 31 Bde, London.

Heymann = E. Heymann, Grundzüge des englischen Privatrechts in: Holtzendorff-Kohler, Enzyklopädie der Rechtswissenschaft in systematischer Bearbeitung. Bd. 2, 7. Aufl. 1913.

Holdsw. = W. S. Holdsworth, A History of English Law. 3. Aufl. bisher 9 Bde. London 1922 ff.

Holmes = O. W. Holmes, The Common Law. Boston 1881.

Kress = H. Kress, Lehrbuch des allgemeinen Schuldrechts. München 1929.

Maitland = F. W. Maitland, Equity, also the Forms of Actions at Common Law. Cambridge 1920.

Morison = Ch. B. Morison, Rescission of Contracts. London 1916.

Page; Page, Contracts = W. H. Page, The Law of Contracts. 2. Aufl., 7 Bde. Cincinnati, Ohio, 1920/29 und Suppl. 2 Bde. 1929.

Pollock and Maitland = Pollock and Maitland, The History of English Law before the Time of Edward I. 2 Bde, 2. Aufl. Cambridge 1923.

Restatem. = The American Law Institute, Restatement of the Law of Contracts. 1928.

Ruling Case Law = Ruling Case Law as developed and established by the Decisions and Annotations, edited by W. M. McKinney. 28 Bde, Northport, N. Y. 1914/21, Suppl. 6 Bde 1921/26.

Select Essays = Select Essays in Anglo-American Legal History. 3 Bde. Boston 1909.

Street = Th. A. Street, The Foundations of Legal Liability. 3 Bde. Northport. Long Island, N. Y. 1906.

Sutton = Ralph Sutton, Personal Actions at Common Law. London 1929.

Williston; Williston, Contracts = S. Williston, The Law of Contracts. 5 Bde, New York 1922/24.

Williston, Sales = S. Williston, The Law governing Sales of Goods at Common Law and under the Uniform Sales Act. 2. Aufl., 2 Bde. New York 1924.

Das Institut für ausländisches und internationales Privatrecht (Berlin C. 2, Schloß), von der Kaiser-Wilhelm-Gesellschaft zur Förderung der Wissenschaften im Jahre 1926 gegründet, hat die Erforschung des ausländischen und internationalen Privatrechts zum Gegenstand. Auf der Grundlage der möglichst weit ausgebauten Bücherei und einer umfassenden Sammlung und Sichtung des Materials wird die Rechtsforschung und Vergleichung zunächst an einzelnen Gegenständen — häufig in Verbindung mit den Problemen der deutschen Gesetzgebung und Rechtsprechung — durchgeführt. Das Ziel ist, unter Zusammenfassung der gesamten Kräfte der deutschen Rechtswissenschaft die fremden Rechte in ihrer funktionellen Wirksamkeit zu erfassen und zu vergleichen, um darauf, unterstützt von gleichgerichteten Kräften und Bestrebungen des Auslands, eine vergleichende Wissenschaft vom Recht aufzubauen, die ihrerseits wiederum die einzelnen Rechte zu befruchten vermag. Unter den vom Institut in Angriff genommenen Forschungsaufgaben sind das Gesellschaftsrecht, Konkursrecht und Börsenrecht zu erwähnen, besonders aber eine große rechtsvergleichende Darstellung des Obligationenrechts. Hierbei wie bei seiner gesamten Tätigkeit wendet das Institut seine besondere Aufmerksamkeit dem Studium des Privatrechts der Vereinigten Staaten von Amerika zu.

Das Institut gibt neben den „Beiträgen zum ausländischen und internationalen Privatrecht" die Zeitschrift für ausländisches und internationales Privatrecht heraus, die jetzt im fünften Jahrgang erscheint. Sie bringt, zum großen Teil von ausländischen Mitarbeitern verfaßt, Jahresberichte über die Gesetzgebung, Rechtsprechung und Literatur, Materialien und Darstellungen zu einzelnen, zurzeit besonders wichtigen Gegenständen, z. B. zur Aktienrechtsreform, Abhandlungen zur Rechtsvergleichung und zum internationalen Privatrecht, Berichte über internationale Konferenzen zur Regelung privatrechtlicher Fragen, einzelne Mitteilungen, Bücherbesprechungen u. a.

FSC
www.fsc.org
MIX
Papier | Fördert gute Waldnutzung
FSC® C083411

Kolibri 360 GmbH
Ferdinand-Jühlke-Straße 7
99095 Erfurt, Deutschland
produktsicherheit@kolibri360.de